铁道史研究

第 1 辑

祝曙光 董粉和 主编
赵 伟 执行主编

社会科学文献出版社
SOCIAL SCIENCES ACADEMIC PRESS (CHINA)

本刊编委会

编委会成员（以姓氏笔画为序）

丁贤勇　马陵合　王本立　田永秀
朱从兵　江　沛　李　玉　张卫东
张笑川　赵　伟　祝曙光　董粉和

主　　　编　祝曙光　董粉和
执行主编　赵　伟

发刊词

祝曙光

  由苏州科技大学中国铁路史研究中心主办的《铁道史研究》终于出版发行了。苏州科技大学有长期从事铁道史研究的传统，积累并取得了丰硕成果。

  本刊创立的宗旨是，继承和发扬铁道史研究的学术传统，为学界和铁道管理部门提供铁道史研究与教学的学术对话平台，服务于国家铁道发展战略，总结中外铁道发展的经验教训，拓宽和丰富铁道史研究领域。本刊所定义的铁道是广义的铁道，不仅包括铁道，还包括轨道和地铁。

  铁道运输不同于传统的水运及畜力、人力运输，具有输送量大、速度快、全天候运行的特点，对一个国家的经济发展、货物流通、人际交往以及知识的传播、教育的普及、社会风气的变化产生重大影响。铁道也是一个国家现代化的产物与标志之一。当火车在千里铁道线上风驰电掣、呼啸而过时，它所产生的影响是以往的传统运输工具无法相比的。铁道的出现完全改变了时空观念，将人们带往遥远的异国他乡。早期铁道乘客感觉身体一动不动地在空间里飘浮，越来越快。随着列车运行，出现了统一的铁道时间。最早敷设铁道的英国在19世纪末引入格林尼治时间（GMT）——一种统一的钟表时间。如果缺少一种共同的钟表时间，就无法绘制列车运行图。起先在不同地区、不同国家间实行的统一时间，演变为世界范围内统一的标准时间。以本初子午线为时间轴，人类历史上首次出现了准时性的奇妙社会现象，时间被深深地嵌入人们的生命意识中，内化为时间纪律。[1]

  铁道网遍布城乡，为大工厂从农村招收工人提供了便利，成千上万的

---

[1] 吕迪格尔·萨弗兰斯基：《时间：它对我们做什么和我们用它做什么》，卫茂平译，社会科学文献出版社，2018，第92—94页。

人乘坐火车来到陌生的城市，寻找发展机会，使城市规模迅速扩大，推动了现代城市出现。如战后日本经济的高速发展离不开铁道的支撑。1954年4月5日，由青森始发至东京上野的夜行临时列车启动，拉开了日本各铁道公司开行"集体就业列车"的序幕，将大量乡镇青年（大多为初中生和高中生）运往东京、大阪、名古屋等大都市就业。"集体就业列车"运行了21年，到1975年3月24日停止运行，完全改变了日本的城乡人口比例和结构。每年春天，在乡镇火车站站台上，许多懵懂青年与他们的父母和亲友依依惜别，怀揣青春奋斗的梦想去往大城市。

铁道维系着现代城市的生存与发展，成了国民经济的大动脉。对一个城市和国家而言，离开铁道是不可想象的。火车所耗能源比飞机和汽车少得多。发展铁道可以大大缓解交通拥堵。与公路相比，铁道更为安全，噪音更小，并节约土地。此外，铁道是提供给不开车与无法开车的人的一个替代选择。不开车的人在以小汽车为主流的交通系统下，"在就业、受教育与接受其他重大的政府服务上都处于劣势。都会铁路与城际铁路搭配地区与区间巴士服务，是开放给全世界大多数群众仅有的、务实的交通系统"。[1]

2020年，中国铁路营业里程达到了14.63万公里，其中高速铁路营业里程为3.8万公里，是名副其实的铁道大国和铁道强国。但毋庸讳言，中国的铁道史研究却相对落后，我们深感有责任改变这一现状。铁道史研究涉及的内容相当广泛，包括经济学、交通学、历史学、管理学、政治学、地理学、军事学、教育学、工学和法学等，因此从铁道史中又衍生出诸如铁道技术史、铁道法规史、铁道经营史、铁道教育史、铁道旅游史、铁道军事史、铁道警察（公安）史、铁道文化史、铁道与区域开发史、铁道卫生史、铁道车站史、铁道工人史等。尽管铁道史研究属于历史学研究的范畴，但是铁道史研究具有其特殊性，不仅需要历史学家，也需要其他方面专家的参与。我们恳切希望学界、有关部门的领导、专家学者以及广大铁道史爱好者关心和支持本刊，共同推动中国铁道史研究的发展。

---

[1] 马夏·罗威：《再发现铁路》，广树诚、宁耀南译，《铁道经济研究》1994年第2期。

目 录

· 铁道与国防 ·

甲午战争与中日两国的铁路军事运输 ………………………… 祝曙光 / 1

· 铁道与管理 ·

沈奏廷与近代中国铁路运输科学研究………………………… 黄华平 / 15
新中国成立初期铁路行车安全治理
　　——基于1950年花旗营事故的考察 ………………… 袁　浩 / 28
《铁路职工》所见民国铁路职工的日常生活 ………………… 姜建国 / 41
艰苦岁月：北洋时期铁路警察之劳动境遇述论…… 夏　雪　陈小芸 / 49

· 铁道与文化 ·

国家员工塑造：南京国民政府铁路系统意识形态灌输……… 赵　伟 / 60
从中国传统文化自然观看晚清的铁路反对言论……………… 王方星 / 81

· 域外铁道 ·

近畿日本铁道与奈良的复兴…………………………………… 高晓芳 / 92
井上胜与日本铁路早期建设（1869—1889）………………… 姚　遥 / 115

· 铁道史教学 ·

"中外铁路史专题研究"课程内容设计 …………… 课程建设团队 / 132
以铁路史口述调查为核心的公众史学实践课程 …………… 顾少华 / 138

· 综论 ·

185 年中国铁路史及其研究综论 …………………………… 朱从兵 / 142
英国铁路史研究资源初探………………………………… 许美祺 编译 / 162

· 书评 ·

《龙与铁马：中国铁路经济（1876—1937）》介绍 ………… 王　英 / 167
Contents …………………………………………………………… / 169
稿　约……………………………………………………………… / 175

·铁道与国防·

甲午战争与中日两国的铁路军事运输[*]

祝曙光[**]

摘　要　中国在甲午战争中失败的一个重要原因是铁路线短少，铁路军事输送效率低下，中国未能建立起高效的军事运输体制；而日本铁路线长度远超中国，建立了适应现代战争的铁路军事运输体系，满足了甲午战争期间人与货物对空间位移的需求。

关键词　甲午战争　中国　日本　铁路　军事运输

甲午战争是中日两国利用铁路、铁甲舰等先进技术手段所进行的一场现代化战争。中国在甲午战争中失败的原因是多方面的，其中铁路线短少，铁路军事输送效率低下是一个重要因素，中国未能建立起高效的军事运输体制；而日本却敷设了覆盖全国重要地区的铁路，建立了适应现代战争的铁路军事运输体系，满足了战争期间人与货物对空间位移的需求。

一

甲午战争爆发后，1894年9月1日，日本参谋总长有栖川宫炽仁亲王奏请将大本营转移至广岛："广岛是本州纵贯铁道西边的终点，外港宇品港开战之初即为我军主力部队的出发点，是最为合适的地点。"9月8日，天皇奏准将大本营转移至广岛。9月13日7时，天皇从新桥站搭乘由七辆车组成的御车，随后是三列大本营列车，浩浩荡荡地驶往广岛。下午6时20

---

[*] 本文系教育部哲学社会科学研究重大课题攻关项目"近代以来日本对华政军档案整理与研究"（16JZD036）阶段性成果。
[**] 苏州科技大学社会发展与公共管理学院历史学系教授。

分，天皇一行抵达名古屋。翌日9时20分从名古屋启程，下午4时30分抵达神户。因神户有不少华人，警察加强了对华人居住地的监视。9月15日7时40分，天皇从神户启程，下午5时30分抵达广岛。天皇在广岛逗留了7个月，直到《马关条约》签署后的1895年4月27日才从广岛乘坐列车沿本乡、鸭方、冈山、姬路、神户、大阪，抵达京都，在京都与内阁处理三国干涉还辽问题。① 甲午战争爆发后，天皇和军部尤其担心，一旦海战失败，中国控制了制海权，东海道线将处于北洋舰队的舰炮射程内，交通有面临瘫痪的危险。为此，军部拟订了以保卫铁路线为重点的本土防御方案。战争期间的1894年10月15日，第七届国会在广岛城外的西练兵场临时搭建的国会议事堂召开，议员们纷纷搭乘火车抵达广岛，"对政府提交的临时军费1.5亿日元没进行任何讨论和修改，全会一致决断认可原始方案"。②

铁路诞生不久即被用于战争，出现了与民用运输同等重要的军事运输。铁路第一次被当作战争工具是在1846年。这一年，普鲁士使用铁路向科雷格进军，曾运送了12000人和马匹、大炮等军需品。铁路在19世纪50年代爆发的克里米亚战争中显示了重要作用。美国南北战争被认为是第一场真正的铁路战争。北方著名将领谢尔曼指出："依靠马车的军队是无法在远离基地100英里（160公里）以外进行作战的，因为在往返之中仅马车自身就把运载的给养消耗一空了。"在查塔努加战役中，北方两个军共23000人进行了战争中最大的一次铁路连续机动，在12天内行进1930公里抵达集结地点。1862年1月，美国国会通过了《铁路与电报法》，赋予联邦政府在必要时征收或查封铁路和电报系统的权力，建立起美国军用铁路系统。1862年2月，北方任命麦卡勒姆将军为军用铁路主管。南北战争末期，铁路已经成为南北双方战略机动手段和主要补给干线。铁路的军事效能在1866年的普奥战争和1870年的普法战争中再次得到验证。普法战争期间，普军利用九条铁路线在10天内运兵35万人、马8700匹、火炮8400门、军用车数千辆，取得了战争的胜利。③ 19世纪下半叶，西方列强把敷设铁路与发展现代化武器放在同等重要的地位，耗费巨资构建铁路网，保证尽可能迅速地集中兵力。甚至在

---

① 竹内正浩『鉄道と日本軍』筑摩書房、2010、114—115、119頁。
② 野村秀行编著《明治维新政治史》，陈轩译，时代文艺出版社，2018，第151页。
③ 军事科学院世界军事研究部编《世界军事革命史》中卷（19世纪下半叶至20世纪上半叶），军事科学出版社，2012，第564—566页；杨素亭主编《铁路通论》，中国人民公安大学出版社，2003，第301—302页。

某些西方国家,用铁路调动军队已经成为一门可以准确计算的科学。①

但是,当时中日两国决策者对铁路的军事效能并不知晓,不理解铁路的出现所引发的世界军事革命。有趣的是,起初日本军部极力阻挠修建铁路。明治初期,日本全方位推进现代化改革,资金十分紧张,军部担心修建铁路会挤占本不宽裕的军事费用,有碍国防,所以极力反对。日本修建的第一条铁路是东京至横滨的京滨铁路。1870年6月,兵部大辅前原一诚上书太政官,指出:"如今民用铁路已开,便于贸易,尤在获利一项。对于国家,武备不整则无威,敷设铁路虽有其利,但于国何益?横滨距此数里,陆海运输仅需一日便至,又何苦花费万金(修建铁路),这不是强人所难,争夺短时之利吗?何况敌情难测,万一敌人乘列车势如破竹而来,我们又如何应对?应该不胜担忧吧。恳请朝廷广纳众谏,切忌偏听一家之言。"兵部省还列举了修建京滨铁路的九大弊端。② 由此可见,军部完全不了解铁路的战略价值,也根本不知道铁路可以与传统陆运、海运等运输方式组成综合运输体系,在国防上发挥更大作用。

京滨铁路于1870年4月正式动工修建,1872年10月竣工。修建京滨铁路究竟采用何种轨距,是日本决策者必须认真思考的问题。英国铁路采用的是4英尺8英寸半(1.435米)的宽轨轨距(1886年被定为世界铁路标准轨距)。早期铁路建设的主要负责人、被誉为"日本铁道之父"的井上胜建议采用3英尺6英寸(1.067米)的窄轨轨距:"布路第一之问题在定轨道之宽度。予考究欧人所论,略知日本地形曲折,多山河,取轨宽三英尺六英寸为适宜。英国所取之四尺八英寸半用之于日本则过宽而糜费。且布广轨百英里,不若布狭轨百三十英里之利。"③ 明治政府采纳了井上胜的建议。军部本就不赞成修建铁路,当然更不会支持敷设耗资更大的宽轨铁路。于是,3英尺6英寸轨距就成为日本铁路的标准轨距。以后军部对采用窄轨轨距极为后悔,因为窄轨铁路的运载能力和速度明显不如宽轨铁路;此外,由于中国铁路采用的是宽轨轨距,一旦日军攻入中国境内就难以使用中国铁路。

从1864年起,中国也兴起了关于修建铁路问题的讨论。当时风气未开,

---

① F. H. 欣斯利编《新编剑桥世界近代史》第11卷,中国社会科学院世界历史研究所组译,中国社会科学出版社,1987,第298—299页。
② 日本国有鉄道編『日本国有鉄道百年史』第1卷、成山堂書店、1998、72—73頁。
③ 井上胜:《铁道志》,大隈重信:《日本开国五十年史》上册,上海社会科学院出版社,2007,第419页。

清廷认为敷设铁路会"失我险阻，害我田庐，妨碍我风水"，从而引起社会不稳定，激发民变。"不出闾里"的普通民众则视铁路为"妖物"，"诧所未闻"，在反对修建铁路一事上似乎朝野达成了共识。直到1887年，清政府才批准海军衙门在天津等处试办铁路。

二

现代战争是利用先进武器和技术进行的战争，呈现出许多新的特点。如具有更强的隐蔽性和突然性，交战双方往往在战前就隐秘地完成了战争动员和战略部署，战争一开始就使用主力集团进行一系列主要战略企图的大规模交战，战场范围空前扩大，人员、物资损失巨大，对后勤保障依赖性急增。[①] 铁路具有输送量大、速度快、全天候运行的特点，如何敷设科学合理的铁路线，组织高效、安全的铁路军事运输就成为各国决策者思考的重要问题。

由于铁路在1877年爆发的西南战争中发挥了积极作用，日本军部改变了对铁路建设和铁路运输管理的消极态度，获得了铁路用于军事以及铁路军事运输组织的经验，发现了铁路线路短少、运能不足、军事运输与民用运输协调不畅等问题，并力求加以改进。

1884年2月25日，太政官发布公告，要求铁路部门在修建、变换铁路线路时，一旦涉及军事，必须与陆军省协商。[②] 19世纪80年代，围绕修建东京至京都的铁路干线的走向问题，双方发生了争执。铁路主管机关主张沿东海道敷设。井上胜指出："测量东海道诸要处，试计算，与中山道相比较，发见其得失之差颇大。""以布路费言之，东海道线每一英里需七万圆，则中山道线需十万圆以上。中山道线勾率峻急，以汽车（火车——引者注）运转时数言之，其自东京至京都之间，比之东海道线，假令里程相同，需时数较多十分之二三。运转迟滞冗费较多。以乘客装货之便言之，东海道则有静冈、滨松、丰桥等，中山道则无繁华都会，又非有原野之可新开垦者。""如此东海道线优于中山道线甚明矣。"[③] 但军部认为东海道线靠近海

---

① 杨素亭主编《铁路通论》，第290—291页。
② 野田正穗・原田勝正・青木栄一・老川慶喜編『日本の鉄道—成立と展開』日本経済評論社，1994，62頁。
③ 井上胜：《铁道志》，大隈重信：《日本开国五十年史》上册，第427页。

岸，易遭受来自海上的攻击，提出沿危险性较小的中山道敷设。结果军部的意见被采纳。

1886年，俄国提出修建一条横贯西伯利亚的铁路，"在欧洲俄国和遥远的东方之间建立起更迅速的交通设施"。日本决策者对西伯利亚铁路的修建深感震惊和恐惧，认为该铁路是一条政治和军事铁路，预测铁路完工之日，"不动一兵，不派一舰，即可把朝鲜划入该国版图之中"。[①] 1889年，山县有朋首次组阁并于翌年制定了《外交政略论》，提出了所谓"主权线"与"利益线"的理论，大陆政策正式形成，而敷设铁路是日本推行大陆政策的重要手段。

为了侵略朝鲜，军部从1886年开始积极准备同中国的战争。兵马未动，粮草先行，完善铁路网络、构建铁路与海运的综合运输体系是军部研究的一个重要课题。1886年，军部着手对军制与军备进行全面改革。1888年，参谋本部撰写了《铁道论》，把修建铁路、改善铁路军事运输作为充实军备的重要方式。从1891年7月21日至25日，军部将《铁道论》在《东京日日新闻》上连载，同年9月发行单行本。《铁道论》共分八章，全面反映了军部的铁路军事运输思想，深刻阐述了过去历次战争中铁路的重要作用和各国铁路军事机能的变迁，分析了日本铁路与西方铁路在军事运输效率方面的差距。第一章为总论，指出："如果兵员众多而铁道线短少或者线路及构造不良，则会导致铁道不适合运兵，从而无法迅速集结动员，也就实现不了兵力众多的优势，反而适得其反。关于铁道的胜算大致如此。因此大规模地延伸铁路等同于增加兵员以及增加兵器。铁道的敷设方法也要适用于各种军事活动。遗憾的是，我们的士兵训练得一般，兵器也不那么精锐。如果不敷设铁道，或者敷设不得法，就算用于军事也不会有成效，甚至还会成为军备的一大缺陷。"以下各章分别为"铁道的沿革""论铁道对我国国防的必要""论我国现有铁道是否适用于军用""内外铁道之比较""论铁道与经济的关系""欧美各国铁道运用于军事之事例"。在第八章"结论"中指出："铁道是国防的利器。换言之，对于兵备也是不可或缺的。基于我国的地形效果更甚，即便我国军民忠诚勇猛，军器精巧锐利，军队人数众多，炮台堡垒等其他众多防御工事齐备，国库充盈，辎重、给养、粮食等毫不匮乏，如果没有铁道，一旦外敌兵临城下，也没有防御可

[①] 信夫清三郎编《日本外交史》上册，天津社会科学院日本问题研究所译，商务印书馆，1980，第160—164、235—238页。

言了。……如今虽有若干铁道，但是没有一条是适合于军用的，有等同于无。因而改建现有铁道，将来敷设健全的铁道，以此获得整兵待发、未战先胜、壮我国威、巩固社稷之效也。"《铁道论》还对改良现有铁路，使其适合军用，提出了具体意见。①

不久，参谋本部又抛出了《关于铁道的军事定义》，参谋次长川上操六发表了《日本军事铁道论》。军部接二连三地公开发表关于铁路军事运输的论著，其目的在于唤起公众对铁路军事机能的认识，为军部掌控铁路政策和铁路运输系统大造舆论。由于日本陆军军制采用德国模式，而德国的铁路军运又领先于其他国家，因此军部派出军官前往德国，学习其先进的铁路军运理念和丰富的军运经验，构建具有日本特色的铁路军运体系。1885年3月，德国陆军少校迈克受邀担任日本陆军大学教官。迈克非常重视铁路在战争中的运用以及对铁路的防卫，多次建议修建从青森到下关的本州纵贯铁道和太平洋沿岸延伸至日本海的横贯铁道。迈克对中山道线建设因地形复杂、施工艰难、投资巨大而改变为东海道线不以为然，认为日本一旦失去制海权，东海道线极易受到敌舰火炮的攻击，影响军运效率。②

1892年12月，在军部的施压下，日本成立了"铁道会议"，作为铁路建设、运营的咨询审议机构，负责审议新建铁路的选线、设计及工程预算、私有铁路的收买以及铁路运价等。铁道会议由25人组成，其中陆军省、递信省、贵族院、众议院各占5席，海军省、内务省、农商务省、大藏省和商工会议所占据其余5席，参谋次长川上操六任议长。铁道会议的成立极大地削弱了铁路专管机关的权力，军部掌握了铁路政策的主导权，加强了对铁路运输系统的管控，在铁路军事运输方面为即将到来的战争做好了准备。③

与之相反，中国铁路建设滞后，仅有少数人对铁路巩固国防、抵御外侮的价值有比较清醒的认识，如李鸿章、刘坤一、左宗棠、刘铭传、张之洞、郭嵩焘、薛福成、马建忠等人。1887年，清廷批准海军衙门在天津等处试办铁路，"以便调兵运械兼筹利益商贾"。围绕是否修建铁路，统治者内部争论不休，耽误了宝贵的时间，至于构建铁路军运体系更是无从谈起。中国创办铁路之初，无专管机关。1886年，李鸿章"以铁路有裨军事，奏请将铁路事务划归总理海军衙门管理"。铁路运输属于陆上运输，却由海军

---

① 『日本国有鉄道百年史』第1卷、173—174頁。
② 竹内正浩『鉄道と日本軍』67—68頁。
③ 中村尚史『日本鉄道業の形成—1869—1894年』日本経済評論社、1998、202—204頁。

衙门管辖,显得十分滑稽,说明清政府根本不了解铁路军事运输的复杂性。铁路军事运输,特别是战时,具有时间紧迫、任务突然、严格保密、运量大和运量集中等特点,必须设立专门的铁路军事运输部门,精心组织和协调,否则难以保证迅速准确、安全保密、经济合理地完成军事运输任务。① 甲午战争期间总理后路转运事宜的是盛宣怀,但盛宣怀并非仅仅负责军事运输,他还兼任津海关道、轮船招商局督办、中国电报局总办等职务,清政府没有设立专门的铁路军运部门和构建战时军运体系,将繁重的战时军事运输任务轻率地系于一人身上,从军事运输组织而论,战争还未打响,中国已经输掉了战争。

三

19世纪80年代末90年代初,日本军部为备战即将到来的中日战争提出了许多改进铁路军运的建议并付诸实施。1886年6月,海军大臣西乡从道和陆军大臣大山岩建议在横须贺与观音崎一带修建铁路。从1874年起,横须贺周边地区逐渐建立了水兵营房、海军医院等军事设施。1877年,从夏岛到猿岛一带的横须贺地区被确定为军港。1884年12月,横须贺镇守府设立,以后发展为统领舰队的军令机关——东海镇守府,管辖从纪伊半岛的三重县以东至日本海沿岸的秋田、青森县以北的被称为"第一海军区"的广大海域。但作为军港的横须贺,周边地势崎岖,陆上交通极为不便,军港的物资输送完全依赖海上运输,而海上运输常受气候和海浪的影响。作为东京湾要塞的观音崎炮台1878年开始修建,面临同样的问题。西乡从道和大山岩在联名上书的《横须贺观音崎附近敷设蒸汽铁道之议》中指出作为军港的横须贺和防备东京湾口的观音崎炮台在军事上的重要性,"由神奈川或横滨至横须贺及观音崎附近敷设蒸汽铁道,是陆海两军军略上最为紧要之事,关系到两军胜败"。内阁很快批准修建横须贺线并拨付经费。1889年6月16日,大船至横须贺的16.6公里线路贯通。横须贺线把横须贺军港与东京直接相连,在甲午战争期间发挥了重要作用。战争结束后,明治天皇乘列车经横须贺线抵达横须贺军港,登上俘获的北洋舰队"镇远"号参观。② 从1890年起,军部为了检验铁路军运效果,多次把铁路军事运

---

① 杨素亭主编《铁路通论》,第292页。
② 竹内正浩『鉄道と日本軍』56—58頁。

输列为军事演习的重要内容。1890年3月至4月，日本首次举行陆海军大演习，这也是改镇台制为师团制后的第一次军事演习。当时东海道线已全线贯通，演习的重要目的就是测试铁路军运体制和师团的机动能力，参加演习的陆军分为东军和西军，以中国为假想敌国。西军（敌军）由第二师团（驻扎仙台）、第三师团（驻扎名古屋）组成，东军（日本军）由第六师团（驻扎熊本）和近卫师团组成。此次演习沿东海道线与武丰线展开。东军利用敦贺—御油、东京—丰桥、名古屋—东京铁路，西军利用大阪—岐阜、神户—岐阜、东京—岐阜、京都—岐阜、名古屋—大阪、名古屋—神户铁路。演习期间，铁路共运兵22000人、马1236匹以及无数的弹药、大炮和架桥材料等，证明了铁路军运的效率，增强了军部对未来战争的信心。[1]

为了提高军事运输效能，日本还敷设了军用铁路。广岛的宇品港是甲午战争期间日本最重要的军港，绝大多数兵力从宇品港登船出发。但战前宇品港与广岛市内缺乏铁路连接，影响了军运。为此军部委托山阳铁道公司敷设军用铁路——宇品线，该线路从现广岛火车站南下连接宇品港，全长5.8公里。1894年8月4日开工，仅仅16天就竣工了。由于采取了上述措施，军部能够迅速将大量兵员、弹药、粮秣集结于宇品港，为取得战争的胜利创造了有利条件。甲午战争期间，宇品港位于兵站据点的最前线，与濑户内海的另一个军港——吴港相隔不远。吴港是日本海军的重要基地。根据1886年4月颁布的《海军条例》，日本将全国划分为五大海军区，其中管辖第二海军区的镇守府就设在吴，即吴镇守府。吴原是一个渔村，其港湾由山与岛围绕，背靠丘陵，易守难攻，是理想的军港选址，隶属广岛县。广岛也因此被称为"军都"。甲午战争期间，日本共发送军用列车455列，使用客车3933辆，使用货车6620辆，输送兵员280539人、马25502匹、军用品64181吨。[2]

日本之所以取得甲午战争的胜利，一个重要原因是铁路线大大超过中国，铁路军事运输的组织以及运输效率也是中国无法相比的。井上胜指出：甲午战争期间，"兵马之输送，赖铁路之便尤多"。[3] 甲午战争前，日本拥有铁路3000多公里，而中国仅有400多公里。东京、横滨、京都、神户、大

---

[1] 竹内正浩『鉄道と日本軍』75—79頁。
[2] 竹内正浩『鉄道と日本軍』120頁。
[3] 井上胜：《铁道志》，大隈重信：《日本开国五十年史》上册，第428页。

阪、札幌、名古屋、福冈、广岛等重要城市已通行列车，初步构建了比较合理的铁路运输网络，铁路已取代传统运输工具，成为陆上主要交通运输工具和运输通道。1893年，长期垄断陆上运输业的内国通运会社，宣布废止长距离输送业务。甲午战争爆发后，日本国有、私有铁路全部转入战时管制，实施军事运输优先政策。1895年，日本铁路输送旅客4921.5万人、旅客周转量1731百万人公里，货物输送量533.1万吨、货物周转量458百万吨公里。① 此外，日本铁路军事运输组织合理，民用运输机构与军事运输机构协调配合，初步形成了由铁路、传统陆运、海运等运输方式组成的综合运输体系，线路的抢修及时、迅速，运道畅通，有力地支持了日军在各战场的军事行动。

日本在敷设铁路的同时，对传统运道进行了改造。在铁路诞生的同时，日本修建了独具特色的马车铁道。从1872年6月起，东京至高崎、东京至八王子、东京至宇都宫、大阪至京都、函馆至札幌等马车铁道陆续开始运营。19世纪80年代后，马车铁道得到了进一步发展。1875年，马车台数为364辆，1880年达1792辆，1885年增为10526辆，1890年激增到31965辆。② 这种兼有现代性与传统性的马车铁道，其运能大大超过了中国的驮马运输或马车运输。中国铁路线短少，运输效率低下，在军事演习中也没有把验证和提高铁路军事运输效率作为重要内容。甲午战争爆发后，御史王鹏运竟然奏请将山海关过关铁路拆卸，修复关城，理由是防止日军登陆后使用中国铁路，建议关内铁路运输至山海关卸货下客，由马车将人员和货物运至关外，再由关外铁路运往目的地。对于这种论调，李鸿章予以驳斥。③ 王鹏运不了解铁路军运，铁路军运的原则是军用列车从出发地直达目的地，尽量避免中途换车改装。叶志超军在牙山败退后，清廷急调淮军盛字军等入朝援助，军运量大增，而铁路运力严重不足。盛宣怀致电鄂督署："刘毅帅（刘锦棠）能否速出？得确信后，谅须先令募勇。机局甚亟，令人思念芦汉铁路。"在致宁督署的电文中指出："各军到平壤万四千人。惜牙山叶军无法接济致连败，必全没。"④

---

① 野田正穂・原田勝正・青木栄一・老川慶喜編『日本の鉄道—成立と展開』49、396—397頁。甲午战争期间，中国铁路输送量缺乏统计资料。
② 野田正穂・原田勝正・青木栄一・老川慶喜編『日本の鉄道—成立と展開』49頁。
③ 戚其章主编《中国近代史资料丛刊续编·中日战争》第1册，中华书局，1989，第444页。
④ 陈旭麓、顾廷龙、汪熙主编《盛宣怀档案资料选辑之三：甲午中日战争》（上），上海人民出版社，1980，第69页。

平壤战役前后，清廷急调各路援军赴朝，但津榆铁路运能与运量的矛盾非常突出。9月22日，豫军精锐营统领蒋尚钧致电盛宣怀，拟率所部于"二十五日开赴津门铁路，二十六日登车北上"。盛宣怀表示，"贵部拟于二十六日由铁路登车进发，当即函致该局妥办预备。惟全队同行，车辆恐不敷用，最好分作两批开车，自可次第前进矣"。中国铁路公司总办伍廷芳复函盛宣怀："遵即饬车务处预备车辆，明日分两批装运。倘万一不能全数运完，其余只可次日运往，并请阁下先嘱窦、候两差弁转致该军营官，在车上严管兵勇，不可滋事。"盛宣怀则叮嘱伍廷芳"应请免收车费为盼"，担心收取军运费会引起豫军不满。① 国家已进入战时状态，铁路军运是否收费却还未明确下来，自然影响军运效率。1894年10月7日，候补道张振榮致函盛宣怀："押解饷银十万两，并枪、炮、子药等件，朱、桂、李三委员，其公文系初七晚间送交朱令，朱令与桂委员直至今早见面，将札文面交桂委员阅看。振榮今早即分催饷银上车站，约定中车务必前去，而饷银先到，适火车要开，李佩芬同萧弁（押饷）即乘车往塘沽。朱、桂二委员迟到车站，未免迟误。现已饬朱、桂二委员即晚住车站客店，明日早车前往塘沽上轮。即请传示商局，饬'广济'候委员到船再开行。"当天，押运委员朱伯增致函张振榮，称自己已赶赴车站旁的旅店，"候天明开车前赴塘沽。桂委员亦在客店等候会齐。因下午二点余钟趁车已不及赶上也"。② 战时运兵运饷，急如星火，可负责军运的官员却如此漫不经心，暴露了清廷军运组织的混乱。

卫汝贵的幕宾、随军入朝的奕述善曾记述了乘列车经津榆铁路北上的情形。"奉调于六月七日大队开至新城，由塘沽乘船。余亦于是日赴天津，十八日冒雨登火车，行至徐古庄（疑为胥各庄），铁路忽坏，前行不便。复转芦台，小住三日，再回小站。至二十九日，又赴天津，暂停两日。七月初三日始复登车，由唐山、滦州而至山海关。息马三天，扬鞭进发，道经忠厚所、宁远州、高桥、十三站、新民屯各处，风餐露宿，寝不安席。"③ 无独有偶，以文出仕、随湖南巡抚吴大澂出征的王同愈，由田庄台返回天

---

① 陈旭麓、顾廷龙、汪熙主编《盛宣怀档案资料选辑之三：甲午中日战争》（下），第233—235、240页。
② 陈旭麓、顾廷龙、汪熙主编《盛宣怀档案资料选辑之三：甲午中日战争》（上），第267页。
③ 戚其章主编《中国近代史资料丛刊续编·中日战争》第6册，中华书局，1993，第179页。奕述善是卫汝贵的幕宾。甲午战争爆发，随军入朝驻平壤，平壤失陷后，为日军俘虏，囚禁于日本大阪，作《楚囚逸史》，详细记述了平壤战役的战况。

津途中，在其所写的《栩缘日记》中也记载了津榆铁路的运行情况。从山海关出发，"三月初一，未曙起，登汽车。六点五十五分开行，七点三十分至汤河，停数分时。八点十二分至北戴河，停数分时。路弯曲，两轨时形高下，两轨受压不同，内圈压力恒重，故微低。车行甚缓。此节铁路宜修。四十分渡河，跨铁桥长约半里。四十六分至留守营，未停。九点二十三分至昌黎，停廿五分时。五十七分过一桥，十点十四分至安山，未停。三十三分至石门，未停。三十四分过桥，四十六分渡滦河，桥长约一里，四十九分至滦州车站，停十分时。十一时六分、十分、十四分、十六分、十九分过五桥，二十七分至雷庄，未停。三十一分过桥，长约五十丈。四十七分至古冶，停数分时。十二时二十三分至□□，未停。三十四分至开平，未停。四十七分至唐山，停十五分时。一点钟三十五分至胥谷（各——引者注）庄，停八分时。二点四十分至芦台，停二十分时。三点十五分至汉沽，停五分时。二十四分过桥，长约二三十丈，四点钟至北塘，停五分时。二十五分至塘沽，停二十五分时。五点三十分至军粮城，停三十五分时。七点钟抵天津"。① 津榆铁路仅长282.5公里，列车居然运行了24个小时。1888年10月9日，李鸿章率下属及商人从天津乘坐火车至唐山，对长130公里的唐津铁路全线查验巡视。李鸿章巡视后上奏朝廷，称："自天津至唐山铁路，一律平稳坚实。桥梁、车栈均属合法。除停车查验工程时刻不计外，计程二百六十里，只走一个半时辰，快利为轮船所不及。以一台机车拖带笨重货车三四十辆，往来便捷，运掉轻灵。而且通塞之权，操之自我，断无利器假人之虑。"② 李鸿章决定再接再厉，将唐津铁路展筑至山海关。1894年春，津榆铁路全线通车。4月，李鸿章自天津出洋巡阅北洋海军后，从山海关乘火车返回天津，实际上是利用火车对陆上防区进行巡视。他向朝廷奏报说："臣鸿章于山海关校阅毕后，乘坐火车由新造铁路回津，六百余里，半日而达，极为便捷。"③ 遗憾的是，由于决策者缺乏对铁路军运的深入了解，甲午战争爆发后，中国铁路未能迅速转入战时状态，列车运行速度、密度不仅没有增加，反而不如平时，铁路运输时常中断，线路抢修缓慢，没有构建现有铁路与其他运输工具协调配合的综合运输体系，延误

---

① 中国史学会主编《中国近代史资料丛刊·中日战争》第6册，上海人民出版社，1957，第268页。
② 关赓麟主编《交通史路政编》第1册，交通铁道部交通史编纂委员会，1931，第46页。
③ 顾廷龙、戴逸主编《李鸿章全集》第15册，奏议十五，安徽教育出版社，2008，第335页。

了军队的部署和调动。据《申报》报道，唐津铁路通车后，每天分别开行往返列车两对，起初运行时间和线路为：上行列车上午9时20分、下午2时40分从天津开往军粮城、塘沽、北塘、汉沽、芦台、塘坊、胥各庄、唐山等处；下行列车上午7时、中午12时15分从唐山开赴天津。① 津榆铁路在甲午战争爆发的当年才竣工，线路的质量和综合效能还处于观察和检验阶段，各项配套措施也不完善。由于线路的投资方不同，旅客利用津榆铁路出行居然要购买两张车票，一为天津至古冶或古冶至天津的商路票，一为古冶至山海关或山海关至古冶的官路票。② 所以战争爆发后，津榆铁路运能与运量的矛盾非常突出，大量兵员、军械及粮食因铁路运能不足被拒之车外。传统运输工具与铁路衔接不畅，运输组织混乱。

1894年9月11日，伍廷芳致函盛宣怀："顷奉手示。明日要运'怀'字一千人至塘沽，此事甚不易办，因明日有五百兵往军粮城，贾军又有大军由塘沽前赴洋河口。刻下各兵弁已上车，军械等物亦已装车，若嘱卸车不装，各营兵勇未必依从，恐生事端。但阅来示，军情急迫，刻不容缓，只可万难之中亦要设法。弟连夜调各处空车赴榆，以便明早'怀'军两营附搭。"1895年7月7日，周兰亭致函盛宣怀："兹查关外裁撤龙镇军所部两千余人，即日入关，分十六、十七两日由火车运送至津。又裁撤陕西马军门所部六营，分廿日至廿四五天由火车运送至津。"③ 由上述电文可知，由于铁路运能不足，2000余人的兵员、军械往往不能一日运送完毕，需要临时调集车辆分批分日输送。

反观日本，1872年10月，全长29公里的京滨铁路正式投入运营，每日开行往返列车9对（18列），全程运行时间为53分钟，每日通过京滨铁路出行的旅客为3400—3900人，列车乘坐率为60%—75%，运能过剩。1874年运营的大阪至神户铁路，线路长32.7公里，列车运行时间为1小时10分钟，每日开行往返列车10对。1877年全线贯通的京都—大阪—神户铁路，长75.8公里，运行时间为2小时35分钟或2小时40分钟，每日开行往返列车10对。1889年7月开通的东京至神户铁路，全长605.7公里，列

---

① 朱从兵：《李鸿章与中国铁路——中国近代铁路建设事业的艰难起步》，群言出版社，2006，第194页。
② 李家璘主编《天津文博论丛》第2集上集，天津人民出版社，2010，第243页。
③ 陈旭麓、顾廷龙、汪熙主编《盛宣怀档案资料选辑之三：甲午中日战争》（下），第202、455页。

车全线运行时间，上行为 20 小时 10 分钟，下行为 20 小时 5 分钟。① 甲午战争爆发后，8 月 4 日，军部向驻扎在金泽的步兵第七连队下达动员令，要求限时抵达敦贺。当时从米原至敦贺的北陆本线还未开通，部队搭乘火车到米原后，徒步行军，结果行军途中有 3 人死亡，近半数人员中暑，损伤了部队的战斗力。② 可见铁道的开通，对部队的快速移动至关重要。

1895 年 1 月，两江总督刘坤一被任命为钦差大臣，节制关内外各军。清军主力在天津至山海关一线集结，刘坤一迅赴山海关驻扎调度。辽东清军正对海城展开反攻，保障津榆铁路畅通尤为重要。刘坤一要求"津关铁路必须游击之师保护，以资转运，而免各军饥溃之虑"。③ 1 月 14 日，刘坤一到达唐山，"约会聂士成及周馥等面商防务"，回山海关途中，"沿途缓轮察看，海岸甚长，海口甚众，以乐亭及洋河口、秦王岛最要，而兵力颇单。聂士成游击之师，似应移驻唐山，以资兼顾，否则相距太远，虽有火车，不免拥挤停待之虞，或致贻误。倘铁路、电线一有疏失，则关内外接济声息不通，军形惊愕，有碍大局不小"。④

1895 年 2 月，中国败局已定，可是战争硝烟还未散尽，清政府却要停止拨付铁路养路经费，不了解战争结束后还需要利用铁路对部队进行大规模的复员输送或将部队输送至原驻地。1895 年 2 月 13 日，李鸿章紧急上奏朝廷："窃维从前创办铁路，原奏明为调兵运械而设。倭韩事起，南北各军调赴东路，无不取道火车，逐日运送兵夫饷械，络绎不绝，非独异常灵捷，且省经过各处车马供亿之烦。近日倭人蓄志北窥，畿防尤为紧急。自津至榆，沿海几七百里，开冻以后，处处可登，若必逐处设防，断断无此兵力，全恃一线铁路往来迅速，一有警信，声息相通，但须大枝游击之师，便可收东西策应之效，较之添募营勇分段扼守所省尤多。日前刘坤一由津赴关，与臣面商，以铁路为关内外各军命脉所关，断难废罢。现部议遽将经费全数停止，此后修路养路之费丝毫无措，中外员司匠役必须即时遣散，铁路即不可行，关津气脉不贯，兵将调度不灵，关系实非浅鲜。""再四筹思，

---

① 野田正穂・原田勝正・青木栄一・老川慶喜編『日本の鉄道—成立と展開』25、30—31、45 頁；帝国鉄道大観編纂局編『帝国鉄道大観—明治・大正鉄道発達史』第一編、原書房、1984、21—26 頁。
② 数据来源于石川县立历史博物馆。
③ 戚其章主编《中国近代史资料丛刊续编·中日战争》第 2 册，中华书局，1989，第 377、430、414、477 页。
④ 戚其章主编《中国近代史资料丛刊续编·中日战争》第 3 册，中华书局，1991，第 53 页。

惟有吁恳天恩，俯念铁路为行军要需，已成之工不可偏废。饬部暂行每年拨给银二十万两，以为修路养路及补还洋债之用，比原定银数不过十分之一，而军行紧急之际得收实用，于前敌转运、近畿防剿裨益匪轻。"①

晚清著名学者、极力主战的钟天纬在总结甲午战争失败的原因时指出："转运太慢也。从来兵贵神速，昔布（普）法之役，七日之内布兵已深入法境。无他，有铁路之故也。……今粮饷军火，一切改由陆运，非特劳神十倍，抑且缓不济急。设使都城告警，而各省勤王之师不能倍道赴援，尤为大患。夫铁路之利钝，至用兵而始见。至此，始悔事事鞭长不及，而叹清议之足以误国也晚矣。"② 尽管中国铁路线甚短，运输效率不高，但日本仍对中国铁路在增强军事输送能力、改善海陆联防态势方面有所忌惮。在和约谈判期间，日本提出的停战条件之一即"天津、山海关间铁路，当由日本国军务官管理"。③

综上所述，中国铁路线路短少，布局不合理，军事运输组织混乱，效率低下，削弱了军队的机动性，正如列宁所说："没有铁路，进行现代战争就是十足的空谈。"与此同时，列宁认为战争期间高效的铁路军事运输组织是同等重要的，他指出："我们的口号应当只有一个：认真地学习军事，整顿铁路上的秩序。没有铁路而要进行社会主义革命战争，是最有害的叛变行为。"④ 甲午战争期间，日本铁路军事运输组织有序，充分发挥了铁路的效能，为取得战争的胜利提供了重要保障。

---

① 顾廷龙、戴逸主编《李鸿章全集》第16册，奏议十六，第8—9页。
② 戚其章主编《中国近代史资料丛刊续编·中日战争》第12册，中华书局，1996，第264—265页。
③ 戚其章主编《中国近代史资料丛刊续编·中日战争》第10册，中华书局，1995，第318页。
④ 《列宁全集》第33卷，人民出版社，2017，第413页；《列宁选集》第3卷，人民出版社，1972，第473页。

·铁道与管理·

沈奏廷与近代中国铁路运输科学研究[*]

黄华平[**]

摘　要　沈奏廷是中国第一代铁路运输科学研究的先行者和铁路运输学科的开拓者。他从1924年起与中国铁路运输事业结缘，先后在京沪、沪杭甬铁路管理局和交通大学等铁路部门、机构任职，从事铁路运输管理、研究和教学工作，编撰众多学术性和应用性兼具的著述。他的学术旨趣始终围绕改良中国落后的铁路运输面貌，研究内容涉及运输规制、铁路运价、铁路会计、铁路货物分等以及铁路行车安全等各个方面。在学术思想上，其主张效仿国外先进的铁路运输管理经验，但又不盲从，提倡洋为中用，坚持理论联系实际，学以致用，聚焦中国铁路运输管理的实际问题，务求实效。

关键词　沈奏廷　铁路运输学　洋为中用

沈奏廷（1904—1963），浙江省余杭县（今杭州市余杭区）人，一生致力于我国铁路运输科学的研究和教育，为我国铁路运输管理事业的改进、提高，以及运输学人才培养做出了重要贡献。但目前铁路史研究的学者大多聚焦于李鸿章、孙中山、盛宣怀、詹天佑和张嘉璈等少数人物，甚少关注包括沈奏廷、金士宣、高鹿鸣等在内的铁路运输管理者和研究者。就沈奏廷而言，已有的介绍也存在或多或少的错漏。[①] 因此，无论是丰富铁路人

---

[*] 本文系国家社科基金项目"近代中国铁路运价史研究（1876—1937）"（17BZS141）阶段性成果。
[**] 安徽师范大学历史学院教授。
[①] 介绍沈奏廷的论著主要包括：《北方交通大学志》（中国铁道出版社，2001）、《中国科学技术专家传略·工程技术编·交通卷》（中国铁道出版社，1995）及金士宣的《为培养铁路运输人才耗尽毕生心力——追忆沈奏廷、许靖两教授》（《北方交通大学学报》1983年第2期）等。《北方交通大学志》及金士宣所写的论文，均提到交通大学上海本部的沈奏廷因

物史研究,还是正确认识其贡献,研究沈奏廷是非常必要的。

一 沈奏廷的铁路运输事业情缘

1924 年,沈奏廷从交通大学附属中学考入交通部南洋大学(后称交通大学上海本部)铁路管理科。该科主要"造就铁路管理人才",设置诸多关于铁路运输管理的课程,如"铁路运输、铁路组织、铁路行车、铁路法规、铁路警察、铁路会计"①等,沈奏廷自此与铁路运输事业结缘。在校期间,沈奏廷学习勤奋,善于钻研,1926 年在《南洋旬刊》上发表《铁路运输与工商业之新关系》一文,对铁路运输的重要性已有清晰的认识,他指出:"铁路与工商业,关系尤切。顾有铁路矣,而运输不知改进,则加惠工商业必难充分。运输之优点,在不迟延,不因循,能应运货者之需求而无匮,然后工商事业能被其实益,否则纵有铁路千万里,无所用也。"②

1928 年,沈奏廷以全班第一名的成绩毕业。"是年即应上海特别市社会局之聘,入局充任第二科技士,主办农工商业统计及调查事宜,成绩斐然。"③此时,正值南京国民政府铁道部成立之际,该部非常重视铁路人才的培养,有意遴选符合条件的人员出国留学。1929 年 10 月,铁道部谕令交通大学上海、唐山、北平三校,凡 1928 年以前各届第一名毕业生尚未出国留学者,依照旧章可以继续补派。④这个旧章是指 1925 年 7 月北洋政府交通部颁布的《交通部管理部派国外留学生章程》,该章程规定:"本部直辖三大学(南洋大学、唐山大学和北京交通大学——引者注),学生每年毕业时,择其成绩优异、品诣端方者,选派四名,每人留学五年。"⑤沈奏廷因毕业成

常与北平铁道管理学院的许靖联名发表文章,措辞激烈,深受铁路运输界重视,故有"南沈北许"之称。而事实上,据笔者所见,沈奏廷与许靖合作的文章并不多,不过两篇而已(见表1)。另外,有关沈奏廷赴美留学时间、抗战胜利后的职务变迁、主要论著均记载有误或不全面。

① 俞希稷:《南洋大学铁路管理科之现状》,《经济学报》第 2 卷第 1 期,1926 年 10 月 10 日,第 1 页。
② 沈奏廷:《铁路运输与工商业之新关系》,《南洋旬刊》第 2 卷第 2 期,1926 年 3 月 21 日,第 2 页。
③ 《沈奏廷赴美留学》,《申报》1930 年 1 月 17 日,第 17 版。
④ 许守祜主编《中国铁路教育志稿(1868—2010)》,西南交通大学出版社,2013,第 172 页。
⑤ 《交通部管理部派国外留学生章程》,《政府公报》第 122 册,上海书店出版社,1999,第 19 页。

绩优异，与北平铁道管理学院的许靖、唐山学院的赵祖康等八人一道获得了铁道部公派留学生的资格。① 1930 年 1 月 10 日，沈奏廷前往美国宾夕法尼亚大学攻读硕士学位，学习铁路管理知识，并在宾夕法尼亚铁路公司实习。在攻读硕士学位的过程中，他感到学习的内容比较空泛，没有实践性，于是放弃攻读高层次学位的机会，一心扑在铁路公司的实习上面，学习和观摩铁路运输管理的各个方面，汲取宝贵经验。②

经过两年在美铁路公司的实习，1932 年 1 月，沈奏廷以宾夕法尼亚大学肄业生的身份回国。回国后，沈奏廷先在京沪、沪杭甬铁路管理局车务处担任课员，③ 1933 年 7 月从车务处调任京沪、沪杭甬铁路管理局上海营业所，担任经理。④ 两路营业所主要办理"答复问讯"、"代售客票"、"接送行李"、"接送包裹"、"代办特产"、"代定旅馆"、"预定卧铺"及"接送货物"等业务，⑤ 是近代中国铁路商业化的嚆矢。营业所开办后，成绩极佳，1933 年 10 月，"计总收入达一万八千一六四六一·〇三元。答复问讯三四二八次，接送行李九二四件，进款二九二·九五元，代定旅馆三户、手续费及定洋一三·六〇元，代定卧铺三四七件，接送包件四七三件，进款一二二五·五五元，总进款一七九九三·一三元，较上月份激增六千七百余元"。营业所的成功，产生了积极效应，"各路纷谋仿办，先后来申（指上海——引者注）参观者，计有北宁、杭江、湘鄂、津浦、平汉、胶济等路代表"。⑥

1934 年，沈奏廷辞去两路上海营业所经理，改任全国经济委员会专员，从事有关交通方面的调研工作。⑦ 在此期间，沈奏廷还于上海商学院与交通大学上海本部兼职，在交通大学上海本部讲授铁路货运业务、铁路运价和铁路行车等课程。1936 年，沈奏廷辞去全国经济委员会专员一职，专职任教于交通大学上海本部，并兼铁路运输系主任，直至 1942 年交通大学上海本部被汪伪政权接管，先后获聘副教授、教授职称。在这期间，沈奏廷撰写了大量铁路运输管理方面的论文。

---

① 《孙科欢送部派留学生》，《申报》1930 年 1 月 10 日，第 13 版。
② 《中国科学技术专家传略·工程技术编·交通卷》，第 280 页。
③ 《同学消息》，《南洋友声》第 23 期，1933 年 4 月 1 日，第 20 页。
④ 《人事变动消息》，《京沪沪杭甬铁路日刊》第 733 号，1933 年 7 月 29 日，第 71 页。
⑤ 《京沪沪杭甬铁路创设营业所旨趣》，京沪沪杭甬铁路营业所编印《京沪沪杭甬铁路修复上海北站纪念刊》，1933，第 25 页。
⑥ 《两路营业所营业激增》，《申报》1933 年 11 月 3 日，第 12 版。
⑦ 《两路营业所经理变动》，《申报》1934 年 7 月 4 日，第 14 版。

交通大学上海本部被汪伪政权接管后，沈奏廷与校长黎照寰等一批爱国知识分子愤然辞职，开始流亡。沈奏廷先后在浙赣铁路理事会、湘桂铁路理事会任职。① 1943年8月，沈奏廷到达重庆，在重庆交通大学担任教授兼运输管理系主任。抗战结束后，沈奏廷先后转任南京国民政府交通部公路局运务处处长、② 输出入管理委员会限额处副处长、处长、③ 同时兼任上海交通大学教授，讲授铁路运转经济学、铁路运价和铁路运输原理等课程。1949年，他辞去输出入管理委员会的职务，回母校上海交通大学担任教授。

新中国成立后，1951年，上海交通大学运输管理系并入北方交通大学（今北京交通大学）车务系，沈奏廷与运输管理系师生一同迁往北京。在北方交通大学，他先后担任铁道概论教研室和铁路行车组织教研室主任，以及运输系主任，还当选北方交通大学第一届学术委员会委员，主讲铁路行车组织方面的课程。④ 为新中国铁路运输学科的建设做出了贡献。

二　沈奏廷的铁路运输学研究成果

沈奏廷一生致力于中国铁路运输学的研究和教育，著述颇丰。据笔者所见资料，其研究成果包括两大部分。

第一部分为编著成果，既是铁路运输学方面的大学教材，又具有学术性。《铁路运价之理论与实际》（商务印书馆，1935），该书"对于铁路运价，除阐发其原理与原则外，并极注重实务方面之探讨，与厘订运价技术问题之研究，如基本运价、递远、递减、整车与不满整车运价比率、各等比例、货物分等方法、各种计费规则诸端，靡不探本穷源，叙述其现状与应有之改良。此外，对于吾国各路运价之构造，亦详列无遗，足资参考"。⑤《铁路货运业务》（商务印书馆，1935），该书"以叙述国有铁路之货运规章制度及方法为主体，于必要处兼及欧美铁路所采之制度，并申论各种应有之改进。举凡货运组织、货运手续、货运单据、货运规则、联运方法、车辆支配、货物列车、互通车辆及货车公用制度，货运杂项与代办业务等，

---

① 交通大学校史编写组编《交通大学校史》，上海教育出版社，1986，第331—336页。
② 《交通部令人字第11244号》，《交通公报》第9卷第22期，1946年10月，第6页。
③ 《沈奏廷任限额处长》，《大公报》1947年6月10日，第6版。
④ 《北方交通大学志》，第861页。
⑤ 《商务印书馆本日初版新书》，《申报》1935年12月2日，第3张。

莫不论列綦详，且多以现今负责运输之方法为准则"。①

此外，沈奏廷还编著有《战后铁路货车问题之研究》（编者印行，1945）、《铁路行车》（苏新书店，1946）、《铁路货栈货场之设计与管理》（交通大学管理学院，1946）、《铁路货运调车场之设计与管理》（交通大学管理学院，1946）、《铁路客运车场之设计与管理》（交通大学管理学院，1946）、《铁路旅客终点大站之设计与管理》（交通大学管理学院，1946）、《济南调度区日常计划与调度》（人民铁道出版社，1959）及《济南局月间计划的编制》（人民铁道出版社，1959）等。

第二部分为纯学术性的论著，包括论文集、论文，这些是沈奏廷学术成果的主要形式，也充分体现了其学术旨趣和学术思想。

其中，论文集共有3部。一是《铁路经济论文集》（第1集，中国铁路运输学会，1934），共收录论文32篇，"其内容约可分为两类，一为论列吾国铁路运输业务上之利弊，一为介绍他国铁路在运输业务上所采之方法与制度，尤以货运问题讨论为多"。② 二是《铁路问题讨论集》（商务印书馆，1946），共收录论文30篇，"以讨论吾国铁路运输及业务上各种问题为主旨，参酌欧美铁路之制度与方法，建议种种改良之途径，举凡客运、货运、票价、运价、车辆支配、统计方法等问题，靡不有翔实之讨论与具体之改善方法。所言均系根据国中事实，不尚空论，且多为一般书籍中所不易见者。用以作为改进路务与研究铁路管理方法之参考，极为相宜"。③ 三是《中国铁路货运业务问题》（编者印行，1945），共收录论文14篇，叙述货运制度及业务问题，内容涉及货物保管与保管费、货物装卸、联运过轨车辆之车租、运费收取、货物认领与交付、货物保险、货车加封等。

其公开发表的论文数量达85篇，具体见表1。

表1　沈奏廷学术论文一览

序号	论著名称	出处
1	铁路运输与工商业之新关系	《南洋旬刊》第2卷第2期，1926年
2	十七年度麦根路车站货运统计概观	《农工商周刊》第53期，1929年
3	今后我国国有铁路运价之使命	《经济论丛》上编，广益书局，1929

---

① 《商务印书馆本日初版新书》，《申报》1935年10月7日，第3张。
② 《介绍铁路经济论文集》，《京沪沪杭甬铁路日刊》第1124号，1934年11月9日，第64页。
③ 《商务印书馆本日初版新书》，《申报》1936年10月13日，第3张。

续表

序号	论著名称	出处
4	铁路客货运输统计之研究	《交通管理学院院刊》创刊号，1929年
5	美国铁路睡车床位预定制度之概观	《铁道》第2卷第1—2期，1932年
6	美国铁路支出会计中之整理帐	《铁道》第2卷第7期，1932年
7	美国铁路货站站帐之概观	《交大季刊》第9期，1932年
8	货运损失赔偿金额之核定法	《铁道》第2卷第8—11期，1932年
9	美国铁路零担货装车查对票制度之实况	《铁道》第2卷第12期，1932年
10	美国捷运业务之概观	《铁道》第2卷第16—18期，1932年
11	对于我国铁路未来之希望	《铁道》第3卷第1—2期，1933年
12	货运单据简易化之我见	《铁道》第4卷第2期，1933年
13	铁路货运损失之原因及其补救	《经济学报》第2期，1933年
14	京沪沪杭甬铁路各大站售票窗户应有之改良	《铁道》第4卷第4期，1933年
15	日本铁道旅客业务运价与我国之比较论	《铁道》第3卷第6期，1933年 《铁路月刊：平汉线》第37期，1933年
16	吾国铁路之货运组织	《铁道》第4卷第6期，1933年
17	吾国铁路之货运单据	《铁道》第4卷第7—8期，1933年 《铁路月刊：平汉线》第43期，1933年
18	整车起码重量之意义及应用	《铁道》第3卷第7期，1933年
19	铁路货运杂费之分析观	《铁道》第3卷第10期，1933年
20	吾国铁路之货物运送规则	《铁道》第3卷第10期，1933年
21	铁路冷藏运输业务之研究	《铁道》第3卷第11期，1933年 《铁路月刊：津浦线》第3卷第5期，1933年
	铁路冷藏运输业务	《交大季刊》第11期，1933年
	铁路冷藏运输概说	《京沪沪杭甬铁路日刊》第815号，1933年
22	双轨行车与单轨行车之比较观	《铁道》第3卷第14期，1933年
23	吾国铁路运货计费方法应有之改良	《铁道》第3卷第15期，1933年
24	吾国铁路之负责货物联运	《铁道》第4卷第15期，1933年 《铁路月刊：平汉线》第45期，1934年
25	对于吾国铁路行李免费重量规定之我见	《铁道》第3卷第17—18期，1933年
26	一个美国铁路的设备品折旧记帐法	《经济学报》创刊号，1933年
27	京沪沪杭甬铁路营业所业务前途之展望	《铁道》第5卷第1期，1934年
28	改良卧车铺位编号制度之商榷	《铁道》第5卷第7期，1934年
29	英国铁路货物负责运输规则之检讨	《交大经济》第3期，1934年
	英国铁路货物负责运输规则之研究	《铁道》第6卷第10—11期，1935年

续表

序号	论著名称	出处
30	铁路货物分等之要素与吾国国有铁路货物分等表之研究	《铁道》第 5 卷第 8—9 期，1934 年
31	铁路运输成本之计算	《铁路月刊：津浦线》第 4 卷第 9 期，1934 年
		《铁道》第 5 卷第 11 期，1934 年
		《交大学报》创刊号，1945 年
32	铁路特价与专价之概观	《铁路月刊：津浦线》第 4 卷第 10 期，1934 年
		《铁道》第 5 卷第 13 期，1934 年
33	铁路提单押汇问题之商榷	《铁道》第 6 卷第 13 期，1935 年
		《银行周报》第 18 卷第 45 期，1934 年
34	铁路货运设备之研究	《铁道》第 5 卷第 14—15 期，1934 年
35	改良铁路货物运输与发展铁路货运业务	《铁道》第 5 卷第 16—17 期，1934 年
36	吾国铁路运价之现状	《铁道》第 5 卷第 18 期，1934 年
37	论整车运价与不满整车运价之界限	《铁道》第 6 卷第 1 期，1935 年
38	铁路货物列车之面面观	《铁道》第 6 卷第 2 期，1935 年
39	论铁路代收货价业务	《铁道》第 6 卷第 4—5 期，1935 年
40	论货车公用制度	《铁道》第 6 卷第 6 期，1935 年
41	货车支配原则之探讨	《铁道》第 6 卷第 7 期，1935 年
42	铁路运价与普通物价之异同	《铁道》第 6 卷第 8 期，1935 年
43	铁路运价原理之检讨	《铁道》第 6 卷第 9 期，1935 年
44	货等应用名词之定义及解释	《铁道》第 6 卷第 12 期，1935 年
45	基本运价构成之原则观	《铁道》第 6 卷第 13 期，1935 年
46	铁路货运计费规则之检讨	《铁道》第 6 卷第 14—15 期，1935 年
47	改良吾国铁路基本运价之方策	《铁道》第 6 卷第 16 期，1935 年
48	改善吾国铁路联运运价之我见	《铁道》第 6 卷第 18 期，1935 年
49	THE QUESTION OF THE 10% SURCHARGE FOR CARRIAGE AT RAILWAY RISK	《管理》第 1 卷第 2 期，1936 年
50	零担货物处理方法与联运直达沿途零担车制度	《管理》第 1 卷第 2 期，1936 年
51	参观津浦胶济两路后之感想及意见	《管理》第 1 卷第 3 期，1936 年
52	改善吾国铁路货物事故处理方法之刍见	《管理》第 1 卷第 4 期，1936 年
53	改良吾国铁路货运单据之又一建议	《交通杂志》第 4 卷第 4 期，1936 年
54	对于吾国铁路牲畜运价之批评	《交通杂志》第 4 卷第 5 期，1936 年
55	铁路直接运输成本之计算与应用	《交通杂志》第 4 卷第 6 期，1936 年

续表

序号	论著名称	出处
56	评吾国最近改订之铁路列车及车辆统计办法（许靖、沈奏廷）	《铁路杂志》第 2 卷第 6 期，1936 年
57	变通铁路运价利用回空车辆之我见	《交通杂志》第 4 卷第 7 期，1936 年
58	对于吾国铁路整车货物装卸制度之商榷	《交通杂志》第 4 卷第 8 期，1936 年
59	中国铁路是否有举办财产估价之必要	《交通杂志》第 4 卷第 9 期，1936 年
60	吾国铁路代递货票办法之我评	《交通杂志》第 4 卷第 11 期，1936 年
61	论铁路货站外部之组织与吾国铁路应有之改进	《京沪沪杭甬铁路日刊》第 1501—1503 号，1936 年
62	改善吾国铁路卧车铺位预定制度之刍见	《京沪沪杭甬铁路日刊》第 1506 号，1936 年
63	改革吾国铁路货站支配货车制度之商榷	《京沪沪杭甬铁路日刊》第 1509—1510 号，1936 年
64	英国铁路货车支配制度与吾国铁路应有之改进	《京沪沪杭甬铁路日刊》第 1518—1520 号，1936 年
65	改良吾国铁路起运零货处理方法之建议	《铁道半月刊》第 1 卷第 13 期，1936 年
66	改善吾国铁路大站行车房之我见	《管理》第 2 卷第 1 期，1937 年
66	改善吾国铁路大站行车房之我见	《铁道半月刊》第 2 卷第 9 期，1937 年
67	吾国铁路实行货物夜间装卸制度之商讨	《管理》第 2 卷第 2 期，1937 年
67	吾国铁路实行货物夜间装卸制度之商讨	《交通杂志》第 5 卷第 7 期，1937 年
68	再论吾国铁路列车及车辆统计办法（沈奏廷、许靖）	《管理》第 2 卷第 5 期，1937 年
68	再论吾国铁路列车及车辆统计办法（沈奏廷、许靖）	《交通杂志》第 4 卷第 12 期，1936 年
69	防范行车事变声中吾国铁路各站行车管理方法应有之改革	《管理》第 2 卷第 5 期，1937 年
70	吾国铁路整车货场应采用之车辆管理方法	《铁道半月刊》第 2 卷第 2 期，1937 年
71	防范行车事变之我见	《铁道半月刊》第 2 卷第 11 期，1937 年
72	吾国铁路农产品限期运到办法之我评	《交通杂志》第 5 卷第 4 期，1937 年
73	吾国铁路整车货物运前运后保管问题之商讨	《交通杂志》第 5 卷第 6 期，1937 年
74	战后全国铁路货车管理问题之商榷	《国货与实业》第 1 卷第 5 期，1941 年
75	战后铁路组织问题之商讨	《国货与实业》第 1 卷第 9 期，1941 年
76	铁路运输与物价管制	《交通建设》第 1 卷第 1 期，1943 年
76	铁路运输与物价管制	《紫山村讯》第 4 期，1943 年
77	战后新路的行车制度问题	《运输研究》第 1 卷第 1 期，1943 年
78	改良吾国铁路站内行车管理之一法	《运输研究》第 1 卷第 1 期，1943 年
79	铁路包裹失少之防止问题	《紫山村讯》第 5 期，1943 年
80	战后各铁路互通车辆问题	《交通建设》第 1 卷第 4 期，1943 年

续表

序号	论著名称	出处
81	铁路包裹改按实价赔偿问题之检讨	《紫山村讯》第 8 期，1943 年
82	铁路不满整车运费计算单位之调整问题	《运输研究》第 1 卷第 2 期，1944 年
83	改良战后吾国铁路货运管理之刍议	《运输研究》第 1 卷第 3—4 期，1944 年
84	铁路编配调车之方策	《管理》第 1 期，1947 年
85	吾国铁路货站设计改革方案	《世界交通月刊》第 1 卷第 8—9 期，1948 年

注：同一论文重复发表者，计为 1 篇；同一论文拆为上、中、下或上、下等几篇刊发者，也计为 1 篇。

上述论文，览其名目可知沈奏廷主要以铁路运输管理为研究对象，内容以铁路运输管理规章制度为主，涉及客货运输规制、铁路运价、铁路统计、铁路会计、铁路行车安全，乃至铁路行车调配及货站设计等诸多方面。另外，从沈奏廷著述发表的时间来看，其研究的高产期为 1932 年至 1937 年，共计发表论文 69 篇，占其论文总数的 81.2%。抗战全面爆发以后，因时局混乱，沈奏廷多方流亡，没能集中精力进行研究，故而论文很少，截至 1949 年仅 12 篇。新中国成立后，尽管沈奏廷在北方交通大学专任教职，但因承担新课程铁道概论的教材编制和日常教学任务，还要学习俄文、翻译俄文教材等，鲜有成果产出，甚为可惜。

三 沈奏廷的学术研究思想

沈奏廷的学术旨趣始终围绕改良我国落后的铁路运输面貌，反映在其学术思想上，可以归纳为三点。

第一，他主张学习国外先进经验，以迅速改变我国铁路落后的运输状况。沈奏廷对国外先进的铁路运输管理理论与方法是很重视的，主张我国铁路当局要大力借鉴与效仿。他在《参观津浦胶济两路后之感想及意见》一文中曾言："吾尝谓铁路管理方法，无间中外，均应大同而小异，故先进国铁路之方法经多年之实验而来者，吾国铁路应尽量加以变通而采用之，仿效之，而后事半功倍，收效乃宏。否则故步自封，对于一切先进国之良法善策，均斥为不合国情，不愿加以研究试验，则非特进步綦难，抑且不免于暗中摸索，自求痛苦而已。"[1]

---

[1] 沈奏廷：《参观津浦胶济两路后之感想及意见》，《管理》第 1 卷第 3 期，1936 年 9 月，第 25—26 页。

基于此种认识，沈奏廷不遗余力地宣传和介绍英美等国的铁路运输管理方法和制度。从表1所列可知，在沈奏廷的所有论文著述中，全篇介绍英美等国铁路运输方法和制度的论文有9篇，包括美国、英国和日本，以美国为主体，这与沈奏廷曾在美国留学不无关系。另外，在其出版的《铁路问题讨论集》和《铁路经济论文集》中，除去已公开发表的论文，计有4篇关于美国铁路运输管理制度的介绍。除此，沈奏廷在其他研究的文章中，也多首先阐述铁路运输管理方面的原理或介绍英美等国的情况，以作为研究的指导和参考。比如，在其《改善吾国铁路卧车铺位预定制度之刍见》一文中，沈奏廷在总结美国卧车铺位预订经验后，建议我国铁路部门效仿美国，统一卧铺车内部构造和建立卧铺车床位编号制度。[①] 在《改善吾国铁路大站行车房之我见》一文中，他也是先阐述美国行车房制度，认为美国铁路部门按照笨重行李、便利行李两种分别建立不同行车房的做法是非常可取的。[②]

第二，他不盲从于国外的先进经验，提倡洋为中用。尽管沈奏廷极力主张借鉴和效仿国外的铁路运输管理理论与方法，但他并不盲从于国外，而是提倡洋为中用。沈奏廷在其论文《改良铁路货物运输与发展铁路货运业务》中即有这样的认知，他指出："吾国铁路，近亦鉴于欧美铁路发展货运工作之努力，对于货运发展一端亦知渐加注意。惟在吾国货运发展方法与先进国之所用者，应颇有出入之处。良以吾国铁路之种种状况，均在幼稚时代，有先进国不成问题之事，在吾国竟成严重之问题；而彼邦之所成问题者，在吾国则或转不发生或尚未发生。故所采之方针，所用之方法，自应颇有异同也。"[③] 在其另一篇关于日本铁道旅客运价与我国比较的论文中，沈奏廷也持一贯之观点："取彼之长，舍彼之短。吾人研究探讨（外国铁路经验——引者注）之目的，亦在截长补短，弃糟粕，撷精华而已。故吾于讨论叙述之余，深觉我国铁路之可取法彼邦者固多，而不必盲从者亦不少。至因彼之短而促吾之改进者，亦有数端。"并罗列了何者应改进，何者应保留。比如，沈奏廷认为："日本票价全国统一，而我则各路纷歧，有

[①] 沈奏廷：《改善吾国铁路卧车铺位预定制度之刍见》，《京沪沪杭甬铁路日刊》第1506号，1936年2月11日，第68—69页。

[②] 沈奏廷：《改善吾国铁路大站行车房之我见》，《管理》第2卷第1期，1937年4月，第57—58页。

[③] 沈奏廷：《改良铁路货物运输与发展铁路货运业务》，《铁道》第5卷第16—17期，1934年6月11日，第289页。

亟待整理划一之必要，一也。日本采递减制，而我则多采比例制，此我不效法东邻，而取欧美之成规，尚有见地，二也。日本各等间之比率为一、二、三制，殊嫌太高。而我国多数之路采用之，殊无理由。结果则头等几无人问津，而三等则拥挤堪虞，三也。日本既采递远递减制，而近距离之基本票价并不在我国之上，故我国平均每延人公里之运费当必较高于日本。为减轻行旅负担计，殊有减价之必要，四也。"①

第三，他坚持理论联系实际，学以致用，聚焦我国铁路运输管理实际，务求实效。沈奏廷自1932年回国后，专心研究我国铁路运输管理的实际问题，撰写论文，在报纸杂志上大声疾呼，企求改进。在表1所列的论文中，除去9篇介绍国外铁路运输管理制度和方法之外，其余均是针对当时我国铁路运输的实际情况而作。比如，就当时我国铁路货物分等表的问题，他撰写了《铁路货物分等之要素与吾国国有铁路货物分等表之研究》一文。该文一面阐明货物分等要素的一般理论和原理，一面讨论我国铁路货物分等表存在的实际问题。沈奏廷认为："吾国国有铁路，现行货物分等表，虽经迭次修改，已有显著之进步。但因缺少精密之考查与夫系统的研究，仍有未能满意之处。"具体表现为"包涵欠广"、"分析欠精"、"分等要素欠缺"、"零整等不分"、"检查不便"以及"等级太少"等。在分析不足的同时，他提出改进之法。针对货物分等"包涵欠广"的问题，沈奏廷认为："一面将挂漏之货品加以考查，增加列入表内；一面对于未列名之货物，遇有发现时，应比较相似之货物，列入相似货物之等级计费，始足以昭公允。其无相似货品足资比较者，始得按二等核收运费。"②

沈奏廷在《改善吾国铁路联运运价之我见》一文中，也同样是先阐明联运运价应遵守的原则，然后分析当时我国铁路联运运价"向以各路之本路运价加总而得"所存在的两个缺点。一是"以各路之本路运价相加之和，作为联运之价，其是否适合联运货物之负担能力，殊属疑问"；二是"联运运价既由各路运价加总而成，则里程皆系分路计算，不而连续递远递减，与连续里程原则（The Continuous Mileage Principle）殊觉背驰"。最后，沈

---

① 沈奏廷：《日本铁道旅客业务运价与我国之比较论》，《铁路月刊：平汉线》第37期，1933年5月，"论著"，第21页。
② 沈奏廷：《铁路货物分等之要素与吾国国有铁路货物分等表之研究》，《铁道》第5卷第9期，1934年3月21日，第171—174页。

奏廷结合当时我国铁路当局采取的措施，认为根本性的改革必须"重新厘订适合联运货物负担能力之联运运价"，① 还设计出具体的实施步骤，具有很强的操作性和实用性。

交通大学上海本部管理学院院长钟伟成，曾这样评价沈奏廷："对于铁路运输及业务颇多心得。盖其为学也，先由学以致其用，复由用以充其学，能冶事实与理论于一炉，宜乎其所言之多中肯要而多为前人之所未发者。至其言论有裨于我国路务之改进者，固不必待余言而后彰也。"②

沈奏廷将上述学术思想也运用到学科建设方面。1930年代初期，我国铁路运输学科尚处于萌芽之中，缺乏针对我国铁路运输状况的大学教材。沈奏廷自己动手编写教材，他以国外运输学原理与原则为准绳，结合自己的研究成果，分析国内外运输实务，评其优劣，为近代我国铁路运输学科的建设做出了贡献。③

此外，沈奏廷还主张铁路业务商业化，他批评："吾国办理铁路，对于如何发展货运一端，向不注意。以为铁路为独占事业，营业可不速而自来，固无用如普通商店之忙于兜揽也。"他建议铁路当局主动作为，招揽客源、货源，改进货运设备，改革货运业务，降低铁路运价。④

结　语

沈奏廷对学术的追求无止境，充满热情，他说："繁错考铁路学术纵复，即就铁路管理一端而言，则有业务、行车、运价、会计、财政、人事诸端，虽竭毕生之力，亦不能穷其玄奥。况铁路事业日新月异，非作终身之研究，即有明日黄花时代落伍之嫌。"⑤

沈奏廷正是抱定改进我国铁路运输管理之目的，穷其短暂一生于我国铁路运输学的研究和教学，撰写大量学术性和实用性兼具的著述。在其著述中，他主张学习国外先进铁路管理经验，但也不盲从，坚持洋为

---

① 沈奏廷：《改善吾国铁路联运运价之我见》，《铁道》第6卷第18期，1935年6月21日，第311—314页。
② 沈奏廷：《铁路经济论文集》第1集，"钟序"，第1页。
③ 《中国科学技术专家传略·工程技术编·交通卷》，第286页。
④ 沈奏廷：《改良铁路货物运输与发展铁路货运业务》，《铁道》第5卷第16—17期，1934年6月11日，第289—294页。
⑤ 沈奏廷：《铁路经济论文集》第1集，"自序"，第2页。

中用，并坚持理论联系实际，学以致用，聚焦我国铁路运输实际问题，为彼时我国铁路当局进行铁路运输管理的改进和改良提供了参考与指南，也奠定了近代中国铁路运输学科的基础，被誉为中国铁路运输学科的开拓者。①

---

① 李士群主编《拼搏与奋进——北京交通大学百年回顾与思考》，北京交通大学出版社，2006，第163页。

新中国成立初期铁路行车安全治理[*]

——基于1950年花旗营事故的考察

袁 浩[**]

摘 要 花旗营事故是新中国成立初期的一起重大铁路行车安全事故,这一事故暴露了新中国成立初期铁路运输工作中存在的一系列安全问题和隐患。事故发生后,中央政府展开事故调查并依法追责,肇事职工受到法律严惩,部分领导干部也受到相应处分。铁路部门吸取教训,对铁路行车安全问题进行了治理,并取得了积极成效,为新中国成立初期铁路运输工作的持续推进提供了安全保障,也为其发展奠定了坚实的基础。

关键词 新中国成立初期 铁路行车安全 花旗营事故

铁路行车安全是铁路运输工作的重中之重,因为其不仅事关人民生命财产安全,也与铁路产业自身的发展密切相关,"铁路行车安全水平又决定了铁路运输与其他运输方式的竞争力、声誉和经济效益,所以,安全始终与铁路运输产业自身的发展和生存息息相关"。[①] 近年来,学界对新中国成立初期铁路安全问题逐渐有所重视,涌现出一批研究成果,[②] 但是既有研究多聚焦于宏观整体层面,对于具体铁路行车安全事故问题的考察稍显不足。以花旗营事故为例,其作为新中国成立初期第一起铁路运输重大人员伤亡事故,虽散见于一些论著中,但大多语焉不详,缺乏对这一重大行车事故

---

[*] 本文系国家社科基金项目"近代中国铁路运价史研究(1876—1937)"(17BZS141)阶段性成果。
[**] 安徽师范大学历史学院硕士研究生。
[①] 顾正洪主编《交通运输安全》,东南大学出版社,2016,第215页。
[②] 相关论著主要有中国铁道学会安全委员会、中国铁路安全志编委会编著《中国铁路安全志(1876—2011)》,上海交通大学出版社,2012;王成林编著《文化的力量——中国铁路安全制度文化选择与建设介评》,新华出版社,2010;等等。

的整体考察。据笔者所见，部分论著对于花旗营事故的有关记载也不尽相同。① 有鉴于此，本文拟对新中国成立初期花旗营事故的有关情况，以及事后铁路部门开展的一系列行车安全治理工作进行梳理和考察，在此基础上，进一步探讨新中国成立初期铁路当局对于行车安全问题的治理成效和基本经验，以期为新时期我国铁路行车安全管理提供借鉴。

一 花旗营事故救援、肇因及相关处理情况

花旗营站位于江苏省江浦县（今浦口区）永宁镇，始建于1909年，为津浦铁路沿线车站之一。② 1950年1月23日凌晨5时6分，一列编号为2404次的军车沿津浦线北上，与经停在该线路花旗营车站的编号为301次的南下货车相撞。此次撞车事故，造成两辆机车损毁，六节车厢倾覆，人员伤亡极为惨重。中国人民解放军第二野战军军事政治大学（以下简称"二野军大"）电讯支队干部及学员死亡16人，伤46人，其中重伤10人。受事故影响，线路被迫中断行车12小时29分钟之久。③ 因人员伤亡惨重，花旗营站列车相撞事故被视为"新中国成立后第一起旅客列车重大伤亡事故"。④

事故发生后，二野军大领导赶赴事故现场组织救援工作，并向有关军政部门报告事故救援情况。⑤ 地方路局也迅速展开救援工作，"济南路局及蚌埠分局即先后派遣救援列车、医生和负责干部前往营救。伤员送往浦镇医院治疗，死者用棺木成殓，举行追悼，就地葬埋"。⑥ 与此同时，线路的抢修工作也加紧展开，历经十余小时的抢修，线路恢复运行。

中央政府对此次事故高度重视，负责全国铁路运输事宜的铁道部迅即

---

① 关于花旗营事故，一种记载事故中断行车时长为8小时29分，301次列车为旅客列车，参见《中国铁路安全志（1876—2011）》，第374页；另一种记载称此次行车事故中断行车时长为12小时29分，301次南下列车为货物列车，参见中国铁路史编辑研究中心编《中国铁路大事记（1876—1995）》，中国铁道出版社，1996，第185页。
② 孙本祥主编《中国铁路站名词典》，中国铁道出版社，2003，第37页。
③ 《中国铁路大事记（1876—1995）》，第185页。
④ 《中国铁路安全志（1876—2011）》，第32页。
⑤ 重庆二野军大校史研究会编《革命熔炉——中原军大、二野军大、西南军大、二高步校校史》，重庆出版社，1995，第129页。
⑥ 《政务院人民监察委员会通报，查办花旗营撞车案，负责人员业已呈准分别处分》，《人民日报》1950年3月10日，第1版。

行动，紧急电令济南铁路局抽调专人前往事故地点。同时，铁道部各有关部门也抽调人员，由铁道部第一运输局副局长甄陶率领，赶赴事故地点协同调查，以期尽快查明事故原因，并处理善后事宜。①

1月27日，在政务院十七次会议上，铁道部滕代远部长报告了花旗营站撞车事故的调查处理等相关情况。考虑到花旗营事故造成了重大人员伤亡，为慎重处理，董必武副总理决定由人民监察委员会介入调查，并要求人民监察委员会派专人前往事故地点调查事故全部情况。② 1月30日，铁道部再次指派人事局副局长阎玉森协同人民监察委员会第二厅副厅长鲁夫等赶赴事故地点做进一步调查，彻查事故有关情况。③

由于此次行车事故造成了严重人员伤亡，且伤亡人员多为军校学员，故而此次事故的善后工作不仅有地方政府、铁路部门的参与，而且军队高层领导、军事机关等亦参与进来。"华东军区粟裕将军、三野政治部、司令部、南京市府、二野驻宁办事处、南京工人学生代表、铁道部、济南路局、监察委员会监察小组等，先后前往医院慰问"，并"抚恤烈属"。④

关于事故原因，济南铁路局和甄副局长所领导调查小组的报告认为，事故系由员工工作疏忽所致，"转辙工王金发将道岔扳错"，又因花旗营站部分职工干部工作失察，"诱导列车前进之站员金炳元没尽到查视道岔责任，值班副站长周祯清思想麻痹，找站员姚炳明代替接车，而姚亦未确认信号"，导致2404次军车径直驶入301次货车所停靠股道，进而引发两车相撞，酿成重大行车事故。此外，负责该路段行车调度事宜的员工也存在严重失职行为，"浦口站配车值班站长张滨没接受部队将小车编于列车后部之建议，浦镇值班站长未通知二〇四次车乘务员在花旗营站会车，蚌埠调度所调度员王震亦未通知会车"，⑤ 这也是导致花旗营站撞车事故的重要原因之一。

为了明晰事故原因以及铁路运输工作中存在的问题，便于对事件中相

---

① 《花旗营撞车事件发生后，铁道部派员处理善后，济南管理局长等各记大过一次》，《人民日报》1950年1月31日，第4版。
② 《政务院举行十七次会议通过天津成都归绥市长人选，滕部长报告津浦路撞车事件》，《人民日报》1950年1月28日，第1版。
③ 《花旗营撞车事件发生后，铁道部派员处理善后，济南管理局长等各记大过一次》，《人民日报》1950年1月31日，第4版。
④ 《政务院人民监察委员会通报，查办花旗营撞车案，负责人员业已呈准分别处分》，《人民日报》1950年3月10日，第1版。
⑤ 《花旗营撞车事件发生后，铁道部派员处理善后，济南管理局长等各记大过一次》，《人民日报》1950年1月31日，第4版。

关失职人员的处理以及日后铁路运输工作的整顿,铁道部、人民监察委员会等部门指派专人前往事故地点做进一步调查。中央人民政府政务院人民监察委员会发布的处理济南铁路局津浦线花旗营站撞车事件的通报对此次事故的原因有较为详尽的记载。根据通报所载,此次事故的肇因主要是人为因素,但其他因素也不可忽视,通报亦明确指出济南铁路管理局管理不善、设备不良、行车规章不明确等亦是导致行车事故发生的潜在因素。但究其根本,铁路工作管理人员无视纪律、玩忽职守、安全责任意识淡薄是酿成此次重大行车事故的最重要原因。

对于此次行车事故,铁道部公开承认该事故系"北方各局成立以来最严重事件",影响极为恶劣,因而主张对肇事人员以及铁路运输工作中的监督失察者必须严肃处理。在铁路系统内部,铁道部展开对相关失职人员的严肃处理以及对主管领导的追责处分。1月30日,铁道部发布对花旗营站事故处理意见,主要肇事职工立即羁押到案,"事故当事人除信号夫金炳元逃匿后被捕外,副站长周祯清、转辙工王金发、助理转辙姚炳明、2404次司机李宝华、副司机王从云等已押济南局公安处听候侦讯"。因济南铁路局"疏于防范教育",铁道部决定予以其主要领导相应处分,"济南局局长陈大凡、政治委员桂蓬、车务处长牛渚、蚌埠分局局长赵国栋各记大过一次"。鉴于事故之严重,"致使人民生命财产安全遭受重大损失",又因铁道部对铁路行车安全问题"督导不足",时任铁道部部长滕代远以及副部长吕正操"自请政务院予以处分"。[①] 滕代远部长在中央人民政府政务院会议上就此次重大行车事故做了深刻检讨和自我批评,甚至自请处分,在当时引起了很大震动。[②]

3月9日,中央人民政府政务院人民监察委员会对济南铁路局津浦线花旗营站撞车事件的处理情况发出通报,通报中对相关人员做了分别处理。肇事者王金发、周祯清、施荣乐、金炳元、姚炳明等五人对事故负有直接责任,均予以撤职处分,并移送司法机关依法惩办,同意铁道部予以济南铁路局局长陈大凡、政治委员桂蓬、运务处处长牛渚、蚌埠分局局长赵国栋各记大过处分的决定,追认济南铁路局副局长赵焕文大过处分,予以铁道部第一运输局副局长甄陶警告处分,予以铁道部部长滕代远、副部长吕

[①] 《济南局管内花旗营站事故处分令》,《济南铁路管理局局报》第2卷第14期,1950年2月,第1页。

[②] 何敏、谢海燕编著《放眼看平江起义》,国防大学出版社,2007,第290页。

正操批评处分,其余人员王肖沂、王洪志等对事故亦负有间接责任,由铁道部依据情节轻重,酌予适当处分。①

纵观此次事故的处理结果,受处分人员之多,且处分之严厉,充分体现中央政府对铁路行车安全问题的重视。肇事职工受到法律严惩,铁道部和济南铁路局主管领导干部受到严厉惩戒,部分失责职工也受到相应处分,以此震慑并警醒广大铁路职工和干部,提高对铁路行车安全重要性的认识。

二 新中国成立初期铁路行车安全治理的主要举措

花旗营事故充分暴露了新中国成立初期铁路运输工作中所存在的诸多严重问题和安全隐患:部分干部和职工安全责任意识薄弱、纪律性差,各级铁路部门对行车安全监管缺失,铁路职工的技术水平无法胜任铁路工作,等等。铁路部门围绕上述问题,采取了一些治理举措,以此防范和遏制此类重大行车事故的发生,保证行车安全。

(一)设立各级行车安全监察组织,加强行车安全监管

花旗营事故发生后,铁道部主要领导有感于对铁路行车安全问题"督导不足",因而将加强行车安全监管提上议事日程。3月17日,新华社记者就政务院人民监察委员会对花旗营事故的通报处理及后续相关事项采访滕代远部长,滕部长向新华社记者谈道:"铁道部将设立监察室,并于各铁路局设立监察分室,专门处理事故及有效防止事故的发生,以保证行车及旅客的安全。"② 铁道部拟在全国铁路系统内部增设行车安全监察室,以此强化对行车安全问题的监管和行车事故的处理。

1950年5月1日,经铁道部呈请,中央批准予以颁行《行车安全监察室暂行组织规程》。同日,铁道部正式成立行车安全总监察室。《行车安全监察室暂行组织规程》对全国铁路系统行车安全监察机构的组织体系做了明确规定,铁道部设行车安全总监察室,东北特派员办事处设行车安全总

---

① 《政务院人民监察委员会通报,查办花旗营撞车案,负责人员业已呈准分别处分》,《人民日报》1950年3月10日,第1版。
② 《处理花旗营撞车案,监察委员会所发通报,滕部长完全同意,决采有效措施保证行车安全》,《人民日报》1950年3月18日,第2版。

监察分室，各铁路管理局设行车安全监察室，各铁路分局设行车安全监察分室，并规定总监察室受铁道部部长领导，总监察分室受总监察室领导，监察室及监察分室受所属上级监察室领导。设立各级行车安全监察组织，并明确了相应的统属关系，表明在铁路系统内部已初步确立了从铁道部总监察室到地方各铁路分局监察分室的垂直领导体制。① 10月16日，铁道部颁布《行车安全监察室业务暂行规则》；11月2日，铁道部又对《行车安全监察室暂行组织规程》部分条款进行修正，进一步明确了行车安全监察室的监察范围和监察职能。

行车安全监察室的职能，具体而言有三。一是详细调查行车事故原因，总结经验教训，制定事故防范措施和保障行车安全具体办法，并会同有关单位督导行车工作，以保证行车之安全。二是经常检查各单位对铁路技术管理规程及有关行车规章命令的贯彻执行情况，并督促其切实执行；经常检查机车车辆、道岔、信号、通信等行车设备情况，确保行车设备良好运行。三是每年定期组织考试委员会，对各级铁路职工进行有关行车规章之考试，并以考试成绩作为奖惩依据。② 简言之，其职能主要是检查行车安全隐患、督察相关规章的执行，以及针对行车事故进行及时处理和有效防范。

自1950年5月《行车安全监察室暂行组织规程》颁行以来，在铁道部行车安全监察室的统筹推进和地方铁路局的积极配合下，地方铁路局行车安全监察组织相继设立。7月1日，济南铁路局设立行车安全监察室，并在济南、徐州、青岛、蚌埠分局设行车安全监察分室。济南铁路局另规定，行车安全监察室负责定期牵头组织"安全月""质量月"等安全活动；凡下达有关行车安全方面的电文指示，须经安全监察部门审核会签方能下发。③

济南铁路局行车安全监察室设立后，在其组织领导和督导下，各类事故防范的安全监察工作有序展开。在清查行车设备隐患方面，鉴于铁路局各站所用信号灯、转辙器标志灯灯筐破损较多，大多数灯头亦无灯罩，影响信号显示，存在严重安全隐患，且已经引发多起行车事故，亟须维护修理，铁路局遂令材料处赶购灯罩等材料，令电务段对全路各段信号灯盏进

---

① 王成林编著《文化的力量——中国铁路安全制度文化选择与建设介评》，第89页。
② 《铁道部颁发暂行办法，全国铁路实施安全负责制，设立安全监察室处理和防止事故》，《人民日报》1950年5月31日，第1版。
③ 济南铁路局史志编纂领导小组编《济南铁路局志（1899—1985）》，山东友谊出版社，1993，第305页。

行彻底整修,以保障行车安全。① 在督察各单位对有关规章的贯彻执行情况方面,因铁路局所辖各段站未能认真执行行车事故调查处理办法,致使事故调查处理手续仍处混乱状态,为使全体职工重视学习,严格贯彻有关规章,济南铁路局行车安全监察室遂令各监察分室对铁路局各单位职工进行不定期抽查考试,并以考试成绩作为奖惩依据。②

(二) 实施安全负责制,强化干部职工安全意识

1950年2月7日,中国铁路工会第一届全国代表大会在京召开,滕代远部长出席此次大会并做了相关报告。滕部长在报告中对近期出现的以花旗营事故为代表的重大行车事故进行了深刻反思,"这说明我们责任心不够,纪律不严,技术水平不能随工作任务而迅速提高,这是目前铁路上极其严重的问题,再不容我们麻痹,须立即加以解决"。③ 3月17日,滕代远部长对来访记者透露道:"铁道部已召开专门会议,处理此事并讨论如何就花旗营事件教育广大干部和职工,提高警惕,加强劳动纪律,防止事故,发扬爱护祖国财产、关心旅客安全的责任心,向那些不负责任的坏作风作斗争。"④ 强化铁路干部和职工安全责任意识,加强纪律作风建设,已成为铁道部整顿铁路行车安全问题的重中之重。

4月3日,铁道部公布《实施安全负责制暂行办法》。该办法共10条,主要内容包括普遍实行安全负责制度、明确安全责任主体和界限、建立逐级安全检查制度、建立安全工作考绩制度等。同日,铁道部向各地方铁路管理局发布相关命令,强调全面贯彻实施安全负责制,要求"我各级负责同志必须谨慎负责,提高警惕,兢兢业业,克服麻痹",同时对各级干部和工作人员发出警告:"今后凡因工作不负责任,怠忽职守,麻痹大意,因而酿成事故遭受损失者,应逐级彻查,追究责任,分别轻重,予以惩处。"⑤

---

① 《令发整修信号灯盏办法希依限完成以保行车安全》,《济南铁路管理局局报》第2卷第129期,1950年11月,第5页。
② 《为严格执行行车事故调查处理办法各监察分室进行不定期考试》,《济南铁路管理局局报》第2卷第135期,1950年11月,第4页。
③ 《为完成并超过今年铁路建设计划而奋斗——铁道部滕代远部长在铁路工会全国代表大会上报告》,《人民日报》1950年2月10日,第1版。
④ 《处理花旗营撞车案,监察委员会所发通报,滕部长完全同意,决采有效措施保证行车安全》,《人民日报》1950年3月18日,第2版。
⑤ 《公布实施安全负责制暂行办法希即遵照执行》,《济南铁路管理局局报》第2卷第50期,1950年4月,第3页。

济南铁路管理局贯彻铁道部推行安全负责制的指令，在路局各单位领导干部中建立起安全责任制，要求各级领导干部重视安全工作，与此同时，在铁路职工中推行岗位责任制，要求广大职工坚守岗位，严守纪律，牢固树立安全责任意识。[1] 安全责任制和岗位责任制的实行，使安全责任意识在路局铁路职工和领导干部中得到强化和重视，为铁路运输安全生产打下了良好的基础。

为进一步强化安全意识，吸取事故教训，引起路局各单位干部职工对安全问题的充分重视和警惕，济南铁路管理局在全局范围内举行花旗营死难同志追悼大会，要求各单位干部职工深刻反思，并就事故防范等问题展开切实讨论。[2] 此外，济南铁路局相继开展消减事故运动、消灭制动关门车辆运动、红旗竞赛等各种形式的行车安全竞赛活动，既有利于调动干部职工的生产积极性，也有助于强化干部职工的安全意识。

（三）统一技术管理标准，提高职工技术业务水平

新中国成立初期，铁路职工的技术水平参差不齐。因职工技术水平普遍不高，加之操作不规范等问题，行车事故频发，花旗营事故即是典型案例。滕代远部长在反思新中国成立初期所发生的以花旗营事故为代表的重大行车事故时，明确提及广大铁路职工的"技术水平不能随工作任务而迅速提高"的问题，[3] 说明新中国成立初期铁路职工的技术业务水平不能较好胜任铁路运输工作，这会成为影响行车安全和铁路运输工作的隐患。因而，必须设法提高铁路职工的技术业务水平，方能在保障行车安全的基础上按时完成铁路运输任务。

为加强铁路安全运输工作，保障行车安全，铁道部着手统一铁路技术管理标准。1950年2月，铁道部相继制定并公布了《中华人民共和国铁路技术管理规程》（以下简称《规程》）、《铁路行车规则》和《铁路信号处理规则》，并于同年在全国铁路统一实行。《规程》作为铁路运输技术管理的基本法规，"它与任何旧的铁路管理办法根本不同之点在于，能使全国铁路

---

[1] 山东省地方史志编纂委员会编《山东省志·铁路志》，山东人民出版社，1993，第316页。
[2] 《公布花旗营站列车正面冲突事故经过及讨论提纲希各单位切实展开讨论》，《济南铁路管理局局报》第2卷第15期，1950年2月，第3—4页。
[3] 《为完成并超过今年铁路建设计划而奋斗——铁道部滕代远部长在铁路工会全国代表大会上报告》，《人民日报》1950年2月10日，第1版。

管理更进一步成为一个有机的整体，车、机、工、电各部门也因之得到更密切的配合"。①《规程》一经颁行，铁道部即要求全国铁路职工认真学习并严格遵守。10月，铁道部又发布《铁路技规学习及考试暂行办法》，规定与铁路行车方面相关的职工须进行技规考试，只有考试合格，方能上岗工作。②与此同时，铁道部拟筹办在职职工技术训练班，对职工进行相关技术训练，以此提高职工的技术水平。经中央有关部门批准，各路局相继开办各类职工技术训练班。③

　　济南铁路管理局贯彻铁道部的有关指令，要求全局各单位认真学习《规程》、《铁路信号处理规则》和《铁路行车规则》。同时，路局为使技术业务的学习和考试趋于常态化，确立了日常的技术业务学习制度和年度技术业务考试制度，还规定新入职职工必须接受安全生产教育和规章业务学习培训，并在老职工的带领监督下实地操作训练。经考核合格，方可独立上岗作业。未经安全教育和技术培训的职工，不得从事行车工作，若造成事故，要追究站段领导人的责任。④路局实行的这些制度和规定，旨在督促职工坚持学习技术业务，提高技术业务水平，进而有效提升路局职工整体技术业务水平。路局广大职工技术业务水平的提升，为行车安全以及铁路运输工作的安全有序推进提供了坚实的技术保障。

三　新中国成立初期铁路行车安全治理成效

　　花旗营事故发生后，铁路行车安全管理工作受到政府的高度重视。为适应新中国成立初期铁路运输工作的需要，改变行车事故频发的不利状况，铁路部门不断强化行车安全管理工作，采取了一些有针对性的事故防范举措，并取得了显著成效。一方面，铁路运输安全形势总体趋于好转；另一方面，铁路运输工作有序推进。

（一）铁路运输安全形势趋于好转

　　由表1所列1950—1955年全国铁路行车事故统计可知，自1950年后，

---

① 《我国有铁路以来的创举，铁路技术管理规程，五一起在全国实行》，《人民日报》1950年4月18日，第2版。
② 《中国铁路安全志（1876—2011）》，第34页。
③ 许守祜主编《中国铁路教育志稿（1868—2010）》，西南交通大学出版社，2013，第385页。
④ 《济南铁路局志（1899—1985）》，第307页。

全国铁路行车事故件数总体呈下降趋势。具体来看，1950 年全国铁路行车事故总数为 19237 件，1955 年则降为 15920 件，重大事故件数由 1950 年的 569 件降至 1955 年的 133 件，大事故件数由 1950 年的 363 件降至 1955 的 73 件。说明这一时期全国铁路运输状况明显改善，铁路运输安全形势趋于好转。同一时期，济南铁路局行车事故亦呈现大幅度减少态势，济南铁路局 1950 年行车事故总数为 4126 件，1955 年则降为 1081 件，行车事故累计减少 3045 件，其中重大事故、大事故累计减少 101 件。[1] 铁路行车事故的大幅度减少，表明铁路部门推行的行车安全管理措施有效遏制了铁路行车事故的发生，起到了消减行车事故的良好成效。

表1 1950—1955 年全国铁路行车事故统计

单位：件

年份	重大事故	大事故	险性事故	一般事故	合计
1950	569	363	6925	11380	19237
1951	274	139	6348	13854	20615
1952	227	95	2235	15286	17843
1953	223	105	2162	15949	18439
1954	206	71	1479	16698	18454
1955	133	73	920	14794	15920

资料来源：《中国铁路安全志（1876—2011）》，第 378 页。

（二）铁路运输工作有序推进

铁路运输安全状况好转，铁路运输工作得以正常开展，都为新中国成立初期各地物资运输提供了重要支撑作用。在铁路运输的有力推动下，全国各地物资流动逐渐从战乱中恢复过来，渐趋活跃。广大内陆农村地区的农副产品和工业原料得以向外输出，河北、陕西以及河南等省所产棉花经铁路运输，大量输往了上海、天津、青岛、武汉等地，"川、湘两省的桐油，湖北的漆和河南许昌地区、贵州省的烟叶，河北等省的麻皮、草帽辫等，也经由铁路大量运到东北和关内各大城市"，许多农业生产资料与日用品经铁路由城市运至农村，推动了农村经济以及城市工业的复苏和发展。[2]

---

[1]《济南铁路局志（1899—1985）》，第 305 页。
[2]《去年全国铁路运输顺畅，促使物资交流空前活跃》，《人民日报》1951 年 2 月 12 日，第 2 版。

国家依托铁路运输，调剂各地物资供求，稳定市场物价，保障民众生活需求，促进了新中国成立初期社会生产的恢复以及社会秩序的稳定。

1950年末，鉴于全国铁路运输安全形势好转，以及铁路运输工作取得显著成绩，中央人民政府政务院人民监察委员会决定撤销此前因花旗营事故而予以铁道部和济南铁路局主要领导干部的处分。[①]

需要指出的是，这一时期铁路部门行车安全问题治理也存在诸多缺陷和不足，部分措施未能切实有效贯彻执行。譬如，部分行车安全监察干部未能有效执行安全监察工作，甚至行车安全监察机构存在长期缺员的现象，制约着行车安全监察工作的开展。[②] 另外，安全责任制也未能完全落实，部分基层单位仍然存在分工不清和无人负责的现象。[③] 这些问题势必影响铁路部门行车安全治理的成效。

四 新中国成立初期铁路行车安全治理的经验

花旗营事故发生后，铁路部门对于行车安全问题的治理，不仅取得了消减行车事故以及保障铁路运输工作的积极成效，也为新时期我国铁路行车安全管理积累了诸多宝贵的历史经验。

（一）铁路行车安全监察机构是铁路行车安全的组织保障

新中国成立以前，铁路运营管理体系极为混乱，全国铁路系统没有统一的安全监察机构。新中国成立前夕，军委铁道部以及东北铁路总局已设有行车安全监察组织，但全国铁路行车安全监察组织系统尚未建立。[④] 花旗营事故发生后，铁路部门以整顿铁路行车安全问题为契机，在全国铁路系统内部普遍设立了行车安全监察组织，并初步构建起自上而下的行车安全监察组织系统。各级行车安全监察室的设立，标志着全国铁路第一次有了统一的行车安全监察机构，并迈出了构建统一的行车安全监察组织体系的重要一步。行车安全监察室通过排查安全隐患、提出整改意见、督察安全规章的落实，以及

[①] 《铁道部及济南、衡阳、天津、太原各铁路局，改变领导作风成绩显著，铁道部和各该局负责人因事故所受惩戒处分均已撤销》，《人民日报》1950年12月26日，第2版。
[②] 《中国铁路安全志（1876—2011）》，第184页。
[③] 《中国铁路安全志（1876—2011）》，第286页。
[④] 《中国铁路安全志（1876—2011）》，第181页。

指导安全生产活动，有助于强化铁路行车安全监管，确保铁路行车安全。

（二）铁路技术管理是铁路行车安全的技术保障

新中国成立以前，我国铁路技术管理未能实现有效统一，严重危及铁路行车安全。新中国成立初期，以花旗营事故为代表的一系列行车事故的发生，暴露了铁路技术管理混乱的问题，因而统一全国技术管理的重要性和紧迫性愈发凸显。铁道部制定并颁行的《规程》是我国第一个全国统一的铁路技术管理基本法规。这一法规的颁布，从法制层面初步统一了全国铁路运输技术标准，全国铁路有了相对统一的技术管理规程可资遵循，一定程度上改变了旧中国时期全国铁路技术管理混乱无章的局面，并强化了铁路技术与安全管理。同时，铁路部门也重视技术教育，各铁路管理局组织干部职工深入学习《规程》，尤其重点针对铁路行车人员开展技术教育学习和考核，[1] 不仅有利于《规程》的贯彻落实，也能促进铁路职工技术业务水平的提高，从而为铁路行车安全提供坚实的技术保障。

（三）安全责任制是铁路行车安全的制度保障

"安全责任制是安全管理的核心，其制定的科学合理，又落实的好，安全就好，事故就少；反之，安全就差，事故就多。"[2] 新中国成立初期，安全责任制度建设尚付阙如，部分干部职工安全意识薄弱，漠视劳动纪律，导致行车事故频发，给国家和人民生命财产安全造成重大损失。花旗营事故发生后，铁路行车安全管理工作受到重视，铁路部门加强安全责任制度建设。安全责任制的全面推行，明确了铁路运输工作中的责任主体，倒逼广大干部职工强化安全意识。同时辅之以相关配套的安全检查、奖惩、考绩等制度，保证安全责任制度的有效落实。除制度约束外，铁路部门各单位广泛组织开展的一系列与铁路运输安全主题相关的竞赛活动，也营造了一种安全至上的氛围，进一步强化了各单位干部职工的安全意识。

结　语

花旗营事故发生后，铁路部门吸取教训，开启了新中国成立初期大规

---

[1] 《中国铁路安全志（1876—2011）》，第 292—293 页。
[2] 《中国铁路安全志（1876—2011）》，第 285 页。

模治理行车安全管理问题的工作进程。经过铁路部门的积极治理，全国铁路运输安全形势趋于好转。与此同时，全国铁路行车安全管理体系向统一化、规范化迈进，改变了新中国成立初期铁路行车安全管理混乱的局面，为新中国铁路事业的发展奠定了坚实基础，这也从一个侧面体现了新中国成立后国家治理能力的不断提升。

　　铁路行车安全是铁路运输工作的永恒主题，构建科学合理的行车安全管理体系是铁路部门不断努力奋斗的目标。新中国成立初期铁路部门治理行车安全问题的诸多举措，为新中国铁路运输事业的发展提供了安全保障，也为我国铁路行车安全治理积累了诸多宝贵的历史经验。

《铁路职工》所见民国铁路职工的日常生活[*]

姜建国[**]

摘　要　据《铁路职工》记载，民国铁路工人的工作时间、工资、福利、教育状况等，不同工种、不同路段有所不同。工作时间，大体上平均每日都在十小时以上，部分路段的部分工种实现了八小时工作制。工人的工资普遍较低，常常入不敷出，部分路段甚至出现长期拖欠工资的现象。较之于其他工人，铁路工人的福利待遇较好，铁道部与各路局设置有各类职工子弟学校，部分路段还曾施行养老金制度，多个路段自办医院、诊疗所，并有专项卫生经费投入。铁路工人的教育程度普遍偏低，各地铁路学校为铁路工人工作之余增长知识提供了条件，但是也存在就学比例偏低、学习意愿不高等问题。

关键词　民国　《铁路职工》　日常生活

《铁路职工》是由铁道部职工教育委员会刊发的刊物，出版地在南京。刊物刊载的内容包括："凡有关于铁路职工生活，职工教育，职工调查及劳工文学、小说、诗歌、戏剧、歌谣等项之文字。"① 每逢星期六出版。当时的报费是，每周一册三分，半年二十六册六角，全年五十二册一元。现存并不齐全，中国国家图书馆藏有1932年至1936年间的65期。这一刊物全面地展现了民国时期铁路工人的日常工作内容、生活状况以及教育状况，是研究铁路工人生活史的珍贵资料。

---

[*]　本文系江苏高校哲学社会科学研究项目"明清江南交通与地方社会研究"（2021SJA1380）、江苏省"双创博士"项目（JSSCBS20210719）阶段性成果。
[**]　苏州科技大学社会发展与公共管理学院历史学系讲师。
①　《本报征稿简则》，《铁路职工》第20期，1932年10月，第20页。

一　民国铁路职工的日常工作

据铁道部劳工科 1933 年的统计，当时全国铁路职工共 81400 余人，① 这些铁路职工分属不同处室，有公务处、机务处、车务处、工程处等。据《平绥路职工生活概况》记录，公务处工匠夫役有技术职工与普通职工。其中技术职工有养路道拨工头、养路飞班工头、闸夫、测地夫头、测地夫、材料长夫、石匠工头、木匠工头、瓦匠工头、油匠工头、杂工头、铁匠、铁匠副手、铁匠小工等。普通职工有更夫、道口夫、看桥夫、水夫、轧车夫、工程护勇、信差、公事车役、公事房役、杂役、饭夫等。②

关于铁路职工的日常工作时间，不同工种有所不同。据铁道部职工教育委员会的调查："铁路上的车辆昼夜开驶，铁路工人的工作也一样的昼夜不停顿……1. 机务处，机务处工人的时间，在全路各部分工人中要算是最稳定，普通各路机厂的工人，是上午七点至十一点三刻，下午一点至五点半，差不多每天有十点钟的工作，车头房的工人分日班夜班，日班与机厂工作时间同，夜班由日班下班起翌日上班止，日班工人与夜班工人，是按月轮流，司机及行车工人，是跑一次车休息一次车。2. 车务处，车务处工人工作时间，较比规定复杂在车站服务者，为输班制，如打旗夫挂钩夫搬闸夫等皆是，行车工人与机务处行车工人同。3. 工程处，工程处工人工作时间，在厂内工作者与机厂工人同，不过占最少数，在道拨上之大多数工人，工作无定时，如遇车轨或路基损坏，工作日也相继，这一部分工人算是铁路工人中最苦的一部分。"③

一位在胶济铁路机务第五段充任擦车夫的铁路工人描述其日常工作："我工作的时间，以二十四点钟计算，工作一天一夜，翌日休息一日一夜，每年这样循环下去。在春季里，气候温和，算是最幸福的时期，每日在机车房内，吸些煤烟油气，徘徊于机车左右，登俯于机车上下，或擦其秽污，或铲其油泥，涂的满身油点，两只铁似的手，拿着煤油浸好的棉丝，气呼呼的干着。在夏季里，火似的太阳晒着，寒暑表已竟升至沸点，何况还有火池和锅炉烤着呢！那样的热法，就不言可知的了。最苦的时期，就是冬

---

① 《国有铁路劳工统计》，《铁路职工》第 87 期，1934 年 6 月，第 25 页。
② 秦哲：《平绥路职工生活概况》，《铁路职工》第 92 期，1934 年 9 月，第 5—9 页。
③ 贾铭：《铁路工人生活调查》，《铁路职工》第 33 期，1933 年 2 月，第 22—23 页。

天：冰雪满地，北风怒号，机车有漏气水地方，都冻成了冰，天气愈寒，油的凝固性愈大，要想擦去油秽，愈得用力气和时间。"① 可见擦车夫的日常工作时间长，工作辛苦。

另外，不同路段的工作时间也不同。如《平绥路职工之苦状》记载："工人的'三八制'，中国国有铁路，已经有许多处都采取实行了，但是我们事事落后的平绥路，工人工作的时间，每天仍为十小时，这十小时以内，工作奋力，辛勤异常。"②《平绥路职工生活概况》记载："总之，无论机务处的工人，车务处的工人，厂内工人或路上工人，其工作时间，每日平均都在十时以上，至于额外加工之工作时间，更无论矣。"③ 可见每天工作八小时，睡眠八小时，休息八小时，通称为"三八制"，在部分路段推行，在部分路段则难以推行。

二　国有铁路职工的待遇及生活

关于铁路职工的收入，《一个经济压迫下的家庭》记录了一个铁路职工的收入及其面临的经济压力："一家六口人，父母年迈，全家消费的担子，自然放在我的肩上要我来担负了，房租、柴、米、油、盐，以及弟妹的教育费，等等用度，不由分说，是要以我的月薪去应付，以十六七元的月薪，怎能应付如此之多的消费？尚遇天灾疾病，又叫我用甚么办法？"④《我的工作》记载："每月得到的代价，只有一百多毛大洋，不能够维持全家的生活，须得俭省又俭省，才将就过去，并且还是五六十岁的父亲终日卖着力气，帮助着。"⑤《慈母》一文记载："一间粗陋而矮小的民房，每月要付着二元银洋的租费，在寸金尺地的上海或者再倍上一倍还不够吧？一家五口的食粮，油盐糖酱等，平均每月要十元，菜，不能吃鱼肉，每月也要五元之谱。这样已超过我每月领得的生活费，因为我的月薪是十五元啊！并且还有衣服费，人情费，妹妹的教育费，我的书报及应酬费，个人的零用，还有……"⑥《自述》一文记载："十七岁时，到湘鄂铁路学习工艺，现已

---

① 王连洲：《我的工作》，《铁路职工》第33期，1933年2月，第7页。
② 杨振声：《平绥路职工之苦状》，《铁路职工》第43期，1933年4月，第5页。
③ 秦哲：《平绥路职工生活概况》，《铁路职工》第92期，1934年9月，第6页。
④ 曹桐：《一个经济压迫下的家庭》，《铁路职工》第33期，1933年2月，第5页。
⑤ 王连洲：《我的工作》，《铁路职工》第33期，1933年2月，第7页。
⑥ 谢银宝：《慈母》，《铁路职工》第33期，1933年2月，第7页。

五年之久……但工作未曾提升，工资未加分文，合计每月十二元六角大洋，除伙食七元以及房租零用外，所余无几。"①

有研究者对京沪铁路85个工人家庭的生活状况进行调查，得出结论："总计八十五家之中，有六十二家是入不敷出的，实际上确有盈余的只有二十三家，此等亏短家庭，无论平时支出超过收入，或临时有特别费用，弥补方法，只有借贷质当二途。"②铁道部职工教育委员会调查："各路工人工资，因各路收入的情形不同，其高低亦各异，如北宁、津浦、平汉、胶济、正太，各路因收入较丰，故工人工资亦较高，和平绥、粤汉，各路因收入甚微，每月入不敷出，工人工资亦甚低，最低工资有日薪一角者，并且还时常欠薪。"③吴淞机厂工人的薪金较之于其他路段高出很多，然而由于支出较大以及赌博等不良嗜好影响，同样普遍入不敷出："（根据调查所知）吴淞机厂的工人薪金，百元以上的占全工人百分之十，七十元以上百元以下的百分之十，自五十元以上至七十元的，百分之四十，三十元至五十元百分之二十，三十元以下百分之二十；这个百分比例中，全额的十分之六是只有负债。"④

由于战争等影响，民国时期还时常出现拖欠铁路职工工资的情况。《平绥路南口职工生活之一般》记录平绥铁路南口（北京昌平区南口镇）工人的经济状况："南口职工经济，是困难的，路局欠工人的工资，有十八个月多，历来受军事影响，尤其是民国十五年战役，职工的财产，物品，完全遗失，现在虽然可以勉强对敷，但是从前的债务，始终无法还了。"⑤"平绥铁路职工之辛资，率皆微薄，每月在七八元者，颇居多数，更兼连年以来，屡次欠辛，工友益为艰苦，因之一般工友们，大多数都债台高垒。"⑥

铁路还配置有维护工人利益的铁路工会，如"平绥铁路工会，共有九个分事务所，张家口为第四分事务所……工作分配……第一股，掌理文件收发、会计、庶务、报告，及不属他股之事项。第二股，掌理合作、储蓄、卫生、娱乐，及其他个人福利等事项。第三股，掌理教育、训练、登记、调查、统计等事项……机务工友有三百零二名，车务工友有二百二十一名，

---

① 张价藩：《自述》，《铁路职工》第33期，1933年2月，第8页。
② 巴人：《京沪路工人家庭生活之断片观》，《铁路职工》第33期，1933年2月，第19页。
③ 贾铭：《铁路工人生活调查》，《铁路职工》第33期，1933年2月，第20页。
④ 承越：《从高利贷谈到职工常年储金的建议》，《铁路职工》第72期，1933年11月，第3页。
⑤ 元和：《平绥路南口职工生活之一般》，《铁路职工》第27期，1932年12月，第8页。
⑥ 杨振声：《平绥路职工之苦状》，《铁路职工》第43期，1933年4月，第4页。

工务工友有五百一十九名，厂务工友有四百零四名，机、车、工、厂，计共有工友一千四百四十六名，平绥铁路工会各分事务所，除南口第二分事务所工友人数最多外，张家口第四分事务所可算最多"。①

较之于其他工人，铁路工人的福利待遇较好。关于铁路职工的住宿问题，"铁路上就不然了，员工分两样看待的，上级员司们，有铁路局给他们盖的大洋房子住，我们弱小的工人，就只给那点少许的工资，铁路局连小房子都没盖给我们住"。②"各路对于工人住宅多无设备，即有者亦不过占小部分，工人多半在工作场所附近租房居住，草房居多，房间至多两间，每至工人家中觉其拥挤异常，无家眷之工人共同租房居住，每间房多住至十余人。"③

铁道部与各路局设置有各类职工子弟学校，方便铁路职工子女就学："关于职工子弟的教育，早已设置完备，如各路扶轮小学，所在林立，小学毕业后，有扶轮中学，以为职工子弟升学之用，职工子弟，受益匪浅。"④截至1934年，铁道部设立的职工子弟学校有天津扶轮中学、郑州扶轮中学、浦口扶轮小学等48所。

一些车站还开展了丰富多样的文体活动，如江边站铁路职工自发组织杭江铁路江边俱乐部："各部份的员工合计起来，也有二三百人之多……员工们在每天工作完毕以后，要想找一个相当的休息，谈话，和读书，阅报的地方，实在是难如上青天；所以在去年十二月里，就有一部分同人，自动发起组织杭江铁路江边俱乐部。当时，振臂一呼，和者四应，愿意加入为会员的就有好几十人，于是在本月元旦那天正式成立，地址暂附设江边车站员工寄宿舍内，俱乐部的宗旨是：'同人们在公余之暇，共谋正当娱乐，从而增进学术；陶冶性情；锻炼身体；联络情感。'内部计分图书、体育、游艺、事务四组。管理系采用干事制。江边站长周家正，被选为第一届总干事，其他干事，都是在各课股段站员司中选出。成立迄今半年，成绩非常良好，如图书组举办的图书室，游艺组举办的平剧社，体育组举办的各种球队、国术团，无一不有声有色，最近并呈准路局备案；在下半年，还预备要积极扩充：如添购多量图书，置备中外各种乐器等等；此外演读

---

① 杨振声：《张家口铁路工会纪略》，《铁路职工》第45期，1933年4月，第21页。
② 曹桐：《向友人告近状书》，《铁路职工》第33期，1933年2月，第10页。
③ 贾铭：《铁路工人生活调查》，《铁路职工》第33期，1933年2月，第23页。
④ 贾铭：《铁路工人生活调查》，《铁路职工》第33期，1933年2月，第28页。

会、辩论会、出版会刊，也都在计划进行中。"①

部分路段还曾施行养老金制度："规定处长厂长以上满六十五岁，课长段长以下满六十岁，强制退职，发给养老金，定十一年三月实行。此事仅京奉沪宁实行，办法不甚完密，京奉曾一度办举，忽又停止，其他各路多未实行。"② 此外，"自从铁道部成立以来，对于卫生事业，极为注意"，各路自办医院、诊疗所，并有专项卫生经费投入。③

三　民国铁路职工的教育

职工学校学生情况："他们的岁数平均在三十左右，这又是一般学校所没有的，岁数的大小，是表示着他们在这社会上生活的时间长，经历的事件多，他们丰富的经验又是一般学校的学生所没有的。"④ 常州职工教育实验区职工学校"本校于六月间，呈准职工教育委员会改编全校学生为两班三组。甲组学生计八十三人。乙组学生计三十四人。丙组学生计二十九人。共计一百四十六人。其来源，计工程处五十四人。机务处二十三人。车务处二十一人。警务处四十五人。医务所一人。村料处一人。扶轮校工暨特党部工友各一人。但据最近调查，其调迁及停职者计三十人"。⑤

由于战乱影响，1933年北方仅存南口与张家口铁路职工学校。《平绥路南口职工生活之一般》记录平绥铁路南口站职工的教育状况："南口职工教育是很幼稚的，统计全站职工二千人，能够有中等教育的，没有一人，连初等小学资格，还少见，差不多全是不识字，看看平绥路工会告工友书，里面有一条是'全路工友识字很少，知识浅薄，因此很容易受人利用欺骗，要想提高工人的地位，必须增进工人的知识'。看起来职工的程度，何等的低了，他们求学机关，有南口职工学校一处。职工学校地址很大，房屋也多，电灯自来水等，设备也完全，可惜当局不注意，办理学校不认真，教员不授课，职工也没有人上学，等于白设一样，空费金钱，毫无成绩，此外再也没有求学的机关，教育这样幼稚，对于救国救铁路，更谈不到了。"⑥

---

① 杜醒予：《杭江铁路的江边俱乐部》，《铁路职工》第56期，1933年7月，第14页。
② 徐协华：《中国路工福利设施情形》，《铁路职工》第62期，1933年8月，第18页。
③ 贾铭：《铁路工人生活调查》，《铁路职工》第33期，1933年2月，第36页。
④ 志秋：《职工学校教员应有的认识与态度》，《铁路职工》第20期，1932年10月，第6页。
⑤ 《常州职工教育实验区职工学校工作概况》，《铁路职工》第73期，1933年12月，第3页。
⑥ 元和：《平绥路南口职工生活之一般》，《铁路职工》第27期，1932年12月，第8页。

《从现在的张家口铁路职工学校谈到将来的铁路职工教育》一文记载张家口铁路职工学校的生源状况："本站各部分的职工，多系平民出身，没有受过相当的教育，大概文盲占多数，能识字的十人中不过一二人；能翻阅书报的五十人中不过一二人；能提笔成文随便发表意见的，真如'凤毛麟角'千百人中，也难找出一二人。"①

铁路学校的教师状况，例如常州职工教育实验区职工学校的教师状况："教职员，本校校长以下，聘专任教员张耀祖、朱敢夫、房尧夫、汤树名四人，兼任教员徐树森一人。"②

关于铁路职工的学习内容，主要是读书识字，如京沪路南京职工学校教学所使用的教材，"采用职工教育会所编之识字课本一二两册外，其余各组，因三四册课本尚未出版，故由本校选择民众尺牍及初级应用文以为教本，此外习字、国音二科，则按次增加"。③津浦路蚌埠机务处职工的学习情况："刻下我每天晚上六点钟以后，就到铁道部设立的职工识字学校里，去补习功课，每晚二小时，课目有算术、英文、国语，等等。自上学以来，已有三个星期了……我们职工识字学校，聘请的几位教员，也是很有学问和经验的，对于教授方面，是很得法，很热心的。我们这个班是六个月毕业。"④

关于铁路职工参与教育的比例，民国21年（1932）3月设立的职工教育委员会，专门负责办理铁路职工教育事项，到1934年办学成果如下："计有十条铁路已经设立职工识字学校，每一铁路，有七八校者，五六校者，最少亦有三四校，共计学校卅六所。已入学上课的工人，不下万余人。"⑤"这里常州铁道部职工实验区，就是一个很明晰的现象，起初报名的时候，有一百八十九个之多，到现在去上课求学的，打了一个十扣。"⑥

铁路职工教育面临的困难："因为职工的年龄不同，程度不齐，要在许多不一致的群众中，实行教育，当然一些困难，是免不掉的，并且每个份子，都有他本身的职务，还他家庭的责任，亲朋关系的牵连，种种事务，

---

① 老衲：《从现在的张家口铁路职工学校谈到将来的铁路职工教育》，《铁路职工》第45期，1933年4月，第17页。
② 《常州职工教育实验区职工学校工作概况》，《铁路职工》第73期，1933年12月，第3页。
③ 《京沪路南京职工学校概况》，《铁路职工》第27期，1932年12月，第9页。
④ 曹桐：《向友人告近状书》，《铁路职工》第33期，1933年2月，第10页。
⑤ 贾铭：《铁路工人生活调查》，《铁路职工》第33期，1933年2月，第26页。
⑥ 谢银宝：《怎样读书》，《铁路职工》第34期，1933年2月，第12页。

围绕在他脑际,虽有求知的需要,也都被这些琐事分散了精神,若有其他的习惯,更是难以注意知识的追求,就以平日与他有切实关系的会议比较,时间较长,问题较深,就往往半途退席,若是专心致力的读书,实在是有些困难。"①

---

① 失名:《对职工教育的几点意见》,《铁路职工》第 27 期,1932 年 12 月,第 2 页。

艰苦岁月：北洋时期铁路警察之劳动境遇述论[*]

夏 雪 陈小芸[**]

摘 要 北洋政府时期，路警以保护铁路安全与维护北洋政府统治为己任，责任重大，劳动任务繁重，但劳动境遇却不甚如意。若从劳动条件、劳动时间、劳动灾害三个维度来考察彼时路警之劳动境遇，可发现：风吹日晒、霜打雨淋是站警劳动条件的真实写照，随车路警更是在黑暗少窗、空气与光线都不足、拥挤不堪、卫生条件差的封闭车厢里工作；在如此恶劣的环境下，路警需长时间超负荷工作，以致他们时常遭遇各种工伤事故、劳动灾害，严重摧残着他们的健康与生命。总之，劳动条件恶劣、劳动时间过长、劳动灾害频发便是北洋时期路警真实而悲惨的劳动境遇。

关键词 北洋时期 铁路警察 劳动条件 劳动时间 劳动灾害

铁路警察（以下简称"路警"），诞生于晚清，民国时期逐渐走上正轨。凡是关于铁路的行为，路警均得依据法律规定或命令代表国家对铁路客商行使干涉、限制、禁止、处分之权。事理看似简单，其实十分复杂。护站、护厂、护车、护路，皆是彼时路警之基本工作，却不是唯一工作内容。路警毕竟代表国家在铁路系统内行使警察责权，是国家机器之一种，必然要服从于国家的政治需要。因此，路警还须帮助地方军警稽查捉拿看管革命党人，甚至破坏镇压铁路工人的罢工运动。由此可见，晚清民国时期，路警职务至繁，责任亦重。目前，学术界对铁路警察研究表现出了浓厚的兴

---

[*] 本文为 2018 年江苏省研究生科研与实践创新计划项目"北洋时期铁路警察群体研究"（KYCX18_2472）的阶段性成果。
[**] 夏雪，赣南师范大学中国共产党革命精神与文化资源研究中心讲师。陈小芸，赣南师范大学马克思主义学院硕士研究生。

趣，涌现出了部分优秀的研究成果，①但已有研究多集中于论述其发展历程、管理机构沿革、警服变迁等，对铁路警察群体（以下简称"路警群体"）的关注稍显不足，缺乏群体自身的声音。而不同时代语境下的路警群体的具体劳动境遇，又是研究路警群体难以忽略的环节。因此，本研究拟将路警置于北洋政府时期的特殊环境下，通过劳动条件、劳动时间、劳动灾害三个维度来还原彼时路警的劳动境遇，发掘其不为人知的真实一面，以补苴罅漏。需要说明的是，北洋政府时期之路警群体由铁路警察职员以及直接执行警察事务的巡长、巡警等人员构成，其中巡警占该群体之绝大部分，而巡警因劳动地点的不同又可简单分为站警与随车路警。因此，本研究试以北洋政府时期主要国有铁路之巡警为研究对象，分别考察站警与随车路警之真实劳动境遇。

一 劳动条件

"广义的劳动条件，是指劳动者在劳动过程中需要的一切物质条件；狭义的劳动条件，是指劳动者从事劳动时的安全、卫生、环境等条件。"②本部分即着重考察北洋政府时期主要国有铁路之巡警从事劳动时的安全、卫生、环境等条件，或者说"小环境"。③

近代铁路所经多荒僻之地，车站亦多建于偏僻之区，且十分简陋。如京奉铁路之奉天车站"极湫陋，雨雪候车尤多不便，较之南满车站，真有天上人间之别"。④京绥铁路北京车站在西直门外，"规模简陋，秽恶不堪"。多数车站是露天的站台，而这露天站台就是站警工作的地方。大雪初停，放眼一望，这世界好似粉妆玉琢一般。沪宁铁路的一个小车站上，这时到上海的末班车快要来了。虽然这样大雪，因为年底近了，却还有几个客人立在月台上等候车到。其中有一个老妇人携着一个十来岁的孩子，立在分道机的旁边，老妇人颤巍巍地说道："好冷呀！"⑤旁边的铁路警察也冷得瑟

---

① 相关研究参见刘海波《晚清民国铁路警察史研究述评》，《河北青年管理干部学院学报》2017年第4期；马陵合《近代铁路警察制度变迁中的央地角色转换》，《社会科学辑刊》2020年第2期；等等。
② 庄启东主编《劳动工资手册》，天津人民出版社，1988，第366页。
③ 池子华：《近代中国"打工妹"群体研究》，中国社会科学出版社，2015，第134页。
④ 《京奉将改建奉天车站》，《交通丛报》第112期，1925年，第6页。
⑤ 陈达哉：《车中》，《红杂志》第35期，1924年，第7页。

瑟发抖，满脸通红，真想回宿舍暖和一会儿，可火车马上就要进站了，只能任风雪吹进他们的毛孔。1921年11月，天气异常寒冷，塞北尤甚，可京绥路局尚未给张家口至绥远各站的铁路警察发放棉衣，各路警只好身着皮袄执勤。可这些皮袄"均是早年腐物，不但不能御寒，且破烂不堪。沿站所目睹各路警风前瑟缩，状颇可怜"。① 可想而知，路警要在多么恶劣的环境下工作。

很多站警特别羡慕随车路警，因为随车路警不用忍受骄阳的炙烤，也不用遭遇风雪的袭击。那么，随车路警的工作环境到底何如呢？

"车厢里，乘客啊，箱子啊，篮子啊，哪里不挤得满满的，哪里不挤得堆堆的！"② 北洋政府时期，最拥挤的车厢，当是四等车。"这是把铁路上装牛啊，马啊，猪羊啊，那种牲畜车改造的四等车。这是一种黑暗少窗，空气与光线都不足的火车。这是人与行李杂乱无章堆垛着而没有座位的四等车。"③ 而在沪宁铁路三等客车里，"拥挤得迥异寻常，走路的地方也是立满了许多红男绿女，擦肩摩背，黑压压地挤得毫无容隙，便是连两条腿也不能伸屈自由"。④ 比之于三、四等车，二等车素来也是"轧得坑满谷满似的水泄不通了"。⑤ 要说哪种车厢相对宽敞，自然是非头等车莫属了。头等车专为头等搭客而设，房间宽敞清洁，"座位是每人一个的藤工椅"，⑥ "每室容两人，一床悬空，一床着地，软填铺盖，都现成。茶房将床铺好，床上二尺宽，三尺余长，足够横身，较二等卧室宽绰多了"，⑦ 客堂之布置尤复美丽。然而，头等车也有拥挤的时候。1923年2月，由京汉津浦各铁路来郑州赴陇海线转去洛阳之阁人伟人甚多，以致头等车内亦非常拥挤。⑧ 正是因为拥挤，座位就变得弥足珍贵，一时喧闹争席之声，纷然以起，有的孩童挤得哭爹唤娘，车内乘客又多高谈雄辩，声震人耳，而乘客们"互相的谈话，抑扬的口琴声，小孩的哭声，Tea boy 的唤喊声，都闹不过车轮和轨道的摩擦声"。在这样喧嚣拥挤的车厢里，人被那车中乘客的喧扰声闹得几

---

① 《绥张路警之苦况》，《益世报》（天津）1921年11月19日，第11版。
② 黎太炎：《广九车上》，《小朋友》第314期，1928年，第35—36页。
③ 天笑：《四等车》，《民众文学》第2期，1923年，第1—2页。
④ 殷彭年：《车中》，《会报》第12期，1925年，第35页。
⑤ 张仲祺：《京奉车上一瞥》，《太平洋画报》第5期，1926年，第34页。
⑥ 汉光：《沪宁车上的七月某夕》，《良友》第28期，1928年，第29—30页。
⑦ 老梅：《写实短篇：头等车》，《学汇》（北京）第256期，1923年，第5页。
⑧ 焕文：《国内无线电·郑州无线电》，《时报》1923年3月6日，第13版。

乎都要昏了，随车路警却要不惮烦地从人堆里挤，再从行李上爬，往来巡逻，自是气喘吁吁，汗流浃背。

除此而外，随车路警劳作的火车车厢内的卫生情况亦是堪忧。"'随地吐痰'是我国数千年的旧习惯。"离开了地面，进入封闭的车厢中，车厢便成了吐痰者吐痰的不二场所，严重影响了地板的整洁。1926年8月的一天，心冷坐上了沪宁火车，他的身边是一位杭州男子，这位男子"在三十分钟中里接连咯了十几次的痰，而且都是随意的满地乱吐"。① 此外，随地乱扔垃圾也令车厢变得脏乱不已。北洋政府时期，"车每到一站，必有许多小贩托着食物，在车窗外向乘客兜卖，什么茶叶蛋哪，豆腐干哪，牛肉哪，瓜子哪。许多乘客都夹七夹八在车中大嚼起来，把椅上地上都弄得肮脏不堪"。② 乘客在车中饮食并乱扔垃圾，不仅弄脏了地板，而且还使得各种食物的味道夹杂在一起，久久无法散去，空气质量之差毋庸赘言，加以吸香烟者之众，于是烟雾缭绕，弥漫车室，空气愈觉恶劣。③ 笔名为紫的乘客就有类似的经历，在她的邻室里有几个面黄肌瘦的男乘客，他们个个口御烟卷，以致房间内烟雾弥漫，"伸手不见五指"。④ 由厕所里传出来的腥臭味更是让人难以忍受。如1921年6月13日，由津开京的京奉四次快车一个三等车里的便所中粪尿满流，"全车腥臭难闻，人多天热，熏得个个晕沉"。⑤

这种极不卫生、令人窒息的车厢，不仅是乘客短暂停留的空间，更是随车路警长时间工作的场所。随车路警劳作小环境之恶劣，由此可窥一二。

二　劳动时间

"'日出而作，日入而息'这是我们中华民族能勤苦耐劳的一种美德。这种美德已成了数千年的习惯，所以终日劳动也能忍受。"路警群体就是必须忍受长时间劳作的一个职业群体。

北洋政府时期，站警的出勤时间，路与路不同，段与段各殊，而大体

---

① 心冷：《车中的两日》，《国闻周报》第33期，1926年，第33页。
② 陈醉云：《车中》，《小朋友》第75期，1923年，第28—29页。
③ 黄建德：《沪宁车中所见之少年（道德）》，《申报》1927年2月7日，第18版。
④ 紫：《平沪车中随笔》，《方舟》第8期，1934年，第85页。
⑤ A：《京津车的怪状》，《时报》1921年6月19日，第11版。

多为站三息六制，其间不同之点，亦不过在起讫时刻之不一致。因此，1922年京汉铁路管理局特令，自8月22日起，自该局守卫以至各站所有长警勤务一律自早晨6点算起，每天24小时，每日8个班，每班值班3小时，周而复始，以昭划一。① 嗣后，其他各路均纷纷援照此办法推行之。以某路警为例，假如他自1922年8月22日早上6点开始站岗执勤，那么他在8月22日早晨6点至8月24日早晨6点的48小时之内的工作时间如表1所见。

表1 某路警48小时内工休情形

时间段	8月22日				8月23日						8月24日
	6—9	9—15	15—18	18—24	0—3	3—9	9—12	12—18	18—21	21—次日3	3—6
工/休	工	休	工	休	工	休	工	休	工	休	工

诚如表1所见，从理论上来说，在48小时内，某路警的出勤时间应是18小时，休息时间是30小时，日平均工作时间9小时，日平均休息时间为15小时，较工匠之劳动时间为少。站警除了站岗3个小时之后有6个小时的休息时间外，几乎没有休息日。执勤时间内站警不可擅离职守，休息时间内若非必要，一般也不允许外出。如有要事或患病应先呈准给假，不容托病不到岗。表面观之，站警出勤时间短，休息时间长，休息时还可随意寝食，只要不着制服且没有特殊勤务即可外出，时间自由。其实不然，实际休息尤其是睡眠时间并不充足，自由更谈不上。原则上，长警出勤3个小时后，虽有6个小时的休息时间，但除去洗沐食饮以及整理内务等时间，所余睡眠时间尚不到5个小时而已。在这5小时之内，如有应行补助弹压保护之事，站警必须奉命速行上岗，尤其是遇到行军之时，也许刚到宿舍饭还没吃上几口，就得放下碗筷去铁轨上帮忙。北洋政府时期，常见路警执勤之时欠伸瞌睡、精神颓唐，② 皆乃睡眠不足的表现。

随车路警的出勤时间自是与站警不同，以车辆的来往时间为准。路警随车时通常不允许睡觉，某次随车工作结束后，才有几小时的休息时间。1927年，由南京浦口开往天津的津浦列车每天有两列，第一列早晨8：50从浦口出发，到预计次日10：25到达终点站天津东站，全程预计花费25小时35分钟；由天津开往浦口的火车，13：00从天津东站开出，翌日14：38

---

① 《警察处训令第二八一号（八月十二日）》，《京汉铁路管理局公报》第62期，1922年，第18页。

② 《交通部训令（中华民国七年十一月一日）》，《交通月刊》第25期，1919年，第20页。

抵达南京浦口车站，全程预计需时25小时38分钟（见表2）。事实上，京汉路警每次跟车的时间更长。1927年1月1日，某路警于晚上21：00出发，到北京车站开始跟车前的准备工作，1个小时后列车照例从北京车站出发，预计他将在35个小时之后，也就是1月3日上午的9：00抵达汉口大智门车站，① 然后依照规定汇报跟车勤务情况，至少出勤37个小时后，终于可得几小时的休息时间，跟车一趟，已是筋疲力尽。随车路警工作时间之长，令人震惊。

表2　1927年津浦铁路时刻

单位：公里

由浦口站至各站公里数	站名	由浦口开往天津简明时刻表	由天津至各站公里数	站名	由天津开往浦口简明时刻表
	浦口	8：50		天津东	13：00
49.91	滁州		4.35	天津总站	13：20
156.6	临淮关		125.19	沧州	16：20
175.21	蚌埠	13：28	164.46	泊头镇	17：24
265.11	南宿州	15：18	238.77	德州	19：13
340.02	徐州	17：08	356.38	济南府	21：57
501.45	兖州府	21：36	428.17	泰安府	00：15
518.20	曲阜		495.63	曲阜	1：55
585.66	泰安府	0：01	512.38	兖州府	2：34
657.45	济南府	2：04	673.81	徐州	6：51
775.26	德州	4：52	748.72	南宿州	8：29
849.37	泊头镇	6：33	838.62	蚌埠	10：21
888.64	沧州	7：19	862.89	临淮关	10：52
1009.48	天津总站	10：15	962.92	滁州	13：30
1013.83	天津东	10：25	1013.83	浦口	14：38

资料来源：《津浦线行车时刻表》，《旅行杂志》第1卷第1期，1927年，第23页。

在动荡不安的北洋政府时期，战争频仍，而一旦发生战事，多数路警都将延长工作时间，昼夜不息地在枪林弹雨中保护铁路，各站长警实是辛苦异常。更甚者，也许前一秒还在认真履行职责，下一秒就命丧黄泉。

---

① 《京汉线行车时刻表》，《旅行杂志》第1卷第1期，1927年，第24页。

三 劳动灾害

路警不仅要经受风吹日晒、霜打雨淋，还要忍受脏乱差又令人窒息的车厢环境，被地方军警殴打侮辱也只能自认倒霉，被土匪劫掠多只能束手就擒，在西方列强面前更是只能夹着尾巴做人。可以想见，北洋政府时期，路警的劳动灾害该是多么频发而严重，严重摧残了路警的健康与生命。

北洋政府时期，路警患病率之高超乎想象。车站、车厢是路警的主要工作地点，但这些地方旅客会集，卫生条件差，"稍不注意，病疫频侵，小则传染个人，大则蔓延群众"，① 路警则首当其冲。1926年，胶济铁路在一个月之内就有19名路警感染上传染病。② 历年以来，各路因病辞职的路警亦不在少数。考察1926年胶济铁路管理局抚恤路警情形，发现在15例中有13例为抚恤因病亡故之路警，③ 占比高达86.7%。仅1926年2月，入胶济路局所属医院就医的路警就有435人，其中199名是因病就医（见表3），而胶济铁路当时仅有路警不到1000人。也就是说，一个月内，胶济铁路生病路警人数就约占该路路警总人数的20%。路警患病率之高，可谓惊人。

---

① 《交通部训令第三零九号（中华民国十三年二月二十五日）》，《沪宁沪杭甬铁路管理局公报》第127期，1924年，第10页。
② 《胶济铁路医务报告表（十五年四月份）》，《交通公报》第1296期，1926年，第4页。
③ 《指令第三三九号》，《胶济铁路管理局公报》第104期，1926年，第13页；《指令第二八三号》，《胶济铁路管理局公报》第102期，1926年，第24—25页；《指令第七三七号》，《胶济铁路管理局公报》第115期，1926年，第18页；《指令第七四四号》，《胶济铁路管理局公报》第114期，1926年，第22—23页；《指令第四〇七号》，《胶济铁路管理局公报》第106期，1926年，第16页；《指令第四五四号》，《胶济铁路管理局公报》第107期，1926年，第17—18页；《指令第一〇九五号》，《胶济铁路管理局公报》第121期，1926年，第30页；《指令第一八七一号》，《胶济铁路管理局公报》第100期，1926年，第17页；《指令第一〇〇二号》，《胶济铁路管理局公报》第119期，1926年，第40页；《指令第七三〇号》，《胶济铁路管理局公报》第114期，1926年，第19—20页；《指令第七二六号》，《胶济铁路管理局公报》第114期，1926年，第18页；《指令第三八一号》，《胶济铁路管理局公报》第105期，1926年，第20页；《指令第三二一号》，《胶济铁路管理局公报》第103期，1926年，第24页；《指令第五二〇号》，《胶济铁路管理局公报》第109期，1926年，第30页；《指令第一八号》，《胶济铁路管理局公报》第94期，1926年，第31页。

表3　1926年2月胶济铁路路警在本路所属医院就医报告

单位：人

院别	轻病				轻伤	重病	重伤	传染病
	四方	高密	坊子	张店	坊子	张店	张店	坊子
人数	22	18	75	58	180	25	56	1

资料来源：《胶济铁路医务报告表（中华民国十五年二月份）》，《胶济铁路管理局公报》第106期，1926年，第36页。

除了患病，路警遭遇工伤事故亦是常有之事。1913年3月，滁州土匪劫夺津浦火车，枪杀路警1名，致6名路警身受重伤。[①] 1922年2月11日，广九车被土匪劫掠，1名路警因抵抗而受伤。[②] 翻阅1925年的胶济铁路医务报告表，发现9月至12月，隶属于该路局的医院共接诊了89名受伤路警，其中重伤2名，轻伤87名。[③] 1926年3月，该路亦有48名路警因伤前往路局所属医院就医。[④] 路警不仅常患病受伤，而且时常因公殒命。对于站警来说，在站台内追捕人犯是极其危险的事，极易被正在行驶的火车所伤。1920年2月12日7时许，由南京开驶来沪之沪宁铁路十四号特别快车刚抵苏州车站，正与从上海开来之常州车交车之际，适有窃贼窃得旅客物件，乘间逃逸。苏州站路警朱正清瞥见后便奋不顾身追捕，却因避让不及被车辆碾断头臂而毙。[⑤] 即便不为追捕人犯，路警在执勤时也时常被火车伤害。仅1914年上半年，交通部直辖各铁路中因行车事故而毙命的路警就有5人，其中京汉路警2人，京奉、津浦、株萍之路警各1人。[⑥] 1923年4月初，京汉铁路押车巡警张文瑞押货车行至新乐县地方，因天降小雨，该警不慎滑倒，掉下车去，致被火车轧伤身死。[⑦]

路警遭遇工伤灾害是常有之事，无辜冤死亦有可能，中日昌黎事件便是明证。1913年9月11日下午，驻守京奉铁路昌黎车站的日兵因在站强赊

[①]《专电》，《时报》1913年3月14日，第3版。
[②]《国内专电》，《新闻报》1922年2月13日，第3版。
[③]《胶济铁路医务报告表（十四年九月份至十二月份）》，《胶济铁路管理局公报》第94期，1926年，第54—57页。
[④]《胶济铁路医务报告表（十五年三月份）》，《胶济铁路管理局公报》第106期，1926年，第31页。
[⑤]《铁路巡警被火车辗毙》，《中外新报》1920年2月14日，第10版。
[⑥]《交通部直辖各铁路三年上半年期行车事变人员伤亡数目表》，《铁路协会会报》第25期，1914年，第59—60页。
[⑦]《又轧死一路警》，《益世报》（北京）1923年4月5日，第7版。

水果与商贩发生口角，中国铁路警察杨桐秋上前劝解，遂与日兵起冲突。当晚，该日兵又因购物与小贩争执，恰值杨桐秋再次向劝，复生龃龉。日兵恼羞成怒，更以白日之怨气，"用枪托击打巡警，巡警正在闪躲，又来日兵一名帮同揪打"。[①] 杨只得鸣笛求救，仓皇逃回局内。未及三分钟，佐野队长率日兵 20 名将警局围住，索要杨桐秋。相持间，日官竟不容分说猛砍巡长刘长忠，随即下令连开排枪，以致刘长忠受"刀枪伤多处，仰卧身死"，[②] 巡警王学儒、刘金铭亦被枪杀身死，巡警刘秉俊、杨桐秋皆受重伤，延至第二日早亦因枪伤殒命，其余巡警开窗逃脱。而中国路警，或因无长官命令，或恐惹起国际交涉，"并未起而抵抗，均坐听日兵屠杀"，[③] 以致日兵未死一人。尽管多方证据皆将责任问题指向日兵，但日方却一口咬定错在中国路警，日兵只是正当防卫，且坚持"昌黎事件理应为了保持日本军队的威严而执行"。[④] 昌黎事件发生后，中日双方围绕责任问题展开反复的争辩和较量，最终规避责任问题，经彼此退让，免除肇事日兵法律的惩罚，而无辜枉死之 5 名中国路警却仅得数千元的恤金。如此一来，勾销了日方应尽的法律责任而不予追究，同时也意味着中方隐认了冲突的根由在已死之路警。[⑤] 就这样，5 名中国路警成了日本兵刀下的冤魂。

一方面，因为国家贫弱，路警时常要受别国军警的欺凌，甚至沦为冤魂；另一方面，又因为自身实力弱小，往往成为国内军士欺辱的对象、土匪戕杀的目标，给路警的身心造成了很大的伤害。如 1921 年 3 月 29 日，在京汉北上早车中有一中级军官携带数名马弁搭车至花园站。该军官以身份自居不肯购车票，马弁亦不愿购票。但协助查票员查票乃是随车路警之职，路警遂上前向马弁索票，竟触该马弁之怒，扭住路警大挥老拳，以致路警身受重伤。[⑥] 民国时期路警时常遭遇不良军人的无理打骂，虽然他们的内心"非常痛苦，恨不得以饱拳回敬"，但却只能强颜欢笑。这种内心的痛苦，真是无以名状。

与此同时，他们不仅要承受土匪给予的心理压力，或许还会命丧土匪

---

① 《昌黎事件》，《时事汇报》第 2 期，1914 年，第 5 页。
② 张念祖、张锡恩等编纂《民国昌黎县志》，《中国地方志集成·河北府县志辑》第 20 辑，上海书店出版社，2006，第 435 页。
③ 王慕陶：《远东通信社丛录》第 4 编，商务印书馆，1914，第 283 页。
④ 「在中国山座公使より牧野外務大臣宛て」第 768 号『日本外交文書』（大正 2 年第二册）、日本外務省、1964、612 頁。
⑤ 夏雪：《争与让的变奏：民初昌黎事件之中日交涉》，《民国档案》2019 年第 1 期。
⑥ 《湖北军官逞凶殴路警》，《大公报》（天津）1921 年 3 月 31 日，第 7 版。

手中。"土匪"这个名称，本身就能引发莫名的紧张与恐惧，一般路警对土匪亦难免产生畏惧心理。倘若土匪之行踪被路警察觉，他们往往凶相毕露，路警便有了生命危险。如1924年7月25日10点左右，由青岛开往济南之胶济列车抵达辛店车站之际，有土匪数十名乔装搭车西来。路警见其形迹可疑，前往盘诘，匪徒们"始则口充胶澳公署稽查，嗣因警队向公署请照，匪词穷拿出手枪射击，杀警2员，伤警3员，旋即四散逃逸，附近居民大震"。① 自从临城劫车案②发生后，各路土匪纷纷效仿孙美瑶，将劫夺的目标锁定于铁路，而承担护路任务且有武器傍身的路警自然成为他们的绊脚石，欲除之而后快。如1924年11月，京绥路包头车站忽然拥进200余名土匪，各持快枪，意欲抢掠车站票房。保安队队长率队兵与土匪开火，后以寡不敌众，被匪枪毙警兵4名，抢掳巡警2名。③

结　语

一个工作环境中最重要的自然条件，不外光线、空气、湿度、温度四者。而这四者的理想情形是：光线适中，"温度六十八（华氏），百分之五十的湿度，空气流动着，每人每分钟有四十五立方尺的新鲜空气，其中包含百分之二十一的氧气，百分之七十八的氮气，万分之三的二氧化碳"。④ 民国时期，学者曹日昌认为只有身处于这样的环境之下，工作才是最有效率的。显然，北洋政府时期路警的劳动环境并不符合此要求。因为，对于铁路站警而言，"在蒸暑的盛夏，人民及要人都在打瞌睡或喘气，垂杨在烈日下挣扎，马路上的柏油路溶成一堆堆的烂污泥"，仍要照常出勤；在寒风刺骨的冬月，也要出勤；白天黑夜，一样服务，他们脸上时常显现疲劳的样子。⑤ 至于随车路警，更是在黑暗少窗、空气与光线都不足、拥挤不堪、卫生条件差的封闭车厢里工作。

---

① 《土匪戕杀胶济路警》，《顺天时报》1924年8月1日，第7版。
② 1923年5月6日2点50分，由南京浦口开往天津的津浦北上特别快车行至山东临城与沙沟间时，被千余名自称"山东建国自治军"的孙美瑶股土匪劫掠，20余名中国乘客及16名外国乘客（美国6人、英国5人、墨西哥2人、法国2人、意大利1人）被驱至匪巢抱犊崮成为人质，酿成轰动世界之临城劫车案。
③ 《京绥路上土匪之猖獗》，《益世报》（北京）1924年11月12日，第7版。
④ 曹日昌：《工作环境与工作》，《教育短波》第74期，1936年，第2页。
⑤ 郑宗楷：《警察与人民及要人》，商务印书馆，1947，第39页。

路警身处于如斯环境下工作,并不是只需短暂地劳作数小时便可休息,而是要长时间的劳动。从表面上看,站警每工作3小时即可休息6小时,其实其休息时间不足5小时。而且一旦发生突发事件,尤其是战事骤起后,路警需随时上岗,昼夜不息地在枪林弹雨中保护铁路,劳作就变得没点没钟了。随车路警的劳作时间则以火车的运行时间为依据,不分昼夜,跟车一趟,足足两天不眠不休是常有之事。因此,睡眠不足便成为路警普遍存在的一个问题。而正因为路警工作环境差、工作时间长、工作强度大,他们的患病率与受伤率皆处于较高的水平。不惟如此,他们时常要承受不良军人的欺辱以及土匪给予的恐惧,内心十分痛苦。更有甚者,他们为了工作,往往成为国内土匪戕杀以及国际不良军士报复的目标,而付出生命的代价。一言以蔽之,劳动条件恶劣、劳动时间过长、劳动灾害频发而严重,便是北洋政府时期路警真实而悲惨的劳动境遇。而劳动境遇直接关系到路警的身心健康,影响他们工作的绩效。如此,北洋政府时期常见路警精神萎靡也就不足为奇了。

如今的铁路民警是行业公安之一种,属于国家公务员,有着崇高的职业、可观的收入、优厚的福利待遇等等,实在是令人欣羡。然而,我们只看到了他们表面的光鲜,却忽略了他们背后鲜为人知的辛酸与苦涩,那就是他们真实的劳动境遇。当然,与北洋政府时期的路警相比,如今的铁路民警已在良好的劳动境遇下管理铁路系统内的治安及刑事案件。但他们具体而真实的劳动境遇如何,我们却是很少关注,更是不了解的。铁路民警的种类很多,我们常见的是站警和乘警,对于他们的劳动境遇我们略有了解;而在我们看不到的地方,还有一种铁路警察,即线路民警,他们背后的辛酸与苦涩却是常人难以想象的。不管是在风和日丽的好日子,还是在大雾、暴风雪等恶劣的天气下,线路民警都须奔走于铁路两旁的乡野间,做着琐碎的杂事,数十年如一日,工作、生活枯燥乏味。他们却无怨无悔,为铁路的安全奉献自己的青春与热血,其精神可歌可泣。我们应该走近他们,去了解他们真实的劳动境遇,给予他们更多的关注与温暖。因此,研究北洋政府时期铁路警察的劳动境遇,不仅可以拓宽史学研究的视野,弥补相关研究之不足,而且可以引发我们对当今铁路民警劳动境遇的关注与省思,促进铁路民警群体的健康发展。

·铁道与文化·

国家员工塑造：南京国民政府铁路系统意识形态灌输

赵 伟[*]

摘 要 在国民党治下，向国营事业员工灌输官方意识形态是真正意义上国家员工塑造的开始。官方政治文化的主导性和责任文化的凸显性较为全面充分地体现于国营铁路员工上。以党义研究会为载体的党义教育是国民党与中共争夺铁路工人的手段，其目的是传布铁路党治文化。但无论是受众的知识水平还是主观认同，均使之遭遇困境。总理纪念周和"革命"纪念日的仪式皆表现出"党""国""父"三位一体的政治文化，铁路部门成为营造"党国"意义及其神圣感的重要场域，然而之于孙中山先生的革命初衷却是错位的。纪念日对民众运动及国耻记忆的选择性弱化亦是如此。关于民族自强和救亡的话语训诫意在将个人职业提升至民族事业的精神高度，而自相矛盾的救亡状态和名不副实的国耻纪念却使之陷入尴尬。不过，全面抗战期间在精神动员感召下铁路国家员工做出了重要成绩。统一意识形态的政治文化和突出国家民族整体的责任文化与铁路联动合作的行业文化特征相符，是中国工业文化基本特征的一个片段。

关键词 国民党 南京国民政府 国家员工 意识形态灌输 铁路系统

国家员工可溯源至晚清洋务运动时期的官办企业员工。民国初年，中国现代政治构架尚不稳定，国家员工的文化特征亦不明显。南京国民政府始有对国家员工的实质性塑造，其文化特征初步形成。国民党首先确定了国营事业的范围。1928年11月27日，国民党中央政治会议第162次会议通过的

---

[*] 苏州科技大学社会发展与公共管理学院历史学系副教授、南京大学中华民国史研究中心兼职副研究员。

国家员工塑造：南京国民政府铁路系统意识形态灌输

《建设大纲草案》规定了由国家建设经营的各项事业，称之为"国营事业（国有产业）"，铁路居于国营交通事业的首要位置。① 然后，确定了铁路员工的性质。1929年1月24日，国民党中央执行委员会常务委员会第192次会议通过了《海员铁路特别党部宣传工作实施方案》，指出宣传的注意点之一是使海员、铁路职工明了其"国家公务人员"之身份。② 其时，被称为国家员工的还有邮电员工、行局员工等。③

自铁路在近代中国出现以来，其重要性在现代化进程中日益凸显。1928年11月铁道部的成立体现了南京国民政府对铁路系统的重视，这不仅在于经济诉求，亦在乎政治意图。国营铁路员工④被纳入"以党治国"的训政框架，成为当政者意识形态的灌输对象。当然，政治效果及评判并非本研究之旨趣所在，早已有学者指出国民党"党治"名不副实，相比之下文化史视角的讨论则较少。⑤ 在现代转型的重要过渡时期，意识形态灌输可看作国民党及南京国

---

① 罗家伦主编《革命文献》第22辑，台北，中国国民党中央委员会党史史料编纂委员会，1960，第367—368页。

② 中国第二历史档案馆编《中国国民党中央执行委员会常务委员会会议录（七）》，广西师范大学出版社，2000，第112页；熊亨灵、何德川编《中国国民党与中国铁路》上册，台湾区铁路党部委员会，1965，第241页。

③ 南京国民政府时期的国家员工是指从事国营事业相关工作的人员。如京沪沪杭甬铁路管理局称全体员工"均属国家公务人员"，交通部称"邮政为国家公营事业，员工为国家委任官吏、政府公务人员"，中华海员工会认为"海员为国家之交通工人"，国家金融部门的工作人员则被称作"国家行局员工"（《两路人员提倡国货》，《申报》1934年2月18日，第13版；《交部招待报界》，《申报》1932年5月25日，第4版；《海员工会告工友》，《申报》1938年1月30日，第2版；《四行二局定期减薪》，《申报》1947年9月13日，第4版）。

④ 北京政府时期有论者认为：铁路员工即"服务于铁路之职员、职工"，"上自处长课长段长厂长及课员司事，下至工警夫役人等，苟能辅助铁路业务之推行者皆属之"。张瑞德认为：铁路员工按职位高低可分为中枢管理阶层、各路管理阶层及普通员工三类。1932年颁布的《铁道法》规定国营铁道由中央政府经营，笔者认为国营铁路员工的主体应包括铁道部人员、各路局司、普通工人。见刘以南《铁路员工与铁路机关之关系》，《交通公报》第1050号，1925年10月12日，第13—14页；张瑞德《中国近代铁路事业管理的研究——政治层面的分析（1876—1937）》，台北，中研院近代史研究所，1991，第149页；《铁道法》，《铁道公报》第328期，1932年8月19日，第1页。

⑤ 关于南京国民政府时期意识形态的既有研究，从政治史角度探讨的居多，重于政治价值的是非判定，关注其控制思想的目的、阐释宣导的缺陷及最终失败的结局，而文化史视角的讨论则是寥寥，且鲜有考察经济领域的相关情况，代表性成果是江沛、纪亚光《毁灭的种子——国民政府时期意识形态管理研究》，陕西人民教育出版社，2000；梁丽萍《国民党主流意识形态的构建与失败（1928—1949）》，《中共中央党校学报》2004年第3期，第64—69页；严海建《"禁制有余，激发不足"：蒋介石与国民党意识形态建设》，《江海学刊》2018年第6期，第172—181页；陈蕴茜《崇拜与记忆：孙中山符号的建构与传播》，南京大学出版社，2009；郭辉《国家纪念日与现代中国（1912—1949）》（社会科学文献出

61

民政府对现代国家员工的文化塑造行为,由此产生的文化特征亦是中国铁路文化样态①的一部分。对此,无论就民国文化史还是铁路史而言,均值得探讨。

一　国民党治下的国家员工塑造

官方政治文化向国营事业的渗透是真正意义上国家员工塑造的开始。1920年前后,中国向党治国家转变是其重要的时代背景。②与欧美经典资本主义国家的多元政治体系不同,一元政党体制下当政者强调国营事业员工的政治属性。就中国而言,与农业文明时代王朝国家通过赐爵、科举等官方措施将农业生产经营者笼络为稳定统治的基础类似,向工业文明过渡时期的民族国家亦需要现代产业部门能够生成巩固政权的群体基础。南京国民政府对国营事业员工灌输官方意识形态以制造精神认同即是出于此目的,更何况其时国民党执政地位尚不稳固,亟待将其对政治话语体系的控制向经济领域扩展。不过,在政治价值的是非判定之外,在南京国民政府的历

版社,2019)的研究对象实质上是当时意识形态灌输的重要表现形式,论述较为充分详细。即使如此,史实仍有可挖掘和解读的空间,且还有一些形式,如研究党义的措施,尚未有学者详加考察。铁路系统是举足轻重的国营事业,具有国家与社会接触面的特性,然而目前的相关研究主要针对铁路工人,非铁路系统全体员工,且缺少意识形态灌输方面的考察,如孙自俭《民国时期铁路工人群体研究——以国有铁路工人为中心(1912—1937)》,郑州大学出版社,2013;李锦峰《国民党治下的国家与工人阶级,1924—1949》(博士学位论文,复旦大学,2011)涉及工人政治意识,但仅以人力车夫为例论述。在中国的现代国家转型过程中,国家员工是非常重要的群体,国家员工塑造是很有价值的研究切入点,对此目前学界尚无专门讨论。借助王奇生、杨奎松、黄道炫等学者对国民党组织实态及治国政策研究的结论以及陈明明《在革命与现代化之间——关于党治国家的一个观察与讨论》(复旦大学出版社,2015)一书对中国"党治国家"的更深刻的解释,从文化史视角对南京国民政府铁路系统意识形态灌输进行全面考察,当可获得新的认识。

① 朱从兵提出:"铁路系统或铁路社会中不同意识形态的碰撞、主流意识形态的传播、控制及其相应的组织架构和制度构建形成了铁路系统的文化生态。文化生态决定了铁路系统的文化样态。""思想教育或精神动员"则是铁路文化样态的内容之一。朱从兵:《中国铁路史研究方法漫谈》,《社会科学辑刊》2017年第4期,第114页。
② 民国政治学家陈之迈先生认为:孙中山先生"自始不赞成在中国立刻实行英美式的政党政治",民国初年"那种合纵连横式的政党政治是被认为不合时宜的",1914年中华革命党组建之后"一党专政的理论已经成熟",1924年改组为中国国民党后"这个理论遂成定制",1925年广州国民政府成立,"'党治'的字样第一次出现于法律之上",国民政府组织法第一条规定"国民政府受中国国民党之指导监督掌理全国政务",南京国民政府的训政时期约法"对于党治的具体方式亦有规定"。陈之迈:《中国政府》第1册,商务印书馆,1947,第24页。

史中我们依然可以从文化史视角找到一定程度上具有延续性的精神文化形式或内容。譬如，官方意识形态主导的文化路径，党、国、领袖的符号文化，政治纪念日的仪式文化，党义研究的组织文化，凸显的民族意识及精神等。国民党在国营事业单位中推行官方政治文化，用以塑造国家员工，并将其确立为国家员工群体的主导文化，是首要的文化特征。

近代国家员工的形成，首先取决于国营事业单位的出现，即经济上国家所属性的实现，而国家当政者意识形态的灌输则是产生文化上国家所属性的途径，是深入塑造国家员工的体现。国民党及南京国民政府在国营事业单位推行党国文化，是转型过渡时期国家员工政治文化塑造的开始。国民党试图将国家员工训育成为其思想理念的接受者和贯彻者，使原本属于经济文化范畴的产业企业的职业员工文化具有党义、国义的政治文化内涵。其时，就国民党而言，国家员工被视为维护统治的重要群体基础，是其意识形态笼络的重要对象。当然，国民党并未成功有效地实现对现代国家员工及其文化特征的塑造。不过，由国民党的政治文化主导国家员工文化样态的生成，从而塑造国家员工群体，成为其一贯的选择。国家员工文化样态的基本定型将有赖于国家政治文化的基本确定。政治文化主导国家员工文化，而国家员工文化亦成为主流文化的一部分，并随着政治文化的变迁而变化。因此，近代中国转型过渡时期国家员工的塑造，在文化层面打上了鲜明的政治文化烙印，从而打开了确立国家员工国家所属性的文化路径。

国营事业由南京国民政府建设经营，被国民党赋予国家及民族事业之名，国家员工实质上受任或受雇于政府，责任文化尤显突出和重大，是本质的文化特征。国民党及南京国民政府极力训诫国营事业员工，将以谋生为目的的个人职业与以救亡复兴为使命的国家事业相联系，赋予其民族责任的崇高精神内涵。国营事业单位具有企业性质，民族责任实质上是企业社会责任的最高要求。对于铁路员工工作精神问题的关注及纠正在北京政府时期即已有措施，[1] 但将职业层面的工作精神提升至为国家民族服务的高度则是从南京国民政府开始的。由于"国营业务关系国计民生殊巨"，[2] 南京国民政府认为国家员工应负有保障国家经济的责任，亦负有"恪守国家行政纪律，共相维护，以保安宁"[3] 的政治责任。因此，国家员工的责任文

---

[1] 《整顿各站员司办事之精神》，《铁路协会会报》第118期，1922年7月25日，第90—91页。
[2] 《招商局理监事决连任》，《申报》1935年11月7日，第3版。
[3] 《国府令禁邮电员工聚众要挟》，《申报》1929年8月14日，第7版。

化包含了抵御外来侵略的民族责任、稳固物质基础的国家经济责任以及维护统治秩序的政治责任三方面内容，并且当政者以国家名义任命或雇用的工作人员，"对国家之责任，较普通民众当为尤重"，[①] 具有凸显性。当然，诸此意义的前提是国民党执政具有合道性和合法性，因为责任文化实质上衍生于政治文化，但不管怎样，国家员工是被国民党寄予维护统治的政治责任的。如果说政治文化是南京国民政府塑造国家员工的工具，反映了国家员工身份存在的属性，那么责任文化则是其塑造国家员工的目的，体现了国家员工身份存在的价值。

南京国民政府时期，在国民党各党部牵头下，邮电、航运、金融、铁路等重要国营事业部门均展开了意识形态的灌输工作。交通部于1928年8月即令轮船招商局、各交通大学、各铁路局、邮政及电政总局、无线电管理处研究党义。[②] 翌年，交通部职工事务所即派委员分赴各地邮电工会演讲党义。[③] 上海邮政六区二十四分部则成立了邮局职工党义训练委员会。[④] 上海邮务工会代表全国邮务同人致函交通部王伯群[⑤]，称"我邮务同人尽皆受吾党义之熏陶"。[⑥] 关于总理纪念周，交通部指令邮政总局将管理和业务部分分别办理，管理部分长官及高级人员必须参加，"以重党纪"；[⑦] 业务部分员工由于"人数众多，同时聚集，势须暂停工作，且无适当场所"，则免于参加。[⑧] 邮政员工亦被赋予崇高的民族责任，1934年11月上海邮务工会第二次代表大会上，全国邮务总工会代表朱学范致训词指出，邮政员工"非仅谋自身之福利，尤应联合全国邮工，求国家民族之复兴"。[⑨] 全面抗战之初，广东邮政协会号召全国邮界投身"神圣民族战争"，抓住"实验'共赴国难'的好机会"。[⑩]

---

① 《为济南惨案泣告全国邮员书》，《邮声》第2卷第6期，1928年6月，第7页。
② 《国民政府交通部训练第七九五号》，《交通公报》第1卷第26期，1928年8月11日，"命令"，第13—14页。
③ 《邮员养老金条例审查完竣》，《申报》1929年8月8日，第7版。
④ 《邮务工会执委会议》，《申报》1929年11月1日，第14版。
⑤ 王伯群1927年至1931年任交通部部长。参见刘寿林等编《民国职官年表》，中华书局，1995，第583—584页。
⑥ 《邮务两工会致王部长电》，《申报》1930年8月12日，第10版。
⑦ 《邮务长应参加纪念周》，《申报》1930年11月18日，第6版。
⑧ 《交通部指令第九三〇号》，《交通公报》第30号，1929年4月17日，"命令"，第25页。
⑨ 《邮务工会全体执监委宣誓就职》，《申报》1934年11月30日，第10版。
⑩ 民族魂：《中国邮局决不替敌人宣传》，《邮协月刊》（广州）第5卷第7期，1937年10月30日，第21页。

中华海员特别党部对"宣传党义""不遗余力",印赠《本党为海员唯一的保姆》《海员应了解过去所受帝国主义者压迫之痛苦》等党义小册,[①]后又刊行《海声周报》。[②] 1934 年 7 月中华海员工会由筹委会改为主任委员制后,举办了一场扩大总理纪念周活动,出席者有该会全体委职员及海员团体代表百余人,"盛极一时"。[③] 中华海员一向负有推动"关系民族存亡的民族复兴运动"[④]的责任。全面抗战时期,中华海员工会号召工友称,海员身为国家员工,"所负救亡图存之使命重大",尤宜"竭尽个人力量,贡献国家"。[⑤]

南京国民政府四行二局的国家金融体系至 1935 年基本形成,因而行局单位政治文化活动开展较迟。中国农民银行至 1936 年底才举办了第一次总理纪念周活动,由总经理赵棣华做演讲。[⑥] 该行原本并无国民党组织,1941 年 10 月始建区分部,通过小组训练和阅读书籍的方式研究党义,并举行"国父"纪念周。中国农民银行为"国家金融机构之一","执行国策""推行党的主义"之"使命尤大"。[⑦] 全面抗战为"敌我生死存亡之争",进而成为"经济的竞赛",中国农民银行亦负有"义不容辞的民族使命"。[⑧]

国民党治下国家员工塑造的政治文化主导性和责任文化凸显性较为全面充分地体现于铁路系统的意识形态灌输上。铁路国有化自清末始,至 1934 年国营铁路长约 1.2 万公里,占全国总长的 67%,国营铁路员工总数约 13 万人,[⑨]成为全国规模最大的国营事业,国民党深知其重要性。为牢

---

① 《海员党部印赠党义小册》,《申报》1934 年 11 月 7 日,第 12 版。
② 《海员党部刊行〈海声周报〉》,《申报》1935 年 1 月 16 日,第 15 版。
③ 《杨虎就任海员工会主任委员》,《申报》1934 年 7 月 3 日,第 15 版。
④ 宣:《中华海员与民族复兴运动》,《海声月刊》第 3 期,1936 年 5 月 1 日,第 3 页。
⑤ 《海员工会告工友协助抗战工作》,《申报》1938 年 1 月 30 日,第 2 版。
⑥ 《本行第一次总理纪念周赵总经理演讲词》,《农行月刊》第 3 卷第 11 期,1936 年 11 月 15 日,第 1—4 页。
⑦ 《党义讲座:顾总经理兼第十区分部委员报告本行第十区分部一年来党务工作》,《本行通讯》第 50 期,1943 年 1 月 31 日,第 28—29 页。
⑧ 叶厥孙:《中国农民银行之民族使命》,《本行通讯》第 57 期,1943 年 5 月 15 日,第 35 页。
⑨ 1934 年,中国已建成铁路总长不过 1.8 万公里,国有铁路各路员工 129934 人,铁道部职员 805 人。参见《全国铁路统计》,《新政月刊》(成都)第 1 卷第 2 期,1937 年 1 月 1 日,第 4 页;《员工统计表(民国二十三年十月份)》,《中华国有铁路统计月刊》1934 年 10 月,第 45 页;《本部历年职员人数表》,铁道部秘书厅:《铁道年鉴》第 3 卷,商务印书馆,1936,第 16 页。

固掌控铁路系统，1931年7月，国民党中央执行委员会训练部即向各铁路特别党部发布训令，要求"以党员训练与工人训练为中心"。①铁路员工群体庞大，既相对集中，又分布较广；人员性质多样，既有国家行政机关的工作人员，又有经营管理的路局员司，还有生产服务一线的普通工人。铁路关系国计民生，国民党尤为重视，采取部制专属管理，国民党在铁路系统的党部组织较为完备，官方意识形态的灌输较其他国营事业更为强烈，文化特征塑造的印记亦更为明显。党义教育、纪念仪式、话语训诫成为国民党及南京国民政府塑造铁路国家员工的三个重要方面。

二 通过党义教育向铁路员工传布党治文化

早在1923年10月的一次演说中，孙中山即指出所谓"以党治国"是"用本党的主义治国"，然实际情况却是"大多数人民不了解本党的主义"。②南京国民政府成立之后国民党仍自称尊奉"总理遗教"，党义教育自然成为重要任务。为"贯彻党治起见"，中常会议批准由中央训练部拟具的《政军警各机关工作人员研究党义暂行条例》，并于1928年8月6日经南京国民政府颁布施行。③依照训令，铁路系统上自铁道部下至各路局纷纷设立党义研究会，并出台一系列相关规定及办法，党义教育亦成为工人各类培训的首要项目，从而形成了南京国民政府时期的铁路党治文化现象。

党义研究会的目的是对党义"作有系统的研究以期彻底明了"，主要面向"政军警各机关之工作人员"。④铁道部工作人员自当在内，然路局方面则不甚明确。沪宁沪杭甬（1929年改称京沪沪杭甬⑤）铁路特别党部所设党义研究会成员的主体是国民党党员，非党员职工如愿加入，需两名党员介绍才能成为临时会员，两路党义研究会则规定凡两路"员司"皆为

---

① 《中国国民党中央执行委员会训练部训令（第一六〇七九号）》，《中央训练部公报》第14期，1931年8月，第15页。
② 《在广州中国国民党恳亲大会的演说》，中国社会科学院近代史研究所中华民国史研究室、中山大学历史系孙中山研究室、广东省社会科学院历史研究所合编《孙中山全集》第8卷，中华书局，1986年，第280、282页。
③ 《中华民国国民政府训令（第四二四号）》，《国民政府公报》第81期，1928年8月，第16页。
④ 《政军警各机关工作人员研究党义暂行条例》，《国民政府公报》第81期，1928年8月，第16页。
⑤ 《中央第五十次常会》，《申报》1929年11月22日，第8版。

会员;① 而大多数路局的党义研究会,如津浦、胶济、南浔、平汉、粤汉湘鄂段等路局,均将本路全体员工视为组织对象。这实际上是将范围从铁道部工作人员扩大至普通铁路工人。② 国民党意识到"铁路的工友,是一般工人中的健将,他们的地位,谁也都知道",由于惧怕中国共产党的组织发动能力,认为"有从速受党的训练的必要"。③ 因此,党义研究会是国民党在铁路系统推行"以党治国"的工具,更是其试图在意识形态上与中国共产党争夺铁路工人的手段。

"训政"开始后,国民党认为:"党的一切理论政纲之最高原则,应从总理遗教及本党最高权力机关之解释,各级党部及党员个人,不得妄出己见。"④ 因而铁道部及各路局对党义研究内容的规定与中央训练部要求保持完全一致,将"总理遗著及其他一切与党义有关之书籍"作为研究对象的唯一出处,具体分六期依次进行:第一期研究三民主义及民权初步,第二期研究五权宪法及实业计划,第三期研究国民党组织法、建国大纲及孙文学说,第四期研究国民党历次重要宣言及决议,第五期研究帝国主义侵略中国史、不平等条约,第六期研究其他发挥党义之重要书籍及刊物,均采取阅读、讨论、讲演、发行刊物四种研究办法。⑤ 党义研究内容的统一是国民党树立政治权威的方式,也是铁路党治文化"一元性"⑥ 特征的体现。

关于党义研究会的组织,中央训练部并未明确规定,仅指出"为便于研究起见",可分组进行,具体组织法"由各该机关自定之"。⑦ 在铁路系

---

① 《沪宁沪杭甬两路特别党部党义研究会条例》,《铁路公报:沪宁沪杭甬线》第72期,1929年5月4日,"纪载",第1页;《沪宁沪杭甬铁路党义研究会规程》,《铁路公报:沪宁沪杭甬线》第89期,1929年8月31日,"纪载",第1页。
② 1935年,中华民国铁路系统员工总数为130638人。其中,各路局工人104422人,占79.93%;各路局局司25407人,占19.45%;铁道部职员809人,占0.62%。参见《国内劳工消息(七月份)》,《国际劳工通讯》第4卷第8期,1937年8月,第45页;《本部历年职员人数表》,《铁道年鉴》第3卷,第16页。
③ 节文:《铁路工人应当从速受党的训练》,《津浦之声》第2期,1928年2月1日,"论坛",第1—2页。
④ 《对于第二届中央执行委员会党务报告决议案》,荣孟源主编《中国国民党历次代表大会及中央全会资料》上册,光明日报出版社,1985,第633页。
⑤ 《铁道部党义研究会规程》,《铁道公报》第3期,1929年2月,"法规",第1—3页。
⑥ "一元性"即"把握三民主义为唯一之出发点,不许有其他思想存在其间"。《民众读物改进方案》,中国第二历史档案馆编《中华民国史档案资料汇编》第5辑第1编《文化》(一),江苏古籍出版社,1994,第58页。
⑦ 《政军警各机关工作人员研究党义暂行条例》,《国民政府公报》第81期,1928年8月,第18页。

统,党义研究会的上层组织有两种形式。一种是主席制(或会长制),设正副主席(或会长),一般由部门正副负责人兼任,由之委派若干人员成立干事会,分理党义研究会相关事宜,铁道部、沪宁沪杭甬铁路、南浔铁路、胶济铁路等皆采此制。① 另一种是委员制,由部门负责人选派人员组成委员会,主任委员(或常务委员)由委员公推,并召集会议分派处理党义研究会相关事宜,津浦铁路、平汉铁路、粤汉铁路湘鄂段等均行此制。② 下层则分组研究党义,各路局情况主体相似,略有不同。管理局内一般均分为总务、工务、车务、机务、会计五组,局外主要按路段或区域分别成组,其下再按分部设小组。至于铁路附属之各工厂、学校、医院、警所(保安队)等单位,根据各路情况,或分属各段(各区)合组,或个别单列成组,或大部单列成组。③ 无论是在主席制下还是在委员制下,党义研究会都被嵌入铁路系统管理层,党义研究成为主要负责人工作的一部分;研究分组以铁路业务单位为基础划分,意图将党义研究全面覆盖,深入铁路工作的各个角落。

不过,由于铁路职工整体知识水平低下,铁路党义教育效果实难如国民党之期望。据铁道部劳工课调查,1932年国营铁路职工不识字和略识字者数量占全路工人数的68.62%。④ 简单认字阅读尚成问题,何谈理解党义理论书籍。对此,路局也有一些弥补措施。粤汉铁路湘鄂段党义研究会查本局工友"知文者恐乏其人",党义书籍"未必能使诵读了然",希望特别

---

① 《铁道部党义研究会规程》,《铁道公报》第3期,1929年2月,"法规",第1页;《沪宁沪杭甬铁路党义研究会规程》,《铁路公报:沪宁沪杭甬线》第89期,1929年8月31日,"纪载",第1页;《南浔铁路员工党义研究会暂行条例》,《南浔铁路月报》第7卷第3期,1929年3月,"党务",第5页;《胶济铁路党义研究会暂行章程》,《铁路公报:胶济线》第216期,1929年5月下旬,第67页。

② 《津浦铁路员工党义研究会暂行规则》,《津浦铁路公报》第9期,1928年9月1日,"党务",第4页;《平汉铁路党义研究会组织法》,《平汉日刊》第44期,1931年3月25日,第5页;《粤汉铁路湘鄂段管理局党义研究会暂行规则》,《湘鄂铁路公报》第2卷第5期,1920年3月31日,第9页。

③ 《党义研究会分组大纲》,《湘鄂段管理局公报》第2卷第5期,1930年3月31日,第10—11页;《本会组组(织)系统图》,《铁路公报:胶济线》第216期,1929年5月下旬,第68页;《铁道部南浔铁路员工党义研究会组织系统表》,《南浔铁路月报》第7卷第4期,1929年5月1日,"党务",第2—4页;《分组研究党义之办法》,《津浦铁路公报》第10期,1928年11月20日,"党务",第1—2页。

④ 赵启凤:《最近设施的我国铁路职工教育》,《教育与民众》第5卷第3、4期合刊,1933年12月28日,第573页。

党部能够"编纂粗浅白话读本"。① 对于完全不识字的工友，南浔铁路局则由本路区党部训练部"派员亲向讲演"。② 不仅如此，铁道部专门修改《铁路职工教育计划纲要》第九条，对职工识字学校课程加上"应采用三民主义千字课"③ 的规定，党义亦被规定为各路职工训练所的必修课程。④ 总之，国民党试图达到党义教育与知识培训并举的目的。

同时，对待党义研究会活动的主观态度也普遍存在问题。粤汉铁路湘鄂段职工对党义测验或许存在较多不配合行为，以致路局出台的惩戒条例明令指出将对"辄交白卷或置之不理"的会员"严加惩罚"；无独有偶，京沪沪杭甬路局也有对测试题目"至少须答半数以上"的类似规定。⑤ 这表明对待党义测试的态度非铁路员工可以自由表达，对党义试题作答的程度亦非考试者可以自行做出，因为这已不是单纯考查文化知识的活动，而是一项带有党治含义的政治任务。消极态度在党义研究会的组长会议上亦可窥见一斑。在京沪沪杭甬路局党义研究会第九次组长会议上，有干事指出"每次开会时，到会组数仅过法定人数，尚有十数组不常出席"，甚至出现不足法定人数以致流会的尴尬局面。⑥ 各组组长通常由路局各单位负责人兼任，单位负责人的态度尚且如此，更何况普通铁路员工了。可见，无论从大部分受众的知识水平还是总体的主观认同来看，国民党在铁路系统推行党治文化遭遇困境。

事实上，国民党的党义教育亦未得到当时中国社会的广泛认同。丁文江认为，中国期待的"新信仰和新主张决不是国民党的党纲所能代表的"，从"党义教课的无人过问"就可以得知。⑦ 即便是国民党内也有反

---

① 《函特别党部（第七一一号）》，《湘鄂铁路月刊》第1卷第1期，1930年10月，第58页。
② 《铁道部南浔铁路管理局通令》，《南浔铁路月报》第8卷第4期，1930年6月15日，"局令"，第7页。
③ 《铁道部南京办事处训令第二六四号》，《铁道公报》第250期，1932年3月15日，第16页；《铁道部实施铁路职工教育计划纲要》，《铁道公报》第215期，1931年10月21日，第3页。
④ 《国营各路筹设职工训练所办法》，《铁道公报》第158期，1931年4月4日，第2页。
⑤ 《粤汉铁路湘鄂段管理局党义研究会会员惩戒条例》，《湘鄂铁路公报》第2卷第10期，1930年5月20日，第18页；《党义研究会实行党义测验》，《京沪沪杭甬铁路周刊》第14号，1930年1月31日，第1版。
⑥ 《党义研究会第九次组长会议》，《京沪沪杭甬铁路周刊》第4号，1929年11月2日，第2版；《党义研究会第十五次组长会议》，《京沪沪杭甬铁路周刊》第14号，1930年1月31日，第2版。
⑦ 丁文江：《中国政治的出路》，《独立评论》第11号，1932年7月31日，第5页。

对的声音，认为现在的所谓党治只不过是"把圣谕广训换成总理遗嘱及三民主义"。①

三 通过纪念仪式为铁路员工营造国家意义

摒弃"王权天授"的亘古政治文化，民国作为"一个自我创制的社会必须把创制行动本身神圣化"。② 政治节日益于神圣性的重建，北京政府时即以武昌起义之日为法定国庆日。③ 然国民党声称辛亥革命"所成功之点，皆未能彻底"，④ 自须重设国家纪念日及仪式，以重树其法统地位，创制"党国"的神圣性。铁路系统成为国民党营造"党国"意义的重要国营场域，铁路员工成为其培养"党国"神圣感的重要群体对象。

南京国民政府时期重要的国家纪念日⑤有总理纪念周和成系列的"革命"纪念日。

1926年1月16日，纪念总理仪式规定在国民党第二次全国代表大会上被写入《中国国民党总章》，要求"每星期举行纪念周一次"。⑥ 接着，更为详细的《总理纪念周条例》于2月12日由国民党中央执行委员会议决公布。⑦ 南京国民政府成立后不久，沪宁沪杭甬铁路局即发布了此条例，⑧ 铁路系统成为较早开始执行总理纪念周规定的国营事业系统。

成系列的"革命"纪念日规定源于1929年2月国民党中央训练部制定的《省党务训练所纪念节日一览表》，7月1日国民党第三届中央执行委员会第20次常务会议通过"革命"纪念日纪念式及《革命纪念日简明表》，

---

① 阿戆：《一个国民党人的说话》，《新社会》第2卷第11号，1932年6月1日，第288页。
② 莫娜·奥祖夫：《革命节日》，刘北成译，商务印书馆，2012，第395页。
③ 《国庆日纪念日案》1912年9月28日经参议院通过，29日由大总统签署命令发布。参见中国第二历史档案馆整理编辑《政府公报》第5册，上海书店出版社，1988年影印本，第793、805页。
④ 《我们纪念今年国庆应有的认识和努力》，《铁路旬刊：粤汉湘鄂线》第40期，1933年10月10日，第3页。
⑤ 在国民党"训政"体制下，由中央执行委员会及其常务委员会议决通过，国民政府训令颁布的纪念日可视为国家纪念日。
⑥ 《中国国民党总章》，荣孟源主编《中国国民党历次代表大会及中央全会资料》上册，第157页。
⑦ 《总理纪念周条例》，《司法公报》创刊号，1927年12月15日，"补录"，第68页。
⑧ 《总理纪念周条例》，《铁路公报：沪宁沪杭甬线》第1期，1927年7月10日，"党务"，第3页。

确立了其国家纪念日的地位。相较于前者，除撤去"京汉铁路工人罢工纪念"外，原列纪念日基本保留，决议主要增加了"史略""纪念式""宣传要点"等详细规定。1930年出现重大调整，合并取消了多项纪念日，并分列"国定纪念日"和"本党纪念日"。1934年和1935年又做了两次修正，但并无实质性改变。对此，铁路系统均遵照执行。详情见表1。

表1 "革命"纪念日一览

类别	时间	名称	备注
国定纪念日	1月1日	中华民国成立纪念日	见《革命纪念日简明表》（以下简称《简明表》）
	3月12日	总理逝世纪念日	《简明表》
	3月29日	七十二烈士殉国纪念日	1929年《简明表》所列，1930年改为"革命先烈纪念日"
	5月5日	总理就任非常总统纪念日	1929年《简明表》所列，1930年改称"革命政府纪念日"
	5月9日	二十一条约国耻纪念日	1929年《简明表》所列，1930年改为"国耻纪念日"
	7月9日	国民革命军誓师纪念日	见《简明表》
	10月10日	国庆纪念日	见《简明表》
	11月12日	总理诞辰纪念日	见《简明表》
本党纪念日	3月18日	北平民众革命纪念日	见《简明表》
	4月12日	"清党"纪念日	见《简明表》
	5月12日	胡展堂先生逝世纪念日	1937年4月1日第五届中常会第40次会议通过纪念仪式及宣传要点等纪念办法，列入《简明表》和《革命纪念日史略及宣传要点》
	5月18日	陈英士先生殉国纪念日	1929年《简明表》所列，1930年改称"先烈陈英士先生纪念日"，1935年改称"先烈陈英士先生殉国纪念日"
	6月16日	总理广州蒙难纪念日	见《简明表》
	8月20日	廖仲恺先生殉国纪念日	1929年《简明表》所列，1930年改称"先烈廖仲恺先生纪念日"，1935年改称"先烈廖仲恺先生殉国纪念日"
	9月9日	总理第一次起义纪念日	见《简明表》
	9月21日	朱执信先生殉国纪念日	1929年《简明表》所列，1930年改称"先烈朱执信先生纪念日"，1935年改称"先烈朱执信先生殉国纪念日"
	10月11日	总理伦敦蒙难纪念日	见《简明表》

续表

类别	时间	名称	备注
本党纪念日	10月31日	先烈黄克强先生纪念日	1934年《简明表》增列，1935年改称"先烈黄克强先生逝世纪念日"
	12月5日	肇和兵舰举义纪念日	见《简明表》
	12月25日	云南起义纪念日	见《简明表》
合并的纪念日	5月3日	济南惨案国耻纪念日	1929年《简明表》在列，1930年并入5月9日的"国耻纪念日"
	5月30日	上海惨案国耻纪念日	同上
	6月23日	沙基惨案国耻纪念日	同上
	8月29日	南京和约国耻纪念日	同上
	9月7日	辛丑条约国耻纪念日	同上
取消的纪念日	2月7日	京汉铁路工人罢工纪念	1929年2月18日中央训练部发布的《省党务训练所纪念节日一览表》在列，是年《简明表》中取消后各地仍有纪念，一般称"二七"纪念
	3月8日	国际妇女节	1929年《简明表》在列，1930年取消
	4月18日	国民政府建都南京纪念	同上
	5月1日	国际劳动节	1929年《简明表》在列，1930年取消，1932年12月30日修正公布的《工厂法施行条例》第九条新增劳动节为纪念日
	5月4日	学生运动纪念日	1929年《简明表》在列，1930年取消
	7月1日	国民政府成立纪念日	同上

资料来源：《中央训练部规定纪念节日》，《申报》1929年2月18日，第9版。四个版本的《革命纪念日纪念式》及《革命纪念日简明表》。(1) 1929年7月1日第三届中常会第20次会议通过，铁道部训令第1380号抄发，见《平绥铁路管理局公报》第41期，1929年7月下旬，"部令"，第4—20页；《中国国民党中央执行委员会常务委员会会议录（八）》，第416—424页。(2) 1930年8月10日第三届中常会第100次会议通过，国民政府第435号训令转奉，见《南浔铁路月刊》第8卷第9期，1930年10月15日，"部令"，第1—11页。(3) 1934年11月15日第四届中常会第147次会议修正，铁道部训令总字第12408号抄发，见《铁道公报》第1046期，1934年12月21日，第2—5页。(4) 1935年3月28日第四届中常会第164次会议修正，铁道部训令总字第1451号抄发，见《铁道公报》第1158期，1935年5月6日，第1—4页。另参见《胡展堂先生逝世纪念办法》，《津浦铁路日刊》第1840号，1937年5月1日，第61—62页；《工厂法施行条例》，《国民政府公报》第650期，1930年12月17日，第1—4页；《修正工厂法施行条例》，《国民政府公报》第1018号，1932年12月31日，第11—14页。

无论是纪念周还是纪念日，在纪念仪式上皆趋同化，主要有肃立、唱党歌、向党国旗及总理遗像行礼、恭读总理遗嘱、默念、演说报告等六项流程。其中，党国旗及总理遗像又成为仪式过程中每项程序操演的指向，也是纪念场域内每位参与者言行的焦点。如是仪式普遍被各项纪念活动采用，如与国民党总理孙中山相关的纪念周及广州蒙难、逝世等纪念日，① 再有与国家、政府、军队有关的"国庆纪念日""革命政府纪念日""国民革命军誓师纪念日"等国定纪念日，② 广泛出现在各主要政治领域。无论《简明表》内已撤去或合并的，如国际劳动节、济南惨案国耻纪念日、学生运动纪念日、上海惨案国耻纪念日等，③ 还是《简明表》外新增的新生活运动纪念日，④ 也都曾用或沿用该仪式，俨然成为惯用的政治纪念模式。亦无论其时党内的先烈——陈英士先生殉国纪念日，⑤ 还是旧世的圣人先哲——先师孔子诞辰纪念和禁烟先哲林则徐先生焚毁鸦片纪念，⑥ 均能通用实行，意在取得涵盖古今的政治代表性。纪念仪式趋同的原因无非是国民党试图为国家及其建立的政府"寻找新的崇拜基础"，造成民众的"同质化"。⑦

实质上，如此纪念仪式是"党""国""父"三位一体的政治文化表现形式。"党"即国民党，党歌、党旗；"国"即中华民国，国旗；"父"即"国父"孙中山，⑧ 遗像、遗嘱。形式上的一体在于：党、国旗及总理遗像

---

① 《中常会修正总理纪念周条例》，《京沪沪杭甬铁路日刊》第1824号，1937年2月23日，第153—154页；《总理广州蒙难七周年纪念办法》，《平绥铁路管理局公报》第37期，1929年6月中旬，"部令"，第2—3页；《总理逝世四周年纪念植树典礼志盛》，《津浦铁路公报》第18期，1929年2月10日，"党务"，第3页。

② 《联合举行国庆纪念大要》，《京沪沪杭甬铁路日刊》第1711号，1936年10月9日，第57页；《国民政府成立第十周年纪念日》，《中央日报》1935年7月1日，第2版；《国民革命军北伐誓师三周年纪念大会》，《平汉铁路公报》第10期，1929年7月，"记录"，第46页。

③ 《五月革命纪念周举行办法》《五一劳动节纪念办法》，《津浦铁路公报》第22期，1929年3月20日，"部令"，第6—7页；《五卅国耻四周年纪念办法》，《铁路公报：平绥线》第35期，1929年5月下旬，"局令"，第4—5页。

④ 《本路新生活运动二周年纪念举行纪念会及检阅办法》，《津浦铁路日刊》第1473号，1936年2月19日，第222—223页。

⑤ 《五月十八日陈英士先生殉国纪念办法》，《津浦铁路公报》第22期，1929年3月20日，"部令"，第7页。

⑥ 孔子诞辰纪念办法及纪念会秩序》，《京沪沪杭甬铁路日刊》第1061号，1934年8月25日，第172页；《禁烟先哲林则徐先生焚毁鸦片九十周年纪念办法》，《铁路公报：平绥线》第36期，1929年6月上旬，"局令"，第7页。

⑦ 莫娜·奥祖夫：《革命节日》，第399页。

⑧ "国父"的称号在孙中山先生逝世后即有，1940年3月28日国民党中常会第143次会议决议尊称孙总理为"国父"，此后总理纪念周亦称"国父纪念周"（参见《中央常会一致决议：尊称孙总理为国父》，《新闻报》1940年3月29日，第3版；《尊称总理与国父：中央决定原则》，《新闻报》1940年6月27日，第8版）。

在位置上的集中，成为视觉上的集成符号，党歌亦国歌，①国旗含党旗，总理即"国父"。内涵上的一体在于：孙中山"首创中华民国更革国体"，国民党声言奉总理遗教"以党治国"，并自诩"训政保姆"，其"全国代表大会代表国民大会领导国民行使政权"。②孙中山先生的遗像则是关键，携党、国旗于左右，成为抽象旗帜符号的形象记忆和精神纽带，亦符合偶像崇拜的文化习惯。然而，这种近乎宗教礼拜式的总理纪念周只不过是国民党"标榜自己信仰三民主义的表演场域"，③违背了孙中山先生倡导民主自由的革命初衷，导致其对现代国家意义的错位表现，即便在国民党内也有人将纪念周演说斥为"八股文"。④在铁路系统，路局本部尚能按时举行纪念周活动，但各处应交的报告资料"尚付阙如"，⑤员司"到者渐少"，⑥代人签名或签名后早退，甚至无故缺席的现象较为严重，以致要以"罚薪一日示儆"；⑦业务繁重的基层厂站"改为每月举行一次，或延不举行，亦复不少"，结果遭致上级严饬"切实奉行"。⑧

国家意义的错位还表现为政治纪念日设置时的选择性弱化。1928年1月，国民党即宣布"在本党未确定计划以前，一切民众运动都应暂时停止"，⑨国家纪念日调整的结果从侧面反映了变化的倾向。1929年和1930年，与民众运动相关的四个纪念日——京汉铁路工人罢工纪念、国际妇女节、国际劳动节、学生运动纪念日，不再被国民党中央认定为国家纪念日。

---

① 1930年3月13日国民党中常会第78次会议决议"在国歌未指定以前，可以党歌代用为国歌"，1937年6月3日中常会第45次会议通过"以现行党歌为国歌"（《中执会七十八次会议》，《中央日报》1930年3月14日，第1版；《中常会决议：以现行党歌作为国歌》，《中央日报》1937年6月4日，第3版）。
② 《训政纲领》，《中国国民党中央执行委员会常务委员会会议录（六）》，第220页。
③ 陈蕴茜：《崇拜与记忆：孙中山符号的建构与传播》，第239页。
④ 阿懋：《一个国民党人的说话》，《新社会》（上海）第2卷第11号，1932年6月1日，第288页。
⑤ 《总理纪念周应行报告资料限期择录汇送》，《京沪沪杭甬铁路周刊》第20号，1930年3月14日，第1版。
⑥ 《局谕总理纪念周员司须踊跃参加》，《津浦铁路日刊》第1580号，1936年6月24日，第161页。
⑦ 《铁道部南浔铁路管理局训令》，《南浔铁路月报》第8卷第3期，1930年4月15日，"局令"，第6页。
⑧ 《饬在不妨碍工作及生产之下切实举行总理纪念周》，《京沪沪杭甬铁路车务周报》第71期，1935年12月9日，第801页。
⑨ 《中华民国国民政府浙江省政府布告第一号》，《浙江省政府公报》第200期，1928年1月11日，第15页。

国家员工塑造：南京国民政府铁路系统意识形态灌输

这与国共分裂后国民党对民众运动的态度及政策变化有关。此后，诸此纪念节日虽仍有举行，或是"未经中央规定，应否举行"而使人彷徨，或是在军警戒备下"平静过去"，或是受当局防范"勿令滋生事端"，①总之再也没有过1929年劳动节与五月"革命"纪念周②联动的情形。值得一提的是，奉令停止民众运动之际，上海工会界认为"二七"为"民众革命有价值之牺牲"，应"每年按期举行纪念不容稍有间断"，并提请将此日作为中国劳动纪念日，与国际五一劳动节相媲美，以"留民众革命历史上之光荣"，然而并未得到国民党重视。③1930年之后，"二七"纪念基本仅限于平汉铁路范围。

1930年"革命"纪念日设置的另一大变动是将诸国耻纪念日合并为一，本意为避免"相类似之纪念日过于重复转致减却意义"。④可是，在外患未消反渐加重的形势下，形式上归并之余，国民党并未从国家意义的高度更新国耻纪念日的仪式及内涵，以加深民众对国耻的认识。国耻纪念日本应达到警醒国人知耻后勇奋发强国的目的，而此后铁路系统每年的纪念活动寥寥，且基本悄无声息，遑论效果。这种情形亦为国民党所担忧。1933年国耻纪念日之际，国民党平汉铁路特别党部在告工友同志书中称，对于国耻"每年只有五分钟的热度，而不能'勇'于雪耻的，就是因为知耻的功夫还没有做到"。⑤尽管国民政府明令国耻纪念日各游艺场停止娱乐，但其时上海南京路上三大公司娱乐场提出"娱乐救国"之荒唐口号，照常"锣鼓喧天"，首都南京"有闲阶级"转而齐集玄武湖上"狂欢竟日"，其中甚有机关公务员"高歌作乐"。⑥

可见，国民党弱化与民众运动相关的纪念仪式，造成民众对其"党国"

---

① 《市总工会解释总工会成立问题》，《申报》1930年2月21日，第14版；《"五四"与"五五"：学生运动纪念平静过去，革命政府纪念开会庆祝》，《立报》1936年5月5日，第4版；《局电：注意"五一"劳动节勿发生事端由》，《交通部津浦区铁路管理局日报》第48号，1946年4月26日，第2版。
② "五三""五四""五五""五九"四纪念日联办称五月革命纪念周。参见《五月革命纪念周举行办法》《五一劳动节纪念办法》，《津浦铁路公报》第22期，1929年3月20日，"部令"，第6—7页。
③ 《"二七"六周纪念中央电饬宣传》，《申报》1929年2月13日，第14版。
④ 《铁道部训令》，《南浔铁路月刊》第8卷第9期，1930年9月，"部令"，第1页。
⑤ 《平汉铁路特别党部为二十二年国耻纪念告工友同志》，《铁路月刊：平汉线》第38期，1933年6月，"党务"，第3页。
⑥ 右军：《国耻纪念日之三大公司》，《福尔摩斯》第1883号，1935年5月10日，第1版；小翠：《如此国耻："五九"纪念日》，《福尔摩斯》第2602号，1937年5月12日，第1版。

政治文化缺乏认同，也是其抗战时期民众动员力不足的重要原因之一。合并国耻纪念日而不再重复，但并没有阻止"减却意义"。任何纪念节日都是历史记忆的文化表现形式，历史记忆是国家意义生成的来源，片面化和形式化的历史记忆最终会导致国家意义建构的错位（《现代汉语词典》，错位：①离开原来的或应有的位置；②比喻失去正常的或应有的状态。国民党营造的国家意义，离开了原来孙中山先生倡导的应有的国家意义，国民党离开了原来国民革命时期应有的民众运动的状态）。

四　通过话语训诫赋予铁路员工民族责任

铁路在近代中国，不仅拥有经济层面的运输功能，还被赋予更多政治层面的民族责任。民国肇始，孙中山先生旅京期间曾指出：铁路是"立国之本"，亦实为"中国生死存亡之问题"。[①] 抗战全面爆发前夕，有学者详细论述了"完成西南铁路系统与民族复兴"[②] 的命题，南京国民政府铁道部部长张嘉璈[③]在中央广播电台演讲时更是提出"铁路救国"的口号。[④] 宣教民族自强和救亡的政治文化亦作为国民党统制铁路系统和凝聚铁路员工的重要手段。

事实上，铁路系统关于民族意识的教育在党义研究、职工训练、纪念仪式等活动中均有所涉及。党义研究会抓住民族主义主题，帝国主义侵略中国史及不平等条约被明确列为第五期内容，[⑤] 京沪沪杭甬路局曾以"民族主义怎么样方可以抵抗帝国主义的侵略""怎么样可以恢复我们民族的精神"等作为民族主义讨论题目。[⑥] 铁道部政务次长曾养甫[⑦]在本部总理纪念

[①] 《在北京中华民国铁道协会欢迎会的演说（一九一二年九月二日）》，中国社会科学院近代史研究所中华民国史研究室、中山大学历史系孙中山研究室、广东省社会科学院历史研究所合编《孙中山全集》第2卷，中华书局，1982，第435—436页。

[②] 章勃：《完成西南铁路系统与民族复兴》（连载），《交通杂志》第4卷第10、11、12期，1936年10、11、12月，第1—7、1—19、1—13页。

[③] 张嘉璈于1935年12月12日被任命为铁道部部长，1938年铁道部撤销后任交通部部长至1942年。参见刘寿林等编《民国职官年表》，第587—588、593页。

[④] 公权：《铁路救国》，《铁道半月刊》第2卷第6期，1937年3月16日，第1页。

[⑤] 《铁道部党义研究会规程》，《铁道公报》第3期，1929年2月，"法规"，第3页。

[⑥] 《党义研究会》，《京沪沪杭甬铁路周刊》第4号，1929年11月22日，第2版。

[⑦] 曾养甫于1935年12月17日被任命为铁道部政务次长，直至1938年铁道部撤销。参见刘寿林等编《民国职官年表》，第593页。

周上演讲告诫铁路同人：铁路的效用"有关国家民族之生命"，与"交通国防经济文化，均有密切之关系"，必须"认清个人对于国家民族之责任"。[①]《铁路工人训练暂行纲领》规定的训练方针要求在思想方面要使铁路工人明了自身对于"国家社会所负之责任"，自身的解放"必须中国整个民族解放方能实现"，[②] 路局训练班要求受训工友识字同时，还需"唤起其民族意识"。[③] 可见，铁路系统全体员工，上至铁道部领导及职员，下至普通铁路工人，均须明确铁路对于民族的重要性以及应负之民族责任。

对此，铁路系统上级部门或领导通过出台法规、发布命令、训话、讲演、刊文等方式，对下级单位或员工进行精神训诫，极力教导铁路"工作与服务，服务与事业，事业与国家……互相连锁不可分之关系"，[④] 从而赋予铁路行业及铁路工作重大民族责任的精神内涵。

其时，铁路员工工作的精神状态存在诸多问题。津浦路检票员不遵章查票，服务态度"多简慢"，员工"玩忽敷衍""漫不经心"，以致酿成各种"行车事变"，员司恶习"赌博冶游""最干例禁""馈遗酬酢""殊玷清名"；平汉路各站闸夫"怠惰疏忽者"屡见不鲜，"泄沓成风，不自振作"；胶济路车务处外站员工夏日服务精神"易弛怠""萎靡颓懈"；浙赣路内外员司间有"精神萎靡""办事迂缓"，甚或"意见纷歧"，以致"事变迭出"。[⑤] 诸如此类，皆服务精神不振所致，各路局为此屡屡通饬训诫。津浦路则专门制定了奖惩办法，以期"鼓励员工振作精神，努力服务，以遏止事变于未然"；[⑥] 另对员工采取军事训练，自诩受训后精神和态度

---

① 曾养甫：《改良组织与修养人格》，《铁道公报》第1457期，1936年4月27日，第9—10页。
② 《铁路工人训练暂行纲领》，《中央党务月刊》第26期，1930年9月，第45页。
③ 《浙赣铁路局工友训练班课程纲要》，《浙赣铁路月刊》第3卷第1期，1936年6月，第55页。
④ 公权：《铁道员工的新年新精神》，《铁道半月刊》第2卷第1期，1937年1月1日，第14、9页。
⑤ 《车务：训诫员司》，《铁路月刊：津浦线》第2卷第2、3期，1932年3月31日，"工作概要"，第7—8页；《津浦车务处整饬员工服务精神》，《铁道公报》第1413期，1936年3月5日，第7页；《总务处：训诫员司》，《铁路月刊：津浦线》第1卷第12期，1931年9月30日，"工作概要"，第8—9页；《平汉铁路管理局工作报告（二十三年九月份）》，《铁路月刊：平汉线》第55期，1934年11月，"工作报告"，第14页；《胶济路简讯·通饬外站员工振作服务精神》，《铁道公报》第922期，1934年7月26日，第20页；《通令员工振作精神勤慎服务》，《浙赣铁路月刊》第1卷第7期，1934年11月，第53—54页。
⑥ 《津浦路力谋行车安全规定员工奖惩办法》，《铁道公报》第1399期，1936年2月18日，第17页。

"都非常振作有力"。① 对此,国民党中央训练部早在1930年即指出训练铁路工人的原则之一是应"养成其为民族社会服务的能力与精神"。②

这实际上是将铁路员工的个人职业服务要求提升至为民族铁路事业服务精神的高度。正如1937年伊始铁道部部长张嘉璈向铁道员工发出的"新年新精神"的号召中提到的:所谓事业,其功不仅在个人,而且"须在国家";铁路事业的兴替即为"整个国家整个民族之兴替",为铁路服务即如同"为社会为国家而服务"。③ 潘光迥④在1936年底在铁道部铁道员工军事干部训练班同学录的寄语中曾勉励道:为铁路事业服务,非仅为交通某部门工作,而"实为整个国家而奋斗",亦"非仅仅为尽单纯的铁道员工之责任",而"实为负荷国家兴亡匹夫有责之使命"。⑤ 若要履行国家及民族之使命,铁路员工需能"养成上下内外分工合作之精神",贯彻"自强不息继续不辍"的进取精神,具备"于极困难中寻获途径"的"苦干精神"。⑥ 将铁路员工的职业道德与国家及民族的事业精神相联系,意在给个人铁路工作增加国家使命的政治荣誉感和民族责任的文化神圣感。然而,此时国民党及南京国民政府的政治合法性及民族代表性仍存在质疑与挑战,精神说教的信服力大打折扣,从而削弱了国民党话语下铁路民族责任的崇高感和凝聚力。因此,铁路系统的精神训诫存在尚未消除的政治层面的矛盾。

铁路的民族责任于内为自强,于外即救亡。1935年曾养甫对浙江铁路局干部人员训话时指出:在国势危险的趋势之下,铁路精神应包含"救国之精神",即"救国运之危险"。⑦ 全面抗战前夕,张嘉璈训示铁路员工对于国防"在精神上具有一种不可推诿抑且不能推诿之责任"。⑧ 事实上,

---

① 《建设与训练》,《津浦铁路日刊》第1772号,1937年2月9日,第59页。
② 《铁路工人训练暂行纲领》,《中央党务月刊》第26期,1930年9月,第44页。
③ 公权:《铁道员工的新年新精神》,《铁道半月刊》第2卷第1期,1937年1月1日,第9页。
④ 潘光迥于1938年至1942年任交通部总务司司长兼人事司司长。参见刘寿林等编《民国职官年表》,第587—588页。
⑤ 潘光迥:《铁道员工应有之新认识与新精神》,《铁道半月刊》第1卷第15期,1936年12月16日,第31页。
⑥ 公权:《铁道员工的新年新精神》,《铁道半月刊》第2卷第1期,1937年1月1日,第11、14页;曾鎔浦:《以进取精神克服艰困环境》,《铁道半月刊》第2卷第1期,1937年1月1日,第17页。
⑦ 曾养甫:《服务铁路人员应有之认识及今后应具之精神》,《浙江省建设月刊》第8卷第12期,"路政专号",1935年6月,"论著",第4页。
⑧ 公权:《铁道员工的新年新精神》,《铁道半月刊》第2卷第1期,1937年1月1日,第12页。

九一八事变爆发后，时任铁道部部长的连声海①曾电令各路员工"淬励精神，努力工作，共纾国难"。②可是，国民党中央虽设立九一八周年纪念日以抚民众抗日之情绪，但并不愿看到民众掀起救国的浪潮，甚至"诚恐反动分子乘机扰乱"而严加防范，禁止各界集会纪念。③铁路系统除铁道部中央机构自行集会纪念外，各路局"照常工作"，并无实质性纪念活动。④如此自相矛盾的救亡状态和名不副实的国耻纪念，实为当政者在"攘外"与"安内"之间艰难权衡的结果，一定程度上使铁路民族责任的精神训诫陷入尴尬。

不过，随着日本侵略步步紧逼，国民党对内政策有所变动，1934年九一八周年纪念办法允许各界集会纪念。⑤抗战全面爆发后，精神训诫主要表现为对日战争的精神动员。津浦铁路早于1937年7月30日即刊文号召"共起作神（精）神动员与物质动员"，⑥而全国性的精神总动员近两年后才正式开始。⑦据此，浙赣铁路特别党部制订了实施精神总动员的工作计划，主要内容有：举办宣传周，编印宣传大纲告员工书、宣传周特刊，翻印总动员纲领，举行月会、演讲，组织职工交谊会扩大宣传，出版大规模壁报，组建宣传队去车站宣传，研讨实践办法。⑧为"逐级督促，普遍贯彻起见"，交通部还奉令转饬该路派遣调查考察人员视察精神动员情形，并随时报转国民精神总动员会。⑨提高民族意识成为战时铁路工人职业教育的首要任务，要使职工"认定己身的生死利害和中华民族的生死存亡……胶结在一块不可分离"，全国南北各路职工以"严整英勇的姿态"配合军事行动，"留下了不可磨灭的功绩"。⑩

---

① 连声海1928年10月31日始任铁道部政务次长，1931年6月19日至12月30日任铁道部部长。参见刘寿林等编《民国职官年表》，第591—592页。
② 《铁道部连部长电令各铁路局长员工淬励精神努力工作共纾国难文》，《交通丛报》第161、162期，1931年10月30日，"公牍"，第3页。
③ 《密令所属机关、部队奉驻鄂绥靖公署令》，《警备专刊》第5期，1932年，"防禁"，第350页。
④ 《（十五）铁道部铣电奉中央规定九一八周年纪念虽属星期各机关应照常办公文》，《陇海铁路潼西工程月刊》第2卷第9期，1932年9月30日，"行政纪要"，第8—9页。
⑤ 《举行九一八三周年纪念》，《粤汉铁路株韶段工程月刊》（衡阳）第2卷第9期，1934年9月，第83页。
⑥ 《精神动员与物质动员》，《津浦铁路日刊》第1917号，1937年7月30日，第201页。
⑦ 《总理逝世十四周年纪念》，《申报》1939年3月13日，第3版。
⑧ 《浙赣铁路特别党部推动精神总动员》，《前线日报》第288号，1939年7月18日，第4版。
⑨ 《抄交通部训令》，《浙赣月刊》第1卷第5期，1940年5月，"公文"，第4页。
⑩ 胡峙霄：《现阶段职工教育的意义和任务》，《湘桂月刊》第7期，1940年11月15日，第9页。

余 论

与其他国营事业相比，铁路行业最大的一个特点是需要在广袤的地域范围，在不同的经济、社会、文化圈及行政区之间实现联动运营，"内外上下分工合作之精神"[①] 应是其行业文化特点。民国初年，铁路联运逐渐被政府及各界重视，虽获一定程度的实现，但受时局动荡和军阀混战的影响，直至南京国民政府铁道部成立之初，铁路联运业务仍基本停顿。无论从经济上还是从政治上考虑，铁路管理的改进和联运的恢复发展均是国民党迫切推进的经济工作，而国营铁路员工则是直接的参与者。对此，1936年张嘉璈视察西南各路后认为：铁路系统"各路职员人数太多"，且"出身各各不同"，"思想各异"导致"铁路之管理与改革之计划不易推进"，[②] 而"铁道对国家责任之重大，吾人益宜无分上下，无关内外，协力同心，共一认识，同一精神，以新认识培养新思想，以新精神负荷新事业"。[③] 因此，统一意识形态的政治文化和突出国家民族整体的责任文化与铁路行业的文化特征是相符的。当然，国民党灌输意识形态的政治文化逻辑与铁路系统的经济行业逻辑却不甚相合，从而出现诸多问题，终至失败。

同一国家的政治文化与工业文化之间存在内生逻辑的相长性，转型过渡时期国家员工文化特征的形成与国民党党治文化的传布有密切关系，而塑造过程中的困境、错位及矛盾则反映出当时主流意识形态存在冲突与竞争的总体文化生态。文化亦是社会在不断鼎新革故的激荡与平复之间逐步沉淀后的产物，是相对深层和稳定的因素。国营铁路员工无疑是近代中国转型时期国家员工的典型，其文化特征在一定程度上体现了近代中国铁路的文化内核，引导着丰富多样的铁路文化样态的形成，从而构成了国营铁路文化的基本面。不仅如此，由于南京国民政府时期国家建设经营事业在中国工业化进程中发挥了一定作用，从此种意义上说近代中国转型过渡时期国家员工的文化特征也可视为是中国工业文化基本特征的一个片段。

[①] 公权：《铁道员工的新年新精神》，《铁道半月刊》第2卷第1期，1937年1月1日，第11页。
[②] 《铁长张公权发表视察西南各路感想》，《申报》1936年4月10日，第11版。
[③] 公权：《铁道员工的新年新精神》，《铁道半月刊》第2卷第1期，1937年1月1日，第14页。

从中国传统文化自然观看晚清的铁路反对言论

王方星[*]

摘　要　近代铁路早在鸦片战争前即已传入中国,而真正的铁路建设事业起步却在19世纪80年代,这是诸多历史条件相互作用的结果,传统士绅的铁路文化观就是其中的重要方面。在晚清关于修建铁路的论争中,传统士绅激烈反对洋务派筹建铁路,认为铁路是"不祥之物",会惊动"山川之神",从而招来种种灾害。以"了解之同情"为指导思想,重新审视这些看似"可笑"的论断,以中国传统文化中的自然观来分析其思维的逻辑,解释"历史何以如是展开",并在理解和同情的基础上,从中国铁路发展史的角度论证传统士绅反对意见中某些合理之处。通过考察可知,应客观理解反对派思想的合理性与局限性,更应了解洋务派同样受中国传统文化的自然观之约束,由此可以知晓治中国近代铁路史,文化社会是一个不可忽视的因素。

关键词　中国传统文化　自然观　反对派　晚清铁路

在朱从兵、江沛、马陵合和丁贤勇等学者努力下,中国铁路史研究已有良好的学术基础。关于中国近代铁路建设事业起步阶段的几次大论争,朱从兵的《李鸿章与中国铁路——中国近代铁路建设事业的艰难起步》、江沛的《清末中国铁路论争述评》等已有扎实的论述,其较多关注再现当时铁路论争双方的意见与观点,对铁路反对官员代表刘锡鸿的理论逻辑虽有所关注,但未作深入剖析。[①] 熊亚平等少数学者对刘锡鸿反对修建铁路的思

---

[*] 苏州大学医学部助理研究员。
① 朱从兵:《李鸿章与中国铁路——中国近代铁路建设事业的艰难起步》,群言出版社,2006,第133页。

想中合理性进行深入评说。① 但是，治铁路史的学者对于中国近代铁路文化观的关注与研究似显不足。治文化史的学者注意到中国传统文化对历史进程的影响，对铁路文化观亦显不够。张柏春认为："传统文化直接影响着外来的近现代科学和技术在中国的发展"，"科学技术的文化史研究将为科学史家提出很多视野较宽的课题"。② 以此观点审视铁路技术的研究，对铁路技术进行社会史研究，或者更确切地说，对铁路技术进行文化史研究，有助于我们深化对中国近代铁路建设事业的历史环境和社会心理的认识，有重要的学术价值。

一

治中国铁路史者，在研究中会发现一个奇怪的现象：在中国近代化的历程中，从西方进行技术移植是必不可少的。然而不同的技术移植却有着迥异的进入中国的路径和曲折道路。洋务运动进程中移植的枪炮、军舰等技术几乎没受到什么阻力就被引进了，而铁路技术在19世纪60年代就遭到了坚决的拒斥，直到19世纪80年代末清政府才决定兴办。其实，铁路技术引进并不晚于其他技术引进，何以出现如此巨大的阻碍？从张柏春所提供的视角，或可知传统文化对西方近现代科学技术有着深刻的影响，而不同的技术，其影响因素的大小也不同。铁路因其牵涉面极广，故而受传统文化的影响也最大。恰如李国祁先生所言，铁路输入中国，本身就是西方文化传播的象征，"那时中外有关铁路的交涉，是象征着两种文化的冲击，西洋希望将这富强的利器移建中国，中国为了保持其纯正道统，力予坚拒，而形成种种纠纷"。③ 下面以晚清中国修建铁路论争的反对意见为对象，重点梳理中国传统文化的影响。

从总的方面而言，近代中国铁路事业的艰难起步，很大程度上是因为中国传统文化中有一些观念不适应铁路技术的引进。传统观念认为，西方的科学技术是"奇技淫巧"，严防"以夷变夏"。故而在19世纪60年代，

---

① 任云兰、熊亚平：《保守中的趋新——刘锡鸿反对修建铁路思想之再分析》，《学术研究》2009年第9期，第122—128页。
② 张柏春：《中国近现代科学技术史研究的若干内容与视角》，《自然科学史研究》2001年第2期，第105页。
③ 李国祁：《中国早期的铁路经营》，台北，中研院近代史研究所，1961，第1—2页。

从中国传统文化自然观看晚清的铁路反对言论

任凭英美洋人如何游说，甚至现身说法，从朝廷到内外臣工，皆不为所动。对此，各省督抚或致函总督，或直接上书，纷纷表态。甚至不少未来的洋务大员也提出反对意见。如江苏巡抚李鸿章称："查铁路费烦事巨，变易山川，彼族亦知断不能允，中国亦易正言拒绝。"江西巡抚沈葆桢："至铁路一节，窒碍尤多：平天险之山川，固为将来巨患；而伤民间之庐墓，即起目下争端。"两广总督毛鸿宾："开铁路则必用火轮车，方可驰骋如飞。无论凿山塞水，占人田业，毁人庐墓，沿途骚扰，苦累无穷。"①故而英国公使威妥玛在1865年6月7日写给英国外交部的信中说："困难首先来自中国文人对任何新事物的反对；其次是他们的迷信思想以及对于冒犯神灵的恐惧；最后他们担心工程会消耗大量劳力。主张修筑铁路的人必须与这些观点进行斗争，即使筑路工程不借助外国的建议和援助独立完成。"②应该说，中国传统文化在铁路技术移植进程中一直扮演着重要的角色。

然而随着洋务运动的开展，中国边疆形势的变迁，一部分洋务官员开始倡议修建中国铁路。李鸿章等最初反对铁路建设者开始背弃原来的主张，转而支持。他在筹议东南海防时建议，"如西国办法，有电线通报，径达各处海边，可以一刻千里；有内地火车铁路，屯兵于旁，闻警驰援，可以一日千数百里"。③刘铭传更急切地认为："自强之道，练兵、造器固宜次第举行，然其机括，则在于急造铁路。"④然而仍有一部分官员坚持认为中国不能修建铁路。通政使司参议刘锡鸿极力反对修建铁路，其从传统文化观念出发，认为："西洋专奉天主、耶稣，不知山川之神，每造铁路而阻于山，则以火药焚石而裂之，洞穿山腹如城阙，或数里或数十里，不以陵阜变迁、鬼神呵谴为虞。阻于江海，则凿水底而熔巨铁其中，如磐石形以为铁桥基址，亦不信有龙王之宫、河伯之宅者。我中国名山大川，历古沿为祀典，明礼既久，神斯凭焉。倘骤加焚凿，恐惊耳骇目，群视为不祥，山川之神不安，即旱潦之灾易召，其不可行三也。"⑤内阁学士徐致祥认为，开通铁路必将有损风水灵气，并以西山为例，提出"西山为神京拱卫，地脉所紧，

---

① 宓汝成编《中国近代铁路史资料》，中华书局，1963，第20页。
② 约瑟夫·马纪樵：《中国铁路：金融与外交（1860—1914）》，许峻峰译，中国铁道出版社，2009，第24页。
③ 宓汝成编《中国近代铁路史资料》，第78页。
④ 宓汝成编《中国近代铁路史资料》，第86页。
⑤ 刘锡鸿：《光绪七年正月十六日通政使司参议刘锡鸿奏折》，中国史学会主编《洋务运动》第6册，上海人民出版社，1961，第156页。

王气所重，妄施开凿，亦属不祥"。① 翁同龢在其日记中表白："今年五月地震，七月西山发蛟，十二月太和门火，皆天象示儆，虽郑工合龙为喜事，然亦不足称述矣。况火轮驰骛于昆湖，铁轨续横于西苑，电灯照耀于禁林，而津通开路之议，廷论哗然。"②

在晚清铁路论争中，支持者的意见多被视为顺应时代发展的远见，故而反对者的意见常被斥为顽固守旧。无论反对者是出于对铁路所具有的现代经济及社会意义不理解的困惑，或出于对自身利益受损后的愤怒，还是出于对铁路影响道德、风俗的抵触，种种思维建构的观念和行为，都似乎给他们戴上了"顽固守旧"的帽子。反对者认为，铁路是"不祥之物"，会惊动"山川之神"，从而招来种种灾害。这一种论调，更被简单斥为封建迷信。

二

如何正确认识铁路反对者认为铁路是"不祥之物"，会惊动"山川之神"，从而招来种种灾害的观点？我们不妨引入中国传统文化中的自然观，或许能更好地理解反对者所建构的思维逻辑。

自然观是人们对自然界总的认识和观点，是关于自然系统的性质、构成、发展规律以及人与自然关系等方面的根本看法。中国传统文化深受儒家等思想的影响，故而自然观有其独特之处。鞠继武先生对中国传统文化中的自然观有系统翔实的研究论述，他认为我国传统文化中的自然观内涵是很丰富的。主要包括：（1）以大自然为人类生存和发展的基本物质资料宝库的"财用观"，（2）以大自然为崇拜对象（唯心主义者视为有意志的神灵，唯物主义者视为伟大的自然界）的崇拜观，（3）以自然美为怡情寓性对象的"审美观"，以及（4）遵循自然规律利用自然和保护自然的"保护观"。③ 从中我们不难发现，中国传统的自然观主要表现为人与自然的关系。所谓的"财用观"即认为人产生于自然，人的衣食住行要取之于自然。对于自然"衣食父母"的认可就决定了人对自然的依赖和崇拜。在原始社会，由于认识世界能力的低下，人对自然的认识甚至充满了神秘感和恐惧感。故而在不同的历史时段形成了不同的宗教信仰和神话故事，即使随着

---

① 宓汝成编《中国近代铁路史资料》，第 105 页。
② 翁同龢：《翁文恭公日记》，《洋务运动》第 8 册，第 245 页。
③ 鞠继武：《中国传统文化中的自然观》，《大自然探索》1991 年第 2 期，第 127—132 页。

社会生产力的发展和认知水平的提高，人对自然依旧怀揣敬畏之情。

基于自然的"财用观"，中国古人即产生了以大自然为崇拜对象的崇拜观，认为自然是有灵性的，名山大川都有守护神，此类现象可从中国神话传说中发现。崇拜自然就决定了古人在处理人与自然关系时必须遵循"天人合一"的准则，要求遵循自然规律保护自然。"天人合一"的自然观是儒家思想上升为中国传统社会的主流文化观念后，两千多年的封建社会一直恪守的准则和传统。"天人合一"的本质要求即是和谐，内在的统一。与西方传统文化崇尚理性、强调"心智"的特征相比，中国传统文化则更加崇尚和谐，注重"心性"的修养。"它不奋力征服自然，也不研究理解自然，目的在于与自然订立协议，实现并维持和谐，……这样一种智慧，它将主客体合而为一，指导人们与自然和谐，……中国传统是整体的人文主义的。"[1]

总体而言，中国传统的自然观是完整而科学的。中国传统社会民众也坚信只要遵循祖先圣贤留下的教诲，就能从自然中取得想要的。而且每每政治腐败、百姓生活不得安宁时，自然总会有灾难降临，长此以往，百姓更加相信自然是有灵性的，破坏、触怒它必将遭到天谴。"敬天法祖，安贫乐道，在荒蛮原始的田园里吹奏动人的牧歌，就成为世世代代追求不息的理想生活模式和精神境界。"[2]

长期遵循"天人合一"的中国人在近代以后，骤然遭遇铁路技术的移植问题，使他们的传统自然观、文化观与之发生了激烈碰撞。受几千年中国传统文化影响的封建士大夫，或出于不合时宜的传统观念，或出于人与自然和谐相处的观念影响，对铁路技术产生了不同程度的抵触和误解。就传统自然观而言，封建士大夫认为修铁路将变革山川，这会惊动山川之神，招致旱涝之灾。在这些反对者眼里，山川江海不是普通之物，它们各有其神，中国名山大川，历古祀典，所以有神灵保佑，若骤然焚凿，则必然震怒山川之神，旱涝之灾不日将至也！这一逻辑思维不仅朝中大臣有，在穷乡僻壤之地更是普遍，几乎村村建有"土地庙"，供有山川之神，求他们保佑。还有死去人的灵魂、鬼神之说，风水说，等等，这些思想或多或少都有中国传统文化中自然观的影子。

---

[1] 董光璧：《道家思想的现代性和世界意义》，陈鼓应主编《道家文化研究》第 1 辑，上海古籍出版社，1992，第 71 页。

[2] 王翔：《十九世纪中日丝绸业近代化比较研究》，《中国社会科学》1995 年第 6 期，第 183 页。

三

　　学界对于近代中国铁路起步阶段的历史研究已经打下很好的学术基础，而研究的关注点却往往集中于讨论历代铁路兴国论者对于中国为什么要建设铁路、如何建设铁路等问题。在铁路史研究中似乎普遍习惯于前提预设，即推动近代中国铁路进程的仅仅是支持铁路建设者，而反对者则起着阻碍的作用。此种现象反映在铁路史研究的学术成果上，对于铁路支持者的研究，深度、广度都远在反对者之上。而从历史研究的视角而言，历史人物、历史事件，无论在历史进程中扮演何种角色，推动或阻碍历史的发展，其研究价值在史学上应该是等量的。因为就历史逻辑而言，反对者与支持者都或多或少地对历史有推动作用，支持者的显性影响呈现历史连续性和巨大性的特征，而反对者的隐形影响常常被忽视。就近代铁路史研究而言，汤寿潜等晚清商办铁路公司总理的铁路思想明显受到了双方的影响。刘锡鸿是反对者的代表，他在《罢议铁路折》中提出，中国的国情不同于西方，有所谓的"不可行者八"，其中民间集资困难和官方经营铁路的弊端等对汤寿潜有很大的触动，其在著作《危言·铁路》中特别强调"商办铁路"的思想，在后来的浙路公司经营管理中更是重点解决了民间集资问题和财务管理问题。其实，刘锡鸿提出的反对意见是引起汤寿潜很大的思考的，当时刘锡鸿的奏折影响很大，"朝廷以锡鸿争之力，卒寝其议"。[①] 刘锡鸿值得肯定的在于他看到了铁路必须与政治、经济等国家各方面机制配套才能发挥作用，必须要有相适应的公司、税收制度、法律保障、社会制度。汤寿潜在《危言》中分40篇很全面地论述了中国变革的思想："迁都长安，设宰相职，建立议院，设考试制，任官、用人制，遣汰冗员，推广学校和西学，鼓励商民开发矿藏，修筑铁路，兴修水利，提高关税，加强海军等方面，提出变法主张。"[②]

　　基于此视角，重新审视铁路反对者对于中国修建铁路的反对意见和逻辑，就会有新的发现和了解。因通政使司参议刘锡鸿的反对意见最为典型和完整，故而以其为例来分析。

[①] 《郭嵩焘日记》第4卷，湖南人民出版社，1983，第168页。
[②] 陈志放：《汤寿潜年谱》，政协浙江省萧山市委员会文史工作委员会编《汤寿潜史料专辑》，政协浙江省萧山市委员会文史工作委员会，1993，第617页。

从中国传统文化自然观看晚清的铁路反对言论

著名历史学家黄仁宇提倡"大历史观",认为:"我们学历史的人不当着重历史应当如何地展开,最好先注重历史何以如是地展开。"① 就此逻辑而言,对于近代中国铁路修建争论中出现的反对派意见,我们应该将研究重点从关注反对者的顽固迂腐,转移到"了解之同情",去解释何以反对派会对铁路技术作出如此的历史反应和解读。因本文主旨所限制,故而以下所谈之缘由解释只从中国传统文化中的自然观对晚清铁路反对者的影响角度出发,其他影响因素不赘述。

以刘锡鸿为例,重点分析其思想中的文化因素与其对待铁路技术态度之间的关系。刘锡鸿,字云生,广东番禺人,道光二十八年(1848)中举人。对于其生平经历,因文章主旨所限,故而只重点介绍其对反对铁路思想有重要影响的方面。贾熟村先生认为刘锡鸿能够提出比较全面的反对修建铁路思想有三个主要原因:一是举人出身,精通儒家学说,对清政府历史沿革颇有研究;二是既参与了镇压农民起义,又参加了广东抗击英法联军的斗争,对内、对外战争,均有实战经验;三是曾经出使英、德两国,对西方国家有一定的了解。② 从贾熟村的分析中,我们不难发现刘锡鸿是一个精通儒家学说的传统文人,儒家学说中即蕴含着中国传统文化中的自然观,故而刘锡鸿坚定地认为"天人合一"是必须要遵循的生存之道。"以大自然为崇拜对象(唯心主义者视为有意志的神灵)的崇拜观"③ 就决定了他坚决抵制一切对大自然不敬的行为。以亚里士多德的三段论④逻辑而言,这是一个大前提,凡是对大自然神灵有冒犯的事物,刘锡鸿即会依据其教育文化背景自觉地、无意识地反对。何以铁路技术成为刘锡鸿批判的对象,答案已经很明确,即刘锡鸿所认为的修建铁路"骤加焚凿(名山大川),恐惊耳骇目,群视为不祥,山川之神不安,即旱潦之灾易召"。⑤ 进一步地,对于刘锡鸿何以知晓铁路修建会破坏名山大川,也需要从刘锡鸿出使外洋的经历来理解,也就是贾熟村所说的第三个原因。他出使西方国家,亲见、亲闻铁路修建过程中的凿山开路,而此种行径与其长期奉行的中国传统文

---

① 黄仁宇:《大历史不会萎缩》,广西师范大学出版社,2004,第79页。
② 贾熟村:《中国首任驻德使节刘锡鸿》,《怀化学院学报》2007年第10期,第33—36页。
③ 鞠继武:《中国传统文化中的自然观》,《大自然探索》1991年第2期,第127—132页。
④ 一般而言,对亚里士多德式三段论都举这样的例子:所有人都是要死的,苏格拉底是人,所以苏格拉底是要死的。参见卢卡西维茨《亚里士多德的三段论》,李真、李先焜译,商务印书馆,1981,第8页。
⑤ 刘锡鸿:《光绪七年正月十六日通政使司参议刘锡鸿奏折》,《洋务运动》第6册,第156页。

化中的自然崇拜观大相径庭，他不能理解，甚至是有抵触的。这一点也可以从刘锡鸿反对在中国推行农业机械中得到验证，虽然他参观英国后知悉农业机械的益处，但也理智地看到"夫农田之以机器，可为人节劳，亦可使人习逸者也；可为富民省雇工之费，亦可使贫民失衣食之资也。人逸则多欲而易为恶，失衣食亦易为恶；而忧时者，独以义塾救之。塾多贼少之言，殆深明治道者所必趑矣"。① 从中不难发现传统儒家勤劳本分的农本思想。

结合以上所述，我们就能理解刘锡鸿反对铁路修建的理由。就中国传统文化中的自然观而言，长期深受儒家传统思想教育的文人，对与传统文化相违背的事物必将有抵触情绪。而且中国传统文化中的自然观又在传统社会沿袭了几千年，对于文人的影响是深远的。即使是晚清政府将铁路建设作为国策以后，传统文人依旧还有对此表示担忧和反对的。如1900年在义和团破坏铁路时，李鸿章对盛宣怀表露心迹："清议不以铁路为然。"② 说明此种文化影响的巨大。当时的洋人对中国反对修建铁路的行为也有同样的理解，英国人高斯特认为，"中国人不喜欢他们的墓地受到侵害，或是他们风水的规条受到破坏"，"中国一般的人民群众的举动是有理而适中的"。③ 故而，站在后人的视角往前看历史，就不能将主观意愿强加于古人，认为古人应当如何应对历史挑战，我们要做的更多的应是"了解之同情"，去解释古人何以做出这样的选择。由此观之，熊亚平等认为，刘锡鸿"守国之道，人和而外，兼重地形""察吏之昏明，在精神不在足迹"等认识可以称为保守、落后；铁路将使"山川之神不安，即旱潦之灾易召"的观点可以称为愚昧。④ 这些论断似乎缺乏史学研究者的人文关怀，"替古人作注"未免有失历史主义精神。所谓的落后保守观点，主要是对比支持者的观点而论，或者说是从历史发展趋势而言，但却没能以中国历史发展的延续性来看待问题。熊亚平先生所举的刘锡鸿保守观点中，如果以中国传统文化中的自然观而论，所谓的"守国之道，人和而外，兼重地形"等观点似乎可以从儒家文化的"天时地利人和""天人合一"等文化母体上找到源

---

① 刘锡鸿：《英轺私记》，岳麓书社，1986，第160—161页。
② 李鸿章：《复盛京堂》，顾廷龙、戴逸主编《李鸿章全集27》，安徽教育出版社，2008，第46页。
③ 翁同龢：《翁文恭公日记》，《洋务运动》第8册，第428页。
④ 任云兰、熊亚平：《保守中的趋新——刘锡鸿反对修建铁路思想之再分析》，《学术研究》2009年第9期，第122—128页。

头,而将"山川之神不安,即旱潦之灾易召"的观点斥为"愚昧"似乎更显偏颇。古人认识自然的能力有限,多从表面形象感性地认识自然。中国古人认为名山大川是有灵性的,一旦触怒将招致灾祸。这样的论调在现今科学主义者看来似乎属无稽之谈,但我们不能忘了,这样的认识是中国古人经验的总结,他们在历史发展中感性地发现破坏名山大川等生态环境的确招致不少的灾害,故而形成了朴素的"尊重自然的崇拜观"。诚如铁路史专家江沛先生所言,对于反对者,"我们不能简单以愚昧斥之,如果回到处于技术及观念劣势的历史现场,或许会加深我们对于历史发展复杂性的理解"。①

以上是从中国传统文化中的自然观来看待铁路反对者的意见,接着我们以中国铁路发展史的视角来审视他们的意见。

自19世纪20年代英国出现第一台蒸汽机车以后,铁路在世界范围内得到了广泛的发展。但是在早期铁路发展史上,由于过多强调铁路对经济的拉动作用,铁路所带来的诸多问题未曾引起前期统筹规划。在早期铁路建设中仅仅考虑工程造价、运营条件等因素,对周边生态环境的影响问题缺乏考虑。而我国特殊的铁路发展历程,又决定了其"畸形"的特点。中国铁路是在半殖民地半封建的社会中被动起步的,铁路修建的支持者多是希望能借此推动中国社会变革,带动中国经济发展,走出近代积贫积弱的困境。所以近代中国铁路修建过程中主要关注增加铁路的运营长度、提高铁路的运输能力,希望在短时期内修成中国铁路网。由此,铁路建设主持者常有短期的思想行为,为了降低造价,不惜占用大量的可耕土地、湖泊等,严重破坏了沿线的自然生态环境。

以清末浙江商办铁路公司为例,或能更好地说明此问题。浙路公司在总经理汤寿潜的授意下,片面追求工程进度和低成本,铁路建成后留下了后续问题。历来浙路的工程都受到褒扬和肯定,学界对此已成定论。浙路在当时艰难困境下创造建筑费用最省、建设时间最短等各项纪录,实属不易,这样的成绩连同其领导者汤寿潜都应受到肯定,但站在后人的角度,全面地审视浙路工程,有些问题在当时的确欠妥善安排和周密计划。例如浙路工程建筑费用虽然破了当时的纪录,但缺点在于"未顾及农田水利"。嘉兴(嘉善)境内,"港汊纷歧,是平原河网地带",浙路公司筑路

---

① 江沛:《清末中国铁路论争述评》,南开大学中国社会史研究中心编《新世纪南开社会史文集》,天津人民出版社,2010,第343页。

时只将小河流堵塞,并未设沟管涵洞疏导,"无泄水措施",甚至大河流河面亦受铁路路基约束,缩小 2/3 或 3/4。如此举措造成铁路沿线东西向地段"路南农田跌价百分之五十",南北向地段"路西农田也同样跌价"。① 修建铁路最根本的目的无外乎促进沿线经济发展,而浙路如此举措似乎违背了其初衷,对于本属繁盛之地的杭嘉湖地区不仅在农业经济,而且在生态环境上造成了危害,周边民众对于铁路工程的反对和破坏也可在此处找到缘由。又如就浙路工程质量而言,当年所用的枕木受资金限制,使用年限仅两三年,在北洋政府"统一路政"后,甚至出现"轨道上的道钉多处都随手可拔"的现象,既限制了火车行车速度,也增加了行车的风险。其后新的铁路局接收浙路公司后,耗资 237 万元左右对沪杭甬全线枕木进行了更换。②

其实,铁路工程具有线长、点多、面广等特点,其对沿线生态环境的影响范围广,涉及面也广。历史上,中国铁路建设曾因为片面追求经济效益而忽视铁路的生态环境影响,在促进经济发展、带来巨大社会效益和经济效益的同时,在一定程度上也加剧了资源、环境和人类之间的矛盾,出现了一系列生态环境问题:铁路建设用地增加,耕地绿地减少,西北、华北的部分地区沙化现象十分严重;采石、取土、挖沙等造成水土流失;河流污染以及引发山体滑坡等地质灾害;铁路所经地区不可避免地占用和分隔土地,影响到生物种群的繁衍生息,危及生物的多样性;铁路建设还会造成沿线大气、水、声污染,致使环境质量下降;等等。由于选线过程中未考虑通车后的噪声污染以及污水、废气对沿线造成的影响,铁路建成后,运营过程中往往出现噪声扰民、污水排放困难等问题。随着社会的进步,铁路对环境的影响越来越受到人们的重视。20 世纪 80 年代以后,环境保护成为铁路建设的重要组成部分,许多国家对铁路环境影响进行了深入广泛的研究,制定和颁布了一系列的环境法令和具体的环境设计及评价规范。国际铁路联盟管理委员会对铁路环境问题也相当重视,专门成立了一个工作小组负责铁路与环境问题的研究。该小组于 1991 年提出了名为"Towards Sustainable Mobility"(朝着可持续发展行动)的报告。

---

① 许炳堃:《浙路收归国有的内幕》,中国人民政协全国委员会文史资料研究委员会编《文史资料选辑》第 11 辑,中华书局,1960,第 92 页。
② 沈叔玉:《关于沪宁、沪杭甬铁路的片断回忆》,全国政协文史资料委员会编《文史资料存稿选编·经济》(下),中国文史出版社,2002,第 750 页。

四

  时至今日，我们再回头审视中国近代铁路起步阶段反对者的意见，会有新的理解和认识。刘锡鸿等认为铁路的修建将导致"山川之神不安，即旱潦之灾易召"。[①] 这些意见被当时以及现代一些学者反驳，而今中国乃至世界铁路建设管理中出现的一些问题，印证了刘锡鸿等人关于铁路对生态环境影响的预见。中国大量的铁路建设对自然环境产生了较大影响。为此，国家提出要实现交通基础设施建设与环境保护协调发展的思想，即实现铁路建设的可持续发展。青藏铁路的修建很好地贯彻了这一思想，未对西藏地区的生态环境造成较大破坏。

  如何正确评价中国铁路史上的反对派，是一个重要的学术问题。以往学界似乎都不自觉地站在铁路支持者的角度，而笔者以为要深入理解铁路反对者的心理，非站在其视角不可。无论评价体系如何，笔者以为有几个基本问题必须承认：第一，无论反对派持何种态度，出于何种原因，其反对中国修建铁路的主张都不应该肯定，毕竟这是世界发展趋势；第二，要对反对派各种观点和意见作具体分析，若是完全无益于铁路事业发展，则积极扬弃，若是对中国铁路事业长远发展具有前瞻性，则给予肯定，尽管刘锡鸿等反对派对近代中国筹建铁路事业表示忧虑，确有其无知的一面，然而亦不乏前瞻性。笔者以为，从中国铁路史的角度看，应该给予反对派一定程度的肯定。

[①] 刘锡鸿：《光绪七年正月十六日通政使司参议刘锡鸿奏折》，《洋务运动》第6册，第156页。

·域外铁道·

近畿日本铁道与奈良的复兴

高晓芳[*]

摘　要　日本铁路运营模式分为国有和私有，这是日本铁路最鲜明的特征。近畿铁道是日本的私有铁路，其运行范围主要分布在近畿地区，因此被称为近畿铁道，简称"近铁"。近畿铁道是日本营业里程最长的私有铁道，线路全长508.1公里，连接京都、大阪、奈良三个历史名城，最远与中京圈的中心城市名古屋相接，敷设范围广。沿线经过藤原京、平城京、难波宫和平安京等历史古迹。奈良地处日本内陆，水路运输条件不发达，限制了其水路经济的发展。因此，发展内陆经济是复苏经济的重点。铁路的出现，使奈良城市发展出现新的动力。铁路改善了奈良交通条件，为奈良带来了充盈的劳动力，促进了各行各业的萌发。铁路拉近了奈良与周边城市的联系，京阪奈都市圈逐渐形成，经济联系更为紧密。城市经济的复苏使得近畿铁道会社内部结构不断升级，铁路结构网逐步完善，最终发展成日本规模最大的私营铁路，更好地为奈良城市发展提供动力和支持。

关键词　日本　奈良　近畿铁道　城市经济

从近畿乃至整个日本地理看，奈良处于日本的中心位置，优越的地理条件使奈良自古就作为政治、文化中心活跃起来。

以奈良市为中心，半径约1250公里东北方向是北海道，西南与冲绳的南部相通；半径800公里的东北部是青森县，西南与鹿儿岛县的中央相通；半径140公里内，完全将近畿诸府县包括在内。奈良到日本各地的直线距离不同：距离首都东京375公里，距离东北部的仙台605公里，距离青森830公里，距

---

[*] 苏州科技大学世界史硕士研究生。

离札幌1050公里，与西南方的高知相距250公里，距离长崎605公里。随着交通方式的改进，从奈良乘坐高速电车前往大阪只需30分钟，到京都仅需35分钟；乘坐东海道新干线到名古屋仅需一个半小时，到东京只需三个半小时。奈良位于近畿地区的中央，北部与京都相接，西部与大阪府相邻，东部靠近三重县，由此来看，奈良与现代日本的经济中枢——阪神地区关系密切，占据了良好的交通位置。

日本的文明诞生于奈良，奈良盆地是丝绸之路的"终点站",[1] 给日本带去了世界文明成果。内陆环境制约了奈良的发展，为了开拓更远、更有潜力的地区，自奈良后京都成为统治者更好的选择。正是因为地理位置的局限性，奈良只能依靠内陆交通进行自我建设，通过陆路交通与其他区域交流。这也是奈良发展铁路的重要原因之一。近代铁路的敷设与发展，开启了奈良的全面觉醒之路。

一 古都奈良的起伏式发展

日本的古代分为绳纹时代、弥生时代、古坟时代、飞鸟时代、奈良时代、平安时代六个时期。其中奈良时代的日本首都就位于现今奈良市，因此有"古都奈良"之称，其古文化遗产、历史遗迹众多。奈良时代奈良作为首都，人口众多，人口增长速度远超其他时代（明治维新之前），达到了人口发展顶峰。城市交通制度以及道路的新建，使文化交流往来频繁、贸易繁荣，整个城市发展呈现一派生机。但在迁都京都之后，经济和政治中心转移，奈良逐渐走向衰落。随着时代演变、朝代更替，奈良的发展时刻在发生变化。

历史上有关迁都奈良的原因主要分为两种，第一种依据奈良的地理位置。藤原地区被大和的三座山包围，非常狭小，交通不便，同时飞鸟地方的旧势力受到中央集权律令体制的迫害，特别是避让各大寺院的势力。主导迁都的藤原不必等认为"平城地方靠近难波出行便利，背靠奈良山丘，符合天子面朝南方的吉相"。[2] 第二种则是从政治角度出发，更让人信服，即为推行中央集权的律令体制。藤原京过于狭小，更大的都城对国家律令的推行是必要的。之前贵族在私宅内处理氏族世袭的事务，在律令体制下，

---

[1] 出自 UNESCO Silk Roads Programme 丝绸之路项目。
[2] 喜田贞吉『帝都』日本学术普及会、1939。

集中居住在都城处理公务，效率高，也提高了都城的人口密集度。元明天皇继位第二年，即708年2月15日，颁布了迁都平城的诏书："现在的平城，如四兽图被树覆盖，三山镇守，将建成美好的都城。"① 综上，迁都奈良不光出于政治考虑，其本身的地理环境条件也是统治者的选择原因。

奈良时代的帝都被称作"平城京"，其整体布局呈正方形，边长533米（见图1），当时被称作"坊"。② 平城京的建造样式参照中国长安城，结构整体缩小。当时为了避免藤原京的缺陷，听取遣唐使带回的经验建造了平城京，③ 因此平城京和长安城非常相似。不光整体结构外形相似，就连宫殿的位置和景观设置也极其相似。长安城太极宫的后面是禁苑，平城宫的后面也建造了禁苑。在长安城的东南角建有曲江池和芙蓉苑。唐代诗人杜甫诗云："朝回日日典春衣，每日江头尽醉归。酒债寻常行处有，人生七十古来稀。穿花蛱蝶深深见，点水蜻蜓款款飞。传语风光共流转，暂时相赏莫相违。"便是在这曲江池边所吟。后又在平城京东南隅建造了五德池。

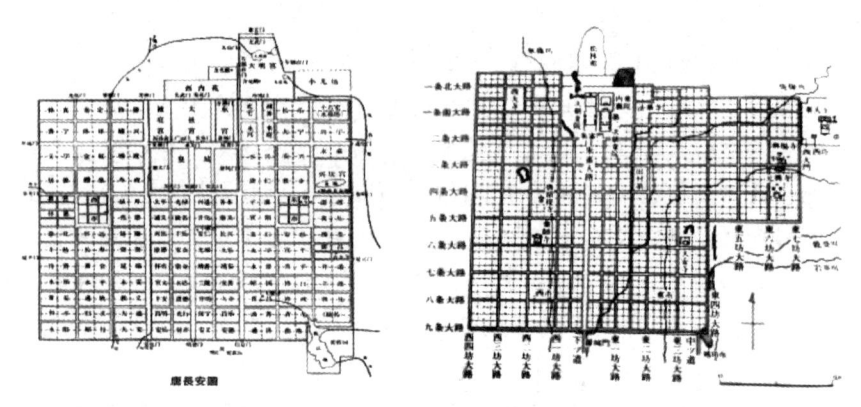

图1 平城京平面

资料来源：『伏見町史』473頁。

平城京是一座政治性都城，作为官僚的居住地特性鲜明。但是想要维持这样的特性，必要的物资例如粮食，变得十分重要。当时从中央到全国各地的主要道路体系是"七道制"。平城京通过"站马-驿马制"及时将指令颁布到各地，同时各地状况也能反馈到京里。"站路"把中央和地方连

---

① 坪井清足『古代を考える 宮都発掘』吉川弘文館、1987。
② 『伏見町史』伏見町史刊行委員会、1982年5月25日、473頁。
③ 这批遣唐使指702年出发，704年归国的粟田真人等。

近畿日本铁道与奈良的复兴

接,构成全国的交通网,"驿路"则构成了地方的交通网。①

一般来说,都城建成后,之前的道路还有很大的作用,但新建交通网也是必需的。从藤原京迁出之后,都城相关联的交通网随之变化,具体包括东西道路的变更、向北驿站的设置等,都以平城京为中心推进。② 根据一郡一驿站的原则,平城京与周边诸郡通过设置的主要"站"连接起来了。奈良的繁华不仅体现在平城宫殿的恢宏、交通的便捷上,也与人口数量较多密不可分。如图2所示,在710年至790年的奈良时代,奈良市的人口数量远超其他时代,达到了历史顶峰。这为当时奈良的发展提供了丰盈的劳动力。由此可见,人口的增长对奈良的发展推动作用很大,人口是支撑奈良不断发展的重要因素。

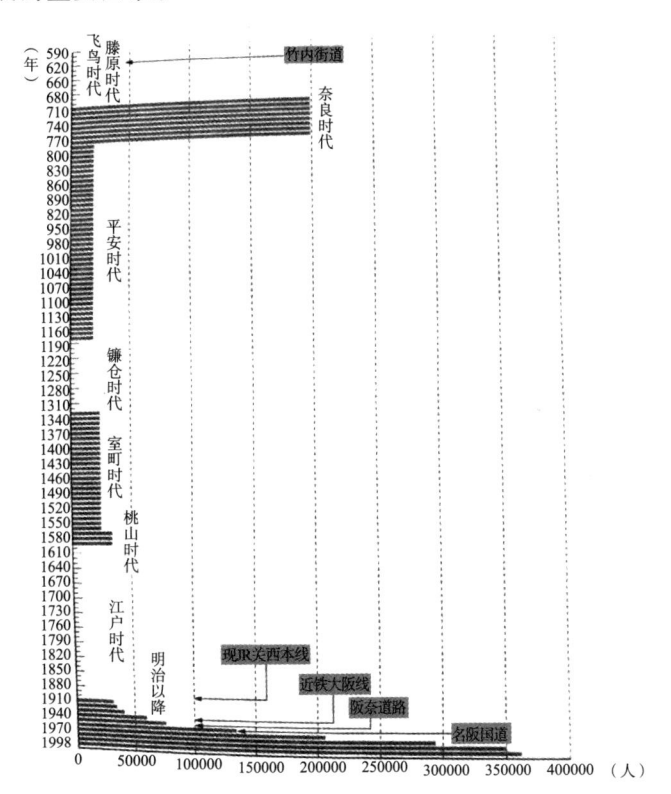

图2 奈良人口变迁

资料来源:直木孝次郎『飛鳥奈良時代の研究』塙書房、1975年9月。

---

① 近江俊秀『道路誕生—考古学からみた道づくり』株式会社青木書店、2008。
② 藤冈谦二郎『古代日本の交通路1』大明堂、1978年3月至1979年1月。

奈良的衰落可以说是从迁都京都开始的。历史上对于奈良迁都的原因众说纷纭。历史学家认为桓武天皇之所以从奈良迁都至京都，是因为道镜和尚把持佛教，双方关系出现紧张，也有人认为是与藤原氏的冲突，又或是因为天智天皇一派与桓武天皇一派的斗争等。[1] 迁都后政治、经济中心转移是不争的事实。794 年，桓武天皇从大河川流域的奈良迁都至淀川流域的京都。与奈良这一封闭内陆县相比，京都的河流水系较发达，水陆运输都能实现。从地理条件解释了奈良被"遗弃"的原因，水运不发达限制了其经济和城市的发展。江户时代初期，奈良作为幕府的直辖地，设置有奈良奉行，各产业开始蓬勃发展，酒、墨、刀、扇子等迸发出发展势头。幕末至明治初年，出现产业停滞、废佛弃释、行政机关的改革等各种变化，加上被大阪府合并，奈良失去县政地位。[2] 直至 1887 年重置奈良县，其县政地位才延续至今。

对奈良发展影响更大的是铁路的建造。1887 年《私设铁道条例》公布后，大阪—奈良、京都—奈良私铁建造计划开始酝酿。1914 年奈良—大阪的铁路开通，向东的商店街兴起，汽车和铁路的出现使观光客和周边居民出行便捷，提高了其购买力，激发了商业发展的动力。1928 年大轨车站前的奈良大轨百货商店开业，由大轨铁道和大都市百货店合资开设，吸引了很多顾客，场面空前盛大。百货商店竞争十分激烈。随着连锁店、分店的开业，夜间营业时间的延长，免费送货区域的扩展，以及各种展览会的举行，奈良的商店吸引了无数顾客光顾和商人投资，有效地拉动了奈良的经济发展。

日本虽屡遭战火，但奈良和京都的名胜遗址没有遭受太大的毁坏。据《朝日新闻》记载，"尊重艺术和历史是美国人的意志，京都和奈良是人类的瑰宝，为了世界为了日本，必须保护"。[3] 同时，奈良没有军事设施和军需工厂，不是美军的空袭目标，因此得以保留诸多文化遗产。

二　铁路在奈良市内的敷设与影响

从奈良整体发展过程来看，铁路的发展是其复兴的强有力手段。虽然铁路敷设的过程十分艰难复杂，但从结果来看，铁路给奈良城市带来了新

---

[1] 竹村公太郎：《日本历史的谜底——藏在地形里的秘密》，张宪生译，社会科学文献出版社，2015，第 252 页。
[2] 『伏見町史』260 页。
[3] 『奈良市史—通史四』奈良市、1995 年 3 月 20 日、595—597 页。

近畿日本铁道与奈良的复兴

的发展活力。贯穿奈良的近畿铁道在奈良的整体交通运输中占举足轻重的地位。铁路敷设初期的商讨以及线路的规划、车站的选址涉及方方面面，同时铁路的敷设计划还受制于当时的经济实力和技术水平，因此，近畿铁道在奈良市内的敷设过程是复杂的、艰难的。

围绕奈良市运行的铁道路线最早是1890年12月开通的大阪铁道线（现JR关西本线），1892年延长至大阪的凑町，之后围绕奈良的周边铁路主要起客货输送的作用。大阪铁道线避开了生驹山地绕行，从奈良市南下到达大阪府，再北上到达大阪市，线路比较曲折。1914年4月，大阪上本町—奈良的大阪电气轨道线开通，简称大轨线（现近畿日本铁道奈良线），线路从大阪市向东到达奈良市，最初线路长度约为30.6公里，比大阪铁路线缩短了将近10公里。可以说，大轨线的开通将奈良与大阪拉近了。作为奈良县最早的电气轨道，大轨线采用的先进技术得到很高的评价，特别是生驹隧道的打通缩短了铁路的长度，在当时的技术条件下是一项十分艰难的工作，因此大轨线的开通在当时得到社会各方高度的认可。

最初大轨线的线路敷设计划有三派人士共同参与，分别设定了三条铁道方案。其一，土居通夫和七里清介等大阪府人士，计划从大阪上本町六丁目向东，经过今里、高井田、御厨、菱屋、吉田（现东大阪市）、莱畑（现生驹市）、富雄三碓、伏见宝来、尼辻、奈良市三条町二四番地。其二，韩国京釜铁道的发起人和竹内纲等奈良市居民，计划以三条通菊水楼前为起点，沿大阪街道向西，绕道生驹山北面，经过东成郡今福村、中野村、曾根其村、院线梅田停车场前，预计资金180万日元。其三，大阪人士和石川市兵卫等沿线的地主，计划以大阪城东线（现环状线）玉造踏切为起点，经过今里、高井田、御厨、菱屋，从松原南下过瓢单山，从河内四条村向东经过隧道向生驹川北方向，经过莱畑、富雄砂茶屋、县道向东到达终点奈良市三条町二四番地，预计资金100万日元。[①] 这三条线路利用府道、县道、里道的部分大约都在三分之一，换言之，三条路线有重复的地方，存在线路上的竞争。从三条线路的车站选址来看，均为居民聚居地，或是将来能发展成居民区的开阔地带。由此可见，对于铁路的敷设计划和目的不局限于改变眼前的交通条件，更是为日后依靠铁路交通拉动经济奠定基础。最终大阪、奈良两府县接受路线申请后周旋在三方人士之间协调，最后三方同意合并。这三派人士作为奈

---

① 奈良县行政资料，奈良市档案馆查阅，出版时间不明。

良电气铁道株式会社的发起人,1910年9月创建了奈良电气铁道株式会社,12月改名为大阪电气轨道株式会社,终于开始了铁路事业的发展。

  大阪电气轨道株式会社成立之后,便着手铁路的路线规划和建造计划。路线确定之后面临的最大问题就是如何越过生驹山地直行建造铁路。生驹山距离大阪上本町起点16.5公里,位于大阪和奈良交界处。[①] 1906年三派人士提出的路线计划关于生驹山地有三种应对办法:其一,"铁索钓瓶式",也就是用类似缆车的方式越过生驹山;其二,朝北绕过生驹山;其三,从四条村向鸣川方向开凿隧道。大轨会社反复研究讨论之后又设想了两三种方案,但都不理想。实际上当时大轨会社对于开凿生驹隧道抱有很大的期望,但是由于当时的技术不先进和资金问题,想要贯通隧道是一件十分困难的事。如果能实现生驹隧道的开通,那么将大大缩短奈良到大阪的运行距离。最终当时的会社社长岩下先生毅然决定开凿生驹隧道。

  大轨会社计划在生驹隧道铺设复线铁路,以便将来运行更有效。因此,征用生驹山土地的问题必须解决。大阪府周边需要占用的土地,得到当地地主的积极协助,土地购买十分顺利,确保从上本向东到生驹山西取得需要的土地。然而,奈良县方面没有那么顺利。会社初期计划从生驹山经过富雄的砂茶屋到宝来,再由尼辻到奈良市三条町,但是富雄町的地主不同意出售土地,因此线路向北改道。三碓和二名两地的地主也拒绝提供土地,当时只取得了两地边界区域,之后才得到了铁路线需要的土地,就是现在富雄站旁边的区域。宝来和菅原的地主也不同意土地出卖,路线和车站的确定很费功夫。另一方面,奈良西大寺附近和车站的土地利用熟人关系进展得很顺利,附近的地价由此不断上涨。同时西大寺车站到奈良也存在困难。从西大寺直线向东就是平城宫的大极殿遗址,之前,大极殿被发掘后平城宫就开始了保护运动。因此,计划路线到达大极殿向南大转弯绕道遗址到达奈良站,使保护遗址的大问题得到了解决。

  路线土地都规划完毕后,只剩下生驹隧道的挖掘工程问题。生驹隧道全长3380米,是当时日本私铁中最长的隧道,并且通过的是宽轨复线铁道。生驹山时常发生岩石滑落断层等现象。1911年7月开始动工开凿,预计资金300万日元以内完工,但是投入了250万日元也没有完工。正当苦恼再次投入资金时,1913年1月26日发生了极其严重的塌方事故,直到28日下

[①] 『大阪電気軌道株式会社30年史』大阪電気軌道株式会社、1940年12月20日、244頁。

午确定19人死亡。这场大事故登上了各大新闻的头版头条。之后在隧道西口附近为遇难者建立了纪念碑，也为朝鲜籍遇难者在生驹站旁的宝德寺建立了纪念碑。① 隧道开凿总共耗时2年10个月，建筑费321万日元，仅仅隧道的施工就超过了210万日元，总耗费820万日元完工。② 之后半个世纪奈良—大阪的顺畅通行离不开生驹隧道。通车伊始，生驹隧道来往行驶的列车被评价为稀有的山间电车。早上5点始发开往奈良的电车满载着乘客，当时大阪的新闻报纸描述道："电车在青色的麦田和开满黄色油菜花的田野驰骋。"③ 实际上由于首次通车机会难得，加上线路本身的造价和技术让人惊叹，因此吸引了众多人前来，有的还特地带着便当乘车，顺便出来野餐。直至1919年下半年，大轨会社终于实现了429000日元的盈利。④

"抑道路汽车竞争激进，其影响于铁道运输之最重者，厥为此项汽车，能变大事项中心地点及各通衢，运载旅客，极称便捷，故铁道车站位置距离城市各地之远近，亦为重要问题之一矣。"⑤ 与线路的规划相比，车站选址由于利益等多方面的因素，竞争激烈。从最终确定的线路和车站位置来看，空间效应和未来开发效应明显。大轨线最初的车站位置和如今的位置相比变化不大。最初的车站是奈良、西大寺、富雄、生驹、石切、枚冈、瓢箪山、若江、小阪、深江（布施）、片江、鹤桥、上本町。其中从奈良到生驹各站都位于奈良县内。当时的西大寺车站已经是重要的枢纽连接各条线路。平城宫遗址位于西大寺车站旁（现今改名为大和西大寺站），沿途可以一览宫殿的美景。富雄、生驹现如今是奈良县的"新城镇，住宅群聚集"。其车站人流量、设施等级并不低于西大寺车站。车站内主要包括售票处、候车室、站台等设施，是交通枢纽的基本职能。其次周边停车场和联络道路的建设，完善了车站的配套设施。借助车站的区位优势，城市结构逐渐优化。车站地区集中了大量的服务设施，为人们日常生活提供了便利，吸引了人口聚集，周边的土地价值和利用率得到提高，因此成为建造住宅区的首要因素。另一方面，车站加强了外部人流、物流、信息传播的联系，有利于城市、工业、商业的发展。在城市尚未繁荣前，车站作为客运站应建设在市中心或其附近，便于乘

---

① 藤原浩『近鉄奈良線—町と駅の1世紀』株式会社彩流社、出版时间不明、47頁。
② 天野太郎『近鉄沿線の不思議と謎』实业之日本社、2016、12—13頁。
③ 『伏见町史』322頁。
④ 『近畿日本鉄道50年あゆみ』近畿日本鉄道株式会社、1960年9月16日、15頁。
⑤ 郑宝照：《铁道客运应有之设计》，《铁路问题之管窥》，1932年，第97页。

客出行。奈良站作为大轨线的始发站位于奈良市中心，位于如今的奈良县厅和奈良公园旁，周边集中观光地和观光资源，客流量大。

如图3，车站地区的空间形态基本呈现圈层状分布，直观可见车站对周边城市布局影响很大。

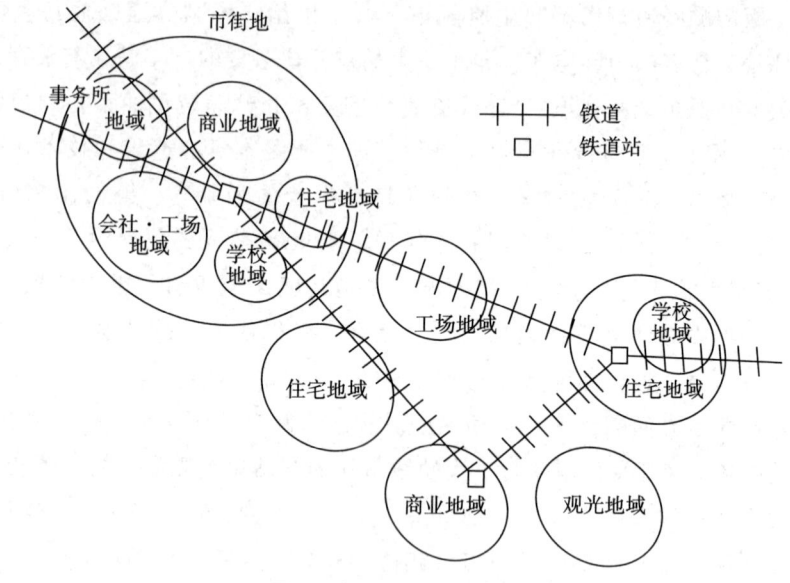

图3 车站空间形态分布

资料来源：『奈良市史　地理篇』吉川弘文馆、1970年12月10日。

进入明治时代后，日本全国的交通以自由发展之势逐渐壮大。明治初年，奈良的主要交通工具是人力车，十分普及，观光客是主要的使用群体。到明治中期，人力车数量突破400辆。[①] 大正时期，随着汽车的引入，人力车逐渐减少直至消失。而促使奈良交通发生巨变的是铁路的铺设。大轨线通车后，电车成为人们最便捷的出行方式，大轨线成为以大阪为中心向外呈放射状高速电车网的一部分。

三　近畿日本铁道会社的成立与发展

近畿铁道成立之前大轨会社的主体分别是大阪电气轨道、参宫急行电铁、关西急行电铁。1940年1月1日关西急行电铁并入参宫急行电铁，1941年3

---

① 『奈良市史　地理篇』265页。

月15日合并后的参宫急行电铁又与大阪电气轨道合并,重新改名为关西急行铁道。之后关西急行铁道又与大阪铁道合并,两年后又合并了大铁百货、南和电气铁道、信贵山急行电铁成为新的关西急行铁道,直到1944年6月与南海铁道合并,日本近畿铁道正式成立。大轨等会社的合并由于其自身经济效益下降外,还存在其他方面的因素,例如经济危机的余威、战争的消耗等,都使会社无力维持,各大会社"抱团取暖"便可以理解。

1937年全面抗战爆发,日本陷入了长期消耗战。1939年美国废弃与日本的《日美通商条约》,国际形势对日本来说不容乐观。在此情况下,日本政府发布了《国家总动员法》,并以此为基础相继实施"租金统制令"和"价格统制令",民间企业也由原来的自由经济转向统制经济。面对物资短缺的困境,又得确保战争长期进行,国家经济也只有依靠国家政策的保障才得以发展。战时统制下陆运交通事业的统制也是国家政策的一部分。1938年《路上交通事业调整法》颁布,1940年以《国家总动员法》为基础制定了"陆运统制令",并在第二年颁布了一系列相关措施,政府有权对民间铁轨道业者、汽车运输业者有关事业的委托、让渡、合并等进行管理。同时,由于太平洋战争,船舶海外运输业得以发展。1942年颁布《战时陆运非常体制纲要》,实行海运物资向陆运的"转嫁"。为此,国铁致力于将主力全部放在长距离货物运输上,同年国铁共收购了12家铁道分线会社。另一方面,为确保战时输送,私铁被要求强化改变企业体制,以加快走上协同发展道路。例如,1941年东京地区的帝都高速交通营运团诞生。1942年东京横滨电铁、京滨电铁、小田急电铁合并成为东京急行电铁。同年九州地区九州铁道等3家会社合并,西日本铁道开始发展。1940年关西大阪地区的近铁也在此大背景下应运而生。

(一) 参宫急行的合并——关西急行的成立

1926年参宫急行电铁作为大轨的延伸线得以建造,由于财政上建设资金调节问题,参宫急行电铁以独立会社形式发展起来,但又与大轨息息相关,因此两家会社的合并只是时间问题。参宫急行电铁运营后效益并不理想,直到推进名古屋线的营运计划情况才有所好转。之后伊势电铁、关西急行电铁、养老电铁相继并入参宫急行电铁,当时的事业规模和资本金超过了大轨。于是无论出于铁路线还是效益,极为相似的两家会社决定合并。1940年12月11日,两家会社签订了合并契约,同月27日设立了临时会社总会商议具体事宜。合并的主要条件如下：(1) 解散参宫急行电铁，并入大阪电气轨道；(2) 大轨（资金6000万日元，年分红8%）和参宫急行（资本金5897万日元，年分红6%）的合并比率为1:1，参宫急行向股东交付的股份是分红后的股份；(3) 合并以后大阪电气轨道资本金为1亿1897万日元，更名为关西急行铁道。1941年3月15日，关西急行铁道会社正式成立。成立之初对有关职务编制也进行了大改动，设立了企划、经理、大阪营业、名古屋营业和事业五个部门，还有职员直属的总务、人事和监察三个部门，其中监察部门是独立存在的。

合并时线路总里程为355.7公里，适用于《地方铁道法》，而上本町—奈良、布施—八木西口、西大寺—八木西口的82公里在铺设时遵循的是轨道法，很多手续都非常复杂。由于两会社合并后多次与官厅谈判，一年后，即1942年10月1日开始按照《地方铁道法》实施。

同时，票价制度也有所调整。由于会社经过多次合并，票价体系错综复杂，不统一。合并后设立了"票价制度调查会"，经过多次慎重的讨论，又恰巧1942年铁道省实行票价大改正，决定135公里以内每公里2钱，超过135公里的每公里1钱。[①] 现今的票价体系就是参照当时制定的。

（二）大阪铁道的合并

1886年3月河阳铁道创立，资本金30万日元，即大阪铁道前身。当时大阪铁道（大阪—樱井—奈良）作为国铁关西线的前身，计划敷设从柏原站经过富田林到达长野的16.6公里单轨铁道线路。1888年4月，柏原—富田林的线路开通，但是营业状况不佳，因此创立了河南铁道会社，并将原定的线路计划和未完成的线路全部让渡给河南铁道后解散。河南铁道接手线路敷设计划后于1889年5月开始营业，建造了富田林—长野的线路，于1902年全线通车。之后会社计划着手大阪的铁路敷设，进行了各方面的道路规划商讨。1918年3月，道明寺和天王寺作为最有利的线路选择地获批施工，第二年会社将商号改为大阪铁道。1922年4月，道明寺—布忍线路开通，次年布忍—天王寺的线路开通，也因此成为关西屈指可数的铁路会社，发展得十分顺利，资本金达到1000万日元。

之后的铁路发展计划是建造到达橿原的大和延长线，与吉野铁道连接。

[①] 『近畿日本鉄道50年あゆみ』43頁。

原本堺—橿原的铁路建造权由南大阪铁道（资本金30万日元）掌握，1926年大阪铁道将其合并，资本金成倍增长，从而与当时的大轨出现了资本关系矛盾。

由于延长线是复线铁路，从1927年开工花费了一年半的时间，1929年3月才开通，道明寺—古市也实现了复线化，同时终点久米寺与吉野铁道接轨，与大轨橿原线连接，为地方铁路线发展做出了巨大贡献。同时为了与大和南部的要卫五条町连接，计划从大和延长线的尺土站建造分线，并设立了南和电铁会社，1930年尺土—御所的线路开通，剩下的御所—五条町的线路没有动工，就在这样的情况下1944年都被关西急行铁道合并。事实上，1908年大阪铁道就开始经营其他的事业，比如玉手山游乐园和藤井寺足球场，之后还发展市内公共交通事业，大正末期又着手土地住宅方面的经营发展。可以说会社的发展领域很广，但也因此出现膨胀的外部负债和收益期限等问题，会社开始出现财政危机并遭受负债的压力，难以喘息。1930年之后的十年里会社为了改变这些情况，从降低票价开始吸引更多的乘客，并经营大铁百货、电影院和温泉馆，还发展市内循环公交线路等，会社情况逐渐得到好转。为了使这番好光景持续下去，会社最后与关西急行铁道会社合并。

关西急行铁道与大阪铁道的关系。关西急行铁道从昭和时代初期开始作为大阪铁道的大股东参与会社的经营活动，之后又涉及铁路线路方面连接了吉野线，在橿原神宫前设置了共用车站，一直保持着紧密的关系。因此，两家会社很早就开始商讨合并事宜，在1940年迎来建国2600年纪念庆典时，为了确保乘客剧增、铁路正常运行，两家会社协同合作成大势所趋，加上大阪铁道会社发展低迷，合并意愿日益强烈。随着战时统制经济的强化，1941年两家会社在大阪地区完成了交通事业统合的第一步，会社高层强力推行合并计划，1942年交换了合并书，同年10月签订了正式的合并条约。合并条件如下：（1）解散大阪铁道会社，并入关西急行铁道；（2）关西急行铁道（资本金1亿1897万日元，年分红8%）和大阪铁道（资本金2100万日元，年分红6%）的合并比率为1:1.3。合并以后关西急行铁道的资本金为1亿3997万日元。

两家会社从1943年2月1日起实行合并政策，设立新的天王寺营业局，并掌管旧大阪铁道的业务和吉野线的系列相关业务。现在的营业部门还包括大阪营业局和名古屋营业局。至此，新的关西急行铁道成立。

（三）近畿铁道会社正式成立

1944年日本被战败阴影笼罩，普通民众对战争局势的真相不甚了解。关西急行铁道与南海铁道的合并是两会社的决策者共同商议的结果，为了能对国家的决战提供协助，因此强力推行合并计划。1944年3月3日，两家会社签订了合并契约，23日两家会社在临时总会上承认了这一结果，后于6月1日正式合并。合并的条约在新会社"近畿日本铁道会社"的创立总会上进一步说明，如下：（1）关西急行铁道和南海铁道合并，建立新的会社；（2）新会社为"近畿日本铁道会社"，资本金2亿3147万日元。近畿日本铁道会社开创之初的里程数是639.3公里（关西急行铁道476.3公里，南海铁道163公里），是迄今为止日本私有铁路中里程数最多的铁路。①

图4　近畿日本铁道成立时的线路（1944年6月1日）
资料来源：『近畿日本鉄道100年あゆみ』近畿日本鉄道株式会社、1960年9月16日。

1944年4月27日，关西急行铁道社长种田虎雄在定期举行的总会上做报告，强调"面对未曾有过的非常时期，我们响应国家的号召，与南海铁路合并，这也是为会社光荣的30年历史画上了圆满的句号"，② 同时还阐述了依据国家政策决定合并的理由，即"基于国家的要求，为了能够最大程

---

① 『近畿日本鉄道100年あゆみ』201頁。
② 『関急』社内誌、1944年5月15日。

度地发挥两家会社的输送力度,来保证国家战力的增强"。①"同时合并的意义在于达到了经营的统一化,以完善财力、物力、人力为重点做到运输的完备。"但是这些所谓的意义在战后都被一一否定。

新会社成立之初,总部设立在大阪市阿倍野区,1945年3月14日受到空袭,会社全部烧毁,20日会社整体搬迁至天王寺区上本町,同时被政府指定为"军需充足的会社",直到8月15日才解除。新会社成立时对会社标志重新做了设计,十余人共同设计并从200多个优秀方案中挑选,又经过专家的加工改进最终完成。会社标志(见图5)是将近畿铁道的"近"与"人"的文字结构图案化,表达了"人与和"的理念。整体的形状是车轮与动态的车轮相结合,表现了"大和精神",外形又似太阳,寓意生生不息,会社能无止境地发展,充分表达了社长的理想和经营的野心。

图5 近铁会社标志

资料来源:参见百度百科。

最初会社简称"日本铁道",1950年9月改称"近铁"。近铁成立之初,会社社长由原关西急行铁道社长种田虎雄担任,会长出南海铁道社长寺田甚吉担任。会社的组织机关沿袭了关西急行铁道会社的制度,原本南海铁道的阪堺线等轨道区间由天王寺营业局管理,南海线以及高野线等地方铁路区间所属新设立难波营业局,因此,一共有四个分部共同工作,分别是上本町营业局、难波营业局、天王寺营业局和名古屋营业局。同时会社设立总务局、劳动局和业务局三个部门。

成立之初近铁会社发展势头强劲,但是过程曲折。由于财力不足,运输安全难以保证,工厂、检查车间及现场各处人手短缺,工作经验不足的

---

① 『親栄』社内誌、1944年8月15日。

学徒满足不了补修需求等，因此车辆事故频发。面对这样的情况，1944 年 6 月，会社决定停止发售 2 公里以内的定期乘车券，8 月加强了对乘客的限制。由于 1945 年 2 月至 6 月的空袭，为了保持主要运输的畅通，会社决定将路程较近、旅客较少的车站关闭，法隆寺线、小房线还有伊贺神户—西名张线全部停止运行。1944 年底关西接连不断遭受空袭。1945 年 3 月 13 日夜晚至 14 日天明，90 架 B29 战机大举来袭，大阪市一夜之间战火燎原。近铁会社也受到巨大损害，车辆、站台、线路等多数基础设施被烧毁，大阪线和南大阪线在十天后才恢复通车。但是之后空袭更加激烈，以阻断铁路为目标的炮袭更加活跃，运行中的列车多日受到地面的扫射攻击，乘客和乘务人员都有死伤，于是只能全线停止运行。直到 1945 年 8 月 15 日战争全面结束，近铁会社沿线铁路一共遭受了 50 多回空袭，大阪、名古屋、和歌山、宇治山田、桑名等主要城市遭受了巨大的毁坏，近铁会社受损车辆达 262 辆，建筑物损坏 130 栋，受损轨道 15 处。① 整个近铁会社遭到了沉重的打击，会社面临艰难的复原问题和今后发展的抉择。日本战败后，会社的重建、会社规模的壮大、财力和劳动力都陷入困境，会社经过协商和检讨，决定将所属南海铁道的所有事业部门全部分离出去。1947 年 6 月 1 日，南海铁道正式从近铁会社分离，独立至今。

近畿铁道成立后的几年，日本经济迎来了高速发展时期，也被称作黄金的六十年代。1960 年恰逢近铁会社成立 50 周年，安排在菖蒲池的大型剧院举行庆典活动，这一年也是大和文华馆开馆年。1960 年 9 月 16 日，在菖蒲池游乐园内的日本铁道神社，佐伯社长主持了庆典，社员都参加了祭奠活动，菖蒲池剧院的社员代表也加入其中，对创社以来已故的工作者寄以哀思。31 日，50 周年的纪念事宜在学园前硅股池刚完成的大和文华馆举行，同时发行了近铁会社《50 年的历程》一书，奈良县向文化馆捐赠 5000 万日元大和文化财保存会设立资金，并投入制作电影《古代的奈良》。② 大和文华馆如今依然在奈良市内，是一家以东洋古美术为主的私立美术馆，1962 年第三次获得日本 BCS 大赏。

1960 年 12 月，池田勇人内阁提出国民所得倍增的内阁计划，希望在高度经济增长下今后十年国民生产总值提高两倍。为了响应国家积极发展经济的政策，近铁会社开启了新事业，以铁道为中心的巴士、出租车、货车

---

① 『近畿日本鉄道 50 年あゆみ』57 頁。
② 『近鉄観光 30 年史』近鉄観光株式会社 30 年史編輯委員会編集、1974 年 6 月、3 頁。

和船运等运输事业强化发展的同时，对百货店、不动产、旅游等兼营事业也大力投入，追求综合发展。

为了呼应经济的快速成长，近铁做了进一步发展计划。针对大都市近郊线路通勤输送力薄弱的状况，加入了与东海道新干线和其他高速道路的线路竞争。决定强化大阪—名古屋的路线输送力，同时准备与新干线连接特级线路网，并对交通输送网重新整编。为了加强输送力，从1957年开始到1960年设备投入达到了123亿日元。面对旅客数量的不断增长，1961年初提出了第一个三年输送力增强计划，直到1963年总工费达到了153亿4400万日元。其中强化输送力116亿6300万日元，修整道口以及运行安保问题36亿8100万日元，包括新生驹隧道的挖掘和奈良线的改造，还有各条支线的延伸计划等，同时新造159辆电车。虽然1962年至1966年日本经济出现了短暂的停滞和后退，不过举办东京奥运会的1964年却成了这一时期经济上唯一呈现发展态势的年份。1964年至1966年又投入225亿5900万日元实施第二个三年计划。其中强化输送力投入193亿7600万日元，运输安保投入31亿8300万日元，[①] 包括计划从难波线的建造开始，对名古屋等各车站进行改良，同时新增电车209辆，对电气设备进行改进，强化力度和范围远大于第一次。近铁会社为了适应经济的高速发展，一心致力于完善自身结构和增强实力。

（四）新生驹隧道的改建

生驹铁道的改造是高速经济发展背景下的产物。生驹隧道在建立时因工程难度大、技术不先进，遭受质疑和阻碍。建设完成后，其承载着无数人的喜悦与骄傲。随着生驹隧道的开通，奈良线得以发展，成为近铁会社旅客乘坐量最多的一条铁路线。1962年一天的旅客数为30万人次，作为大阪与奈良间最短的交通路线，其在大都市圈的交通运输方面起着重要的作用。在此基础上近铁会社制定了新的发展计划，即与大阪难波的铁路连线，开发铁路沿线，希望获得更多的旅客量，增加收益。

1955年近铁在上本町—布施投入了高性能的中型轻量车，同时新设特急列车（不需要购买特急票），上本町—奈良只需要30分钟的车程，之后的几年都没有增加新的车辆。1961年上本町—瓢箪山投入了大型车，增大

---

① 『近鉄観光30年史』6頁。

了容纳旅客的空间。但从瓢箪山以东的生驹隧道开始，向谷、山田等隧道的截面太狭窄，不能通过大型车辆，这也制约着输送力的发展。因此经过一系列研究讨论，挖掘新的生驹隧道扩大隧道截面，使瓢箪山以东的复线间隔扩大，奈良线全线运行大型车。1962年瓢箪山—生驹作为第一期工程开工，全长7.3公里。新生驹隧道的建设也极为困难，尽管隧道挖掘技术已取得一定的进步，但技术层面和费用依然远比想象困难。新隧道全长3494米，计划加固隧道截面并拓宽（见图6），工程由奈良线改良工程局负责，1962年9月开工。①

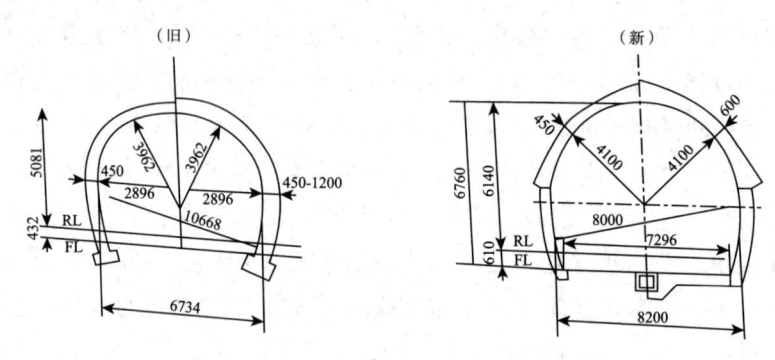

图6　新旧隧道横切面比较
资料来源：『近鉄観光30年史』。

凭借先进的技术及各方的努力，工程进展顺利。1964年7月第一期工程全部完成，23日开始第一次试运行。从7月30日开始，上本町—生驹4辆大型车整编完成，隧道内的运行时间缩短了1分30秒。生驹以东到奈良是第二期改造工程，全长12.4公里，包括生驹—富雄的新向谷隧道和山田隧道的改造，以及富雄和西大寺车站的改造等，工程量巨大。同时还对全线轨道和铁柱进行加固，对送电线、吊架方法进行改进，提升运行安全，实现了合理化发展。1964年9月新向谷隧道完工，10月1日起奈良线全线开始运行大型车辆，实现了增强输送力的初步计划。另外，车站改造等收尾工程也在10月末全部完成。

耗时3年多的奈良线改造工程全面完成，近铁会社实现了成立后的飞跃式发展。这次改造工程为奈良线在将来运行10辆大型车奠定了基础，加大大阪—奈良作为大都市圈运输动脉的输送力，满足了日益增长的输送需求，

---

① 『近鉄観光30年史』9頁。

发挥了铁路的真正价值。

在整个关西地区，京都、大阪、奈良三座城市的知名度颇高，往来于其间上班、上学和游玩的人数也很多。随着铁路的普及，城市间的距离逐渐缩短，人们来往更为频繁。如果以奈良为坐标原点，纵坐标是京都方向，横坐标的负方向是大阪方向，铁路建造完成之后，三者来往更加快捷。

四　近畿铁道的强大推动力：奈良城市的新发展

战后日本各地呈现高速发展的势头，但由于奈良没有受到战争的破坏，战后的重建和复兴力度不如其他城市。尽管如此，奈良和近畿铁道会社依然时刻保持发展动力。一方面近畿铁道网的逐渐完善和输送力的不断加强，进一步推动奈良交通的发展。另外，随着奈良人口的不断增长，城市充满活力，劳动力颇为充沛，为不断壮大的近畿铁道建设补充人力。铁道的发展带动铁路沿线的住宅开发，住宅群的聚集使"新城镇"日益发展起来，城市内部充满活力，近铁与奈良并行前进。

铁路的出现不仅促进了奈良人口增长和城市发展，其自身也在不断突破升级。近铁带动了人口流动，促进了城市间交流。近铁不断完备的铁路网和铁路服务，扩大了经营领域，缓解了就业压力。近铁的规模不断扩大，电车数量和车站随之增多，要保证有更多的工作人员为其服务，提高了奈良劳动力的需求，同时培养更专业的服务人才。另外，随着时代和生活的进步，铁路服务成为会社发展的重点。铁路服务中，车站内的便利店和车站便当的供应是吸引乘客的关键。便利店的营业和车站便当的制作都需要专业的人员，同时还需要运输社的帮助，一系列连锁服务需要的劳动力不可估计。铁路服务势必需要充足的劳动力，岗位数量的需求促进人口流入，最终为近铁带来了巨大的收益。近畿会社经营范围扩大，涉足其他领域，例如百货商业等。近铁百货商店的开业和普及，不光对劳动者求职具有吸引力，也是评判奈良城市发展水平的标准。商业发达的城市能保证生活质量，这是人们选择居住城市的标准。因此，近铁对奈良的人口发展有很大的助力。

随着时代的发展，都市圈逐渐形成，近畿地区奈良、大阪和京都三座城市以各自的优点不断发展并享誉世界，呈类似等腰三角形的地理位置构成京阪奈都市圈的发展模式。关于京都、大阪、奈良三座城市之间的距离，以近铁为例，从奈良出发到达京都用时大约40分钟，到大阪用时30分钟左

铁道史研究（第 1 辑）

右，京都与大阪之间也有国铁 JR 线直接到达，用时也在 30 分钟左右，可以说这三座城市往来十分便捷。国铁 JR 虽然也经过奈良，但是由于其路线没有经过城市内部，乘坐不便，因此对从奈良出行的人来说不是首选。而大阪和京都除去本身的地铁外，国铁 JR 线路经过城市内部，乘坐十分便利，并且有直达列车，与近铁相比更为便利。因此可以说近铁是奈良地区出行最为便利的交通方式。

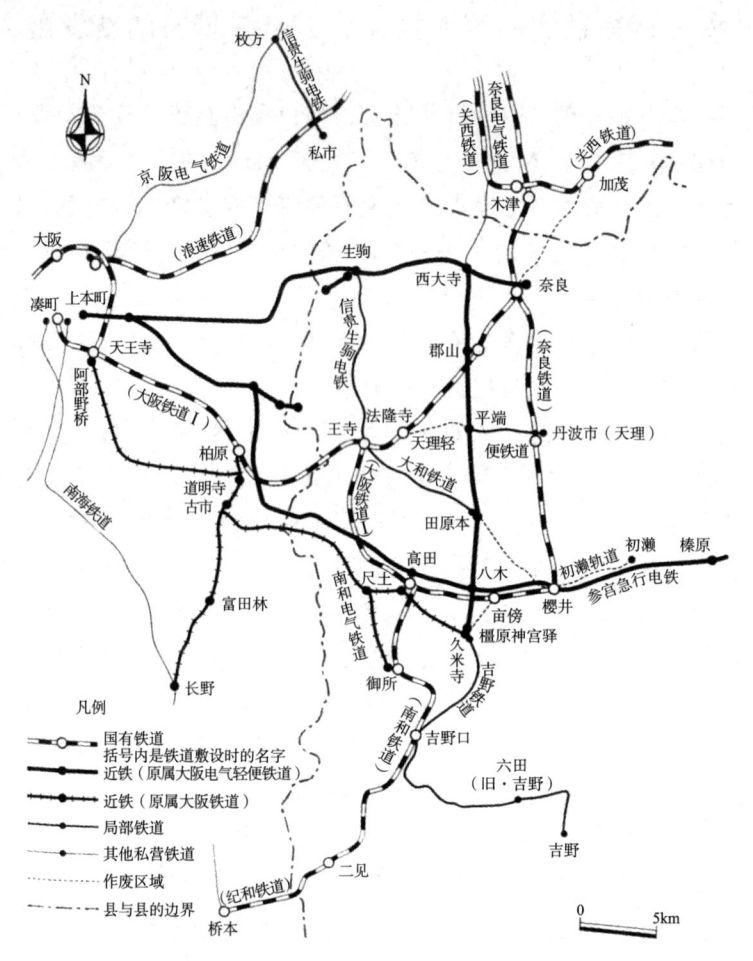

图 7 奈良县与周边地区的铁路网（1945 年）

资料来源：铃木郎、山上豐、竹末勤、竹永三男、藤山元照『奈良縣の百年』株式会社、山川出版社、1985 年 9 月 5 日。

近畿铁路的开通加快了城市间的交流，人们通过铁路来往于城市间，上班、上学、观光、购物。因此近铁对城市间的交流有很大的推动作用。

奈良靠近国际大都市大阪，对其发展也是利弊相兼。对奈良来说，大都市大阪带走了人才和劳动力，但也拉动了自身经济的发展。那么京阪奈三座城市间的人员流动具体是怎样的呢？

近铁电车的车票分为定期和非定期两种。定期车票可以多次往返两地并有优惠，也可将其理解成我们使用的"月票"，使用定期车票的大多是通勤和通学人员。非定期车票即普通的车票，使用者是普通人群，其中以观光客和购物的人为主。1965年至1967年奈良县内近铁各站定期乘客人数的变化如下：1965年生驹站定期乘客为520950人次，奈良站为8521530人次；1966年生驹站定期乘客为2523720人次，奈良站为9118620人次；1967年生驹站定期乘客为2666430人次，奈良站为8980740人。[1] 这两个车站，一个是奈良与大阪的中间站，一个是奈良线的终点站，比较有参考的意义。从数据的变化来看，基于人口数量的不断增长，乘车人数同比增加。同时很明显通勤和通学人员对铁路出行的选择比较高，定期乘客数量比较庞大。另外1967年4月至1968年3月奈良线奈良市内的各站（富雄站、学园前站、菖蒲池站、西大寺站、油阪站、奈良站）定期乘客到京都和大阪的总数分别是661870人次和9263912人次。从奈良到大阪的定期乘客数量最多、规模庞大，明显反映出近铁输送力度的强大。这一年非定期乘客人数情况与之相反，到达京都的非定期乘客总数为863047人次，到达大阪的非定期乘客总数为3140682人次。[2] 也就是说，从奈良到大阪的通勤通学人数更多，而从奈良到京都的观光客人数更多。劳动者对大都市的追求更多，游客则表现出对古都的向往。

其次，从常住地和从业地的人口变化来分析，以奈良市和生驹町为例。1955年常住地奈良市：从业地奈良市的人数为35502人，生驹町128人，大阪府7308人，京都府427人。常住地生驹町：从业地奈良市185人，生驹町3585人，大阪府2032人，京都府24人。常住地大阪府：从业地奈良市709人，生驹町85人。常住地京都府：从业地奈良市1598人，生驹町11人。1960年常住地奈良市：从业地奈良市的人数为51331人，生驹町175人，大阪府12719人，京都府985人。常住地生驹町：从业地奈良市790人，生驹町6531人，大阪府4170人，京都府87人。常住地大阪府：从业地奈良市1593人，生驹町182人。常住地京都府：从业地奈良市3000人，

---

[1] 《奈良市商店街准备调查报告书》，1969年3月，表2-1-6，第63页。
[2] 《奈良市商店街准备调查报告书》，1969年3月，表2-1-12，第69页。

生驹町 102 人。1965 年常住地奈良市：从业地奈良市的人数为 59834 人，生驹町 654 人，大阪府 20364 人，京都府 1689 人。常住地生驹町：从业地奈良市 1148 人，大阪府 6274 人，京都府 135 人。常住地大阪府：从业地奈良市 3337 人，生驹町 313 人。常住地京都府：从业地奈良市 4430 人，生驹町 121 人。① 从数据中可以看出四点：第一，这十年间人口增长变化明显；第二，无论是居住在奈良市还是生驹町的人，对从业地的首选都是本地；第三，对奈良市和生驹町的人来说大阪比京都更有吸引力；第四，劳动者将奈良作为从业地的选择人数有所增长。1965 年奈良县前往其他府县通勤通学的总人数为 77679 人，其中前往大阪的人数为 72044 人，前往京都的有 3203 人。这些数据说明奈良与大阪和京都的交流非常密切。就业空间和发展前景方面大阪更胜一筹，这也是奈良人选择在大阪工作的原因，大城市的激烈竞争反而拉动了奈良劳动力市场的需求，劳动力大量流入，但也不能忽视奈良自身经济的增长对求职者的吸引。

另一方面，奈良人口和经济的增长也带动了房地产的发展，尤其是近铁沿线的住宅开发。铁路开通最初只是缩短了城市间的距离，加强了城市间的交流。随着铁路运行发展起来的城市经济，以及人口的增长，成了城市内部住宅群体产生的重要因素。新的住宅群聚拢逐渐发展起来就是"新城镇"，生驹市就是新城镇中发展快速的典型。

自 20 世纪 50 年代后半期开始，住宅主要靠近奈良市区分布在奈良线南北两侧，离铁路线很近，分布范围很小，开发数量不多，住宅区也尚未开发。进入 60 年代，住宅群开始向范围更大的奈良线两边蔓延，靠近奈良的地方主要分布在奈良线的南部和北部，靠近生驹的地方主要分布在铁路沿线，出现横跨奈良线的情况，也就是发展起来的生驹市，生驹的铁路沿线住宅呈小范围聚居且距离很近。从 70 年代开始，铁路沿线的住宅群主要在京都线周边，最终出现了如今的平城。与生驹住宅区域不同的是，平城的铁路沿线住宅范围很广且连成一片，由东向西横跨京都线以及与京都线平行的国铁樱井线。另一区域则是散落在生驹住宅周边，如今的富雄南住宅地，同时还有靠近近铁生驹线的周边住宅地。

住宅地的开发受两个因素影响：一是地理位置，二是交通。从以上住宅地的分布和开发状态来看，更多考虑的是交通出行便利的优势。另一方

---

① 《奈良市商店街准备调查报告书》，1969 年 3 月，表 1-2-3 至表 1-2-5，第 24—26 页。

近畿日本铁道与奈良的复兴

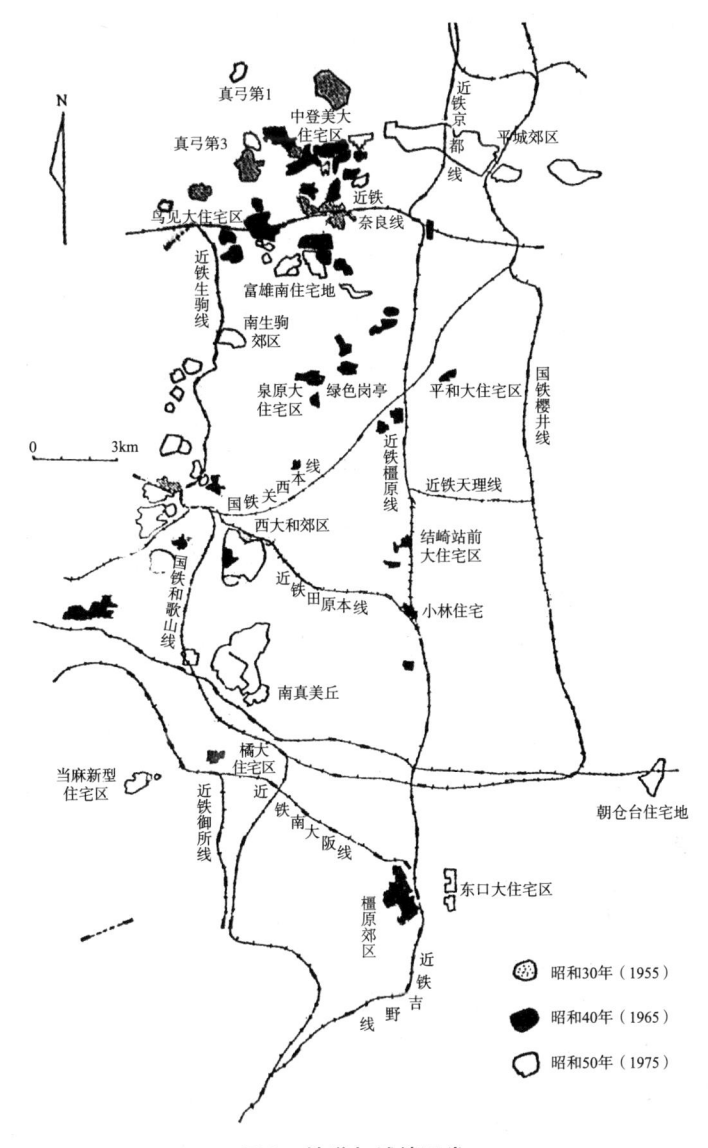

图 8　铁道与城镇开发

资料来源：井口貢『觀光文化の振興と地域社会』ミネルヴァ書房、2002 年 5 月 20 日。

面，人们对这些沿线住宅的选择不外乎两个原因：一是交通便利，二是生活环境和条件优越。近铁会社的兼营行业中收益最高且最为成功的领域便是近铁百货的经营。在近铁线路经过的大站、靠近商业区的车站以及住宅多人口聚集的车站都开设了近铁百货商店，近铁会社发展铁路服务的同时也能为人们提供更好的物质保障服务。另外，铁路沿线的住宅价格相比城

113

市其他地方的住宅价格更贵，因此房地产商更乐于在铁路沿线建造住宅，获取更丰厚的利润。铁路对城市经济发展的作用不言而喻。

结　语

随着历史的更替，奈良的发展跌宕起伏，曾立于日本政治的顶峰，经历过辉煌的时代，又遭受衰落的困苦，如今再受世界敬仰。奈良的正仓院至今收藏着奈良时代通过贸易流通，从世界各国传入日本的文物工艺品，众多历史遗迹也依旧保留在这座古老的城市中，验证着奈良文化的多样性和独特性。由于奈良地处内陆，无法发展水路贸易，一定程度上制约了其对外经济发展和社会开发，统治者转而选择地理环境优越、开拓性更强的京都。铁路的建造像一盏明灯照亮了沉寂的奈良。从大阪电气轨道的成立到大轨线的开通，铁路的出现直接改变了奈良城市的交通条件，近铁奈良线的雏形也基本形成。铁路网的不断完善和升级加强了奈良与周边城市的联系、交流、合作，奈良的经济实力逐渐提升。城市的人口数量飞速增长，为经济的发展提供了充足的劳动力。同时，近铁的开通带动了人口的流动，形成城市内部的住宅群落和"新城镇"。奈良的城市化和交通便捷程度明显提高。同时，近铁的通车缩短了城市间的距离，人们往来城市间的次数增加，促进了京阪奈都市圈的形成和发展，聚集成关西地区重要的经济中心和国际观光区。奈良凭借其悠久的历史、丰富的文化遗产，以及便利和发达的近畿铁路，吸引无数国内外游客。增强奈良经济的过程也是奈良新产业发展的过程，各行各业迸发潜力。利用近铁通勤通学的人员逐年增加，个体观光客利用近铁出游的选择度很高。人口数量增长而强化的近铁输送力度，对城市经济发展的反作用力很大。输送力的增强直接促进城市交通运输实力的提高。即使是内陆城市，奈良也出现了发展的新方向。

近铁推动奈良城市发展的同时，也受到了城市发展的反推动力。从1914年近铁大轨线建造伊始，到1944年近畿铁道会社正式成立，历程十分艰辛、曲折，受到技术和资金的限制，并遭遇各方争议和猜忌，最终获得成功也是各方努力的结果。随着奈良城市化的发展以及经济实力的增强，近铁会社内部结构也不断更新和升级，输送力日益增强，支线线路延伸得更远。最终近畿铁道会社成为日本规模最大、实力最强的私有铁路。总而言之，近畿铁道的发展与奈良的复兴离不开双方的助力。

井上胜与日本铁路早期建设（1869—1889）

姚 遥[*]

摘 要 井上胜是日本铁路事业第一任最高管理者，掌管铁路建设20余年，对明治时期铁路事业的发展具有举足轻重的影响，被誉为日本"铁道之父"。井上胜为日本铁路的诞生与发展，铁路技术的引进、吸收、消化与改造，以及铁路技术人员的培养等殚精竭虑，初步构建了覆盖全国范围的铁路网络，使铁路事业免于外国资本染指，从而避免了沦为殖民地铁路的命运，也为日本走向铁路大国奠定了坚实基础。通过研究井上胜，可以从一个侧面进一步了解日本早期铁路事业建设的状况，探寻日本铁路事业发展过程中的经验和教训。

关键词 井上胜 明治时期 日本 铁路

井上胜（1843—1910）是日本明治时期的政治家和铁路专家，早年留学英国，学习采矿技术与铁路技术，明治初年兴办铁路之际，被日本政府作为技术人才予以重用。自1869年起，其先后担任日本的铁道挂长官、工部大辅、铁道局局长、铁道厅厅长等职，被认为是日本近代化的先驱，有"铁道之父"的称号。

铁路作为舶来品传入日本需要经过本土的消化，井上胜作为日本政府铁路部门的领导者，在铁路建设决策过程中拥有话语权，对铁路的早期建设有着非同一般的影响。井上胜在政府任职的23年间，日本铁路从无到有，完成了总长1871英里（3011.1公里）的铁路建设，基本形成全国铁路干线。透过井上胜的职业生涯，可以廓清日本铁路初期建设的发展脉络，有助于对井上胜奉献一生的明治时期铁路业进行全面客观的评价，揭

---

[*] 苏州工业职业技术学院讲师。

示明治时期铁路业近代化的进程。后发国家的近代化历程往往以工业化为先，日本作为后发近代化国家的代表，产业革命非常成功，铁路作为19世纪的尖端技术，日本在较短时间内实现了消化与吸收。日本在铁路建设方面是亚洲各国"第一个吃螃蟹的人"，也可以说井上胜是亚洲后发型近代化国家中铁路建设的第一人。随着产业革命的深入，日本民主化进程也在缓慢推进，以铁路为切入点，可以探究后发近代化国家的发展方式。

1868年明治政府明确了铁路官营官建的方针，留学回国后的井上胜被任命为铁道寮的铁道头，开始踏上铁路生涯。1869年至1889年的20年间，在其领导下，京滨间、京阪神间、大津线、敦贺线、东海道线等铁路陆续竣工，铁路线路连接了东京、京都、大阪、神户、大津等重要城市，并且通过火车轮渡的方式将敦贺港纳入铁路网，形成了海陆互通的复合一贯制运输模式。1890年，国有铁路建成551英里（886.7公里），铁路网初具规模。

一 铁路建设官营官建方针的确立

1868年12月，井上胜在英国完成学业回到了家乡长州藩。此时德川幕府已经倒台，新的时代已经来临，明治政府正需要井上胜这样的技术人才。井上胜担任长州藩矿业管理一职，然而时任长州藩要职的木户孝允认为"与其在地方上大材小用，不如去中央发挥大作用"，[①] 说服井上胜去东京发展。1869年11月，井上胜被任命为大藏省造币寮头兼民部省矿山正。其留学同伴伊藤博文此时已经是新政府中的开明派官僚，他同大隈重信一起热心于推进日本的铁路建设。

1868年1月，美国公使馆成员波特曼（A. L. C. Portman）从德川幕府老中小笠原长行那里获得了铁路建设的许可，并在次年3月提出申请希望新政府追认此铁路建设许可的合法性。英国驻日公使巴夏礼（Harry Smith Parkes）劝说明治政府，雇用外籍技师，使用国内资本建设铁路。最终作为外交官的伊达宗城和大隈重信书面回复拒绝了美国提出的追认申请，而新

[①] 村井正利『子爵井上勝君小伝』、转引自渋沢青淵記念財団竜門社編『渋沢栄一伝記資料刊行会刊』第49卷、渋沢青淵記念財団竜門社、1963、204頁。

井上胜与日本铁路早期建设（1869—1889）

政府业已明确了铁路建设官营官建的方针，即"自国管辖方针"。[①] 井上胜在《铁道志》中叙述了日本确立建设铁路的决策过程。

"明治二年十一月有纶旨令大藏卿伊达宗城、同大辅大隈重信、同少辅伊藤博文借资于英国，充铁路之经营。日本布设铁路之企图实始于此。先是英国公使哈利·琵窟斯氏劝日本要路以经营铁路之议。是岁东北及九州各地凶荒，米价昂贵，输以外国米而救济之，惟北陆多余米，虽价廉而无搬运之便，不能远输以救其急。琵窟斯引证之劝告以铁路之经营。隈藤二氏首肯之，惟以无财源之故尚稍踌躇。偶有英国人和拉西阿·尼尔孙·烈辞清国税关总裁（总税务司）之职，将还国而至日本。此人长于理财，故琵窟斯推荐之使隈藤二氏与之相谋议。烈曰日本以海关税为抵当，由英国而募债三百万磅，以充于铁路之资不亦可乎。藤氏与烈氏始会见时予偶寄寓于藤家，当通译之任得详闻其说，是予关于铁路经营之始也。于是二公上书得敕许，而有纶旨。"[②]

1869 年日本东北地区以及九州地区闹饥荒，东京粮食不足而北陆地区余粮富足，由于两地间交通不便，米价上涨，政府不得不大量进口中国大米救急。巴夏礼借此事进言日本政府铁路建设势在必行，并引荐李泰国（Horatio Nelson Lay）作为铁路建设资金的投资者。[③] 李泰国是一名英国人，少年跟随父亲到中国，精通中文，之后成为中国海关第一任总税务司。1868 年，天皇依靠各地藩兵收回了政权，建立了新政府。版籍奉还以后，藩兵回归故土，明治政府实际上没有掌握任何兵权，日本国内仍然潜伏着分裂的危机。铁路建设则可打破各藩界限，加强中央集权，消除分裂隐患。因此巴夏礼劝说明治政府修建铁路，以消除大政奉还后仍存在的封建割据因素，并且明治维新后天皇从京都移居东京，政治中心由京都转移到了东京，建设东京—京都的铁路可以稳定京都的人心。

民部兼大藏大辅的大隈重信与民部兼大藏少辅的伊藤博文一起致力于推动殖产兴业政策，听了巴夏礼的建议后，意识到必须加紧将铁路建设提上日程。1869 年 10 月在伊藤博文的府邸，伊藤博文、大隈重信同李泰国进

---

① 田中時彦『明治維新の政局と鉄道建設』吉川弘文館、1963、83 頁。
② 井上胜：《铁道志》，转引自大隈重信《日本开国五十年史》上册，上海社会科学院出版社，2007，第 417—418 页。
③ 林田治男「日本の鉄道草創期：明治初期における自主権確立の過程」老川慶喜『井上勝：職掌は唯クロカネの道作に候』ミネルヴァ書房、2013、36 頁。

行了第一次会面。此时寄住在伊藤博文家中的井上胜担任了会面的翻译工作。这次会面被井上胜称为"铁路干涉之开端"。① 1869年12月7日，大纳言岩仓具视以及外务卿泽宣嘉同巴夏礼三人在三条实美的府邸进行了一次非正式会谈，讨论铁路建设的相关问题。大隈重信、伊藤博文作为相关者也出席了此次会谈，井上胜作为当时日本国内少有的铁路技术官僚，同时又熟练掌握英语，毫无悬念地承担了谈判的翻译任务。可以想象一个身怀铁路技术的官僚想要在日本施展自身专业的抱负时，他在整个谈判过程中起到的作用。特别是井上胜同伊藤博文是留学同伴，对于铁路的看法是一致的，而大隈重信为了解决各藩割据的问题，同样意识到了变革交通方式的必要性。

在岩仓具视、三条实美、大隈重信、伊藤博文等政客的积极推动下，1869年12月，明治政府正式公布了铁路建设计划，即铁路干线连接东京与京都，并建造东京—横滨、琵琶湖—敦贺、京都—神户三条支线铁路。对此巴夏礼颇为满意，英国向日本提供了百万英镑的借款以开展铁路建设，即使日本希望自行建设铁路，也不得不向资金低头。

之后明治政府与李泰国签订了引入外资的相关合同，明治政府通过李泰国向英国筹集100万英镑的资金，政府将支付年利率为12%的利息，借款从1873年开始还款，期限为10年，并以日本海关关税以及铁路建设后的收入作为担保。② 此外政府还委托李泰国雇用铁路建设所需的技术人员，购买铁路建设所需的建筑材料。但最终这份合同没有生效，大隈重信等原本希望以私人的名义募集外债，而李泰国在《泰晤士报》上刊登的广告是以日本帝国公债的名义进行募集，并且年利率为9%，显而易见，李泰国鲸吞了3%的利率差额，将这笔钱收入囊中，这使明治政府非常不满最后解除了合同。

李泰国一事引起了日本政府的警觉，铁路作为一个投资大、回报时间长、周期长的行业，资金是必不可少的，但若大量引入外国资本，不仅存在他国政治干预的风险，还存在诸如李泰国事件中的贪污、上行下效等问题。对此，日本政府尽量避免发放外债，转而在日本国内寻求个人、企业等资金援助。

1870—1871年，明治政府根据外籍铁路建筑师埃德蒙·莫雷尔（Ed-

---

① 井上胜：《铁道志》，转引自大隈重信《日本开国五十年史》上册，第413—432页。
② 老川慶喜『井上勝：職掌は唯クロカネの道作に候』ミネルヴァ書房、2013、39頁。

mund Morel）的建议整合工部省，铁道挂变为铁道寮，井上胜被任命为工部省矿山寮矿山头兼铁道寮铁道头，他的铁路职业生涯开始了。

二 井上胜与京滨间、京阪神间、大津线、敦贺线铁路建设

1870年4月，埃德蒙·莫雷尔到达横滨开始进行东京—横滨铁路的线路测量工作。京滨铁路全长29公里，整个铁路建设工程由埃德蒙·莫雷尔负责管理，铁路线路也由他设计，除了上野景范为日方监督以外，其他技术指导、监督人员均为外国人。京滨铁路建设中需要在海中筑堤铺设铁路，这引起了沿线居民的担忧，线路的设计并没有预留通航的出入口，损害了居民的利益。对于井上胜来说，铁路建设需放在第一位，即使在了解沿线居民迫切的需求下，仍然劝说居民将此事搁置，等到铁路竣工后出现实际问题时再进行商谈。[①] 1872年10月14日京滨铁路全线贯通，这是日本第一条铁路。明治天皇出席了京滨铁路的开业典礼，日本上下将此事看得极其重要，参与人员身着传统服装，并且鸣礼炮以示敬意。[②] 井上胜作为铁道寮的最高长官同工部少辅山尾庸三一同出席了开业典礼，他们将铁路线路图呈给天皇，日本铁路在政府的高度重视下开始了建设。10月25日，天皇对为日本铁路做出杰出贡献的大隈重信、伊藤博文、井上胜以及雇用的外国铁路技术专家进行了赏赐。

实际上，井上胜并没有实际参与京滨铁路的建设，建设京滨铁路的同时，他正在着手准备大阪—神户的铁路建设。阪神铁路全长32.7公里，与京滨铁路在海上筑堤铺设完全不同，它需要开凿隧道。整条铁路工程的管理设计者、监督者仍是外国人。

1871年8月，京都—大阪的铁路开始测量工作。井上胜途经大津往返于大阪与京都进行测量，并将选定的线路写成调查报告提交给工部省。这条铁路在线路选择上有两个方案：甲方案是走直线，从大阪途经吹田向京都方向延伸的线路；乙方案则是从大阪出发到达神崎后折回再向京都方向延伸。井上胜认为乙方案虽然能使大阪作为区段站非常便利，但是这个方

[①] 柏原宏纪『工部省の研究：明治初年の技術官僚と殖産興業政策』慶應義塾大学出版会、2009、29頁。
[②] 斯蒂文·J. 埃里克森：《汽笛的声音——日本明治时代的铁路与国家》，陈维、乐艳娜译，江苏人民出版社，2011，第3页。

案必须走折线，这也显露出它的弊端——将大阪作为终点站会造成大阪以东地区交通不便。[1] 他主张甲方案，从建设费用来看，甲方案需 1314841 美元，乙方案需要 1276383 美元，乙方案避开了架设桥梁，花费相对较少，但是建设京都—大阪的铁路是为了开通捷径，最终明治政府选择了甲方案。也正是通过这件事，井上胜在铁路建设规划阶段中的工程费计算才能开始显现。外籍技师的设计方案中将大阪站设计成"之"字形的节点站，同上述乙方案遇到的状况类似，这会造成大阪一部分地区交通不便。对此井上胜极力反对，为了将大阪打造成四通八达的交通枢纽，井上胜执意将大阪站设计成"通过式"车站，为此将大阪站的选址从堂岛北移至曾根崎。《子爵井上胜君小传》中对此事总结道：井上胜所为创日本国人铁路选择自立之开端。

1871 年，时为工部大辅的伊藤博文作为岩仓使节团成员出使西欧，工部少辅山尾庸三代为管理工部省，相对于伊藤博文的领导，井上胜不满于山尾庸三工作中的诸多干涉，次年 7 月提交辞职申请。[2] 三人均为当年留学的伙伴，伊藤博文留学不到一年便回国成为行政官僚，在工部省的决策中较为尊重技术官僚的建议，而山尾庸三与井上胜同为技术官僚，在英国学习了不同的先进技术，在各自的领域拥有话语权，对于自身技术不容他人质疑，而两人成为工部省中的上下级后在决策中难免存在摩擦。伊藤博文归国后劝说井上胜复职，1894 年 1 月井上胜回归铁道寮，次月便向升任为工部卿的伊藤博文提出"将铁道寮迁至大阪"的建议。

京滨铁路开通后，铁道寮之后计划修建的铁路大多集中在关西地区，井上胜认为技术官僚应在一线工作，而他作为铁道寮最高长官却在东京工作，这带来了很大的不便，于是他建议铁道寮本部从关东地区迁往关西地区。工部省内部出现了关于"现场理论"的探讨，"现场理论"即官僚在一线工作的观点，这一观点盛行于铁道寮。[3] 在井上胜等铁路技术官僚的强硬态度下，工部省最终认可"现场理论"方针，以此改善铁路建设工程中负责人与现场工程沟通的不便。"现场理论"解决了铁路建设中实地考察、工程现场、施工等方面的问题。工部省与技术官僚也因此达成共识，为了稳

---

[1] 老川慶喜『井上勝：職掌は唯クロカネの道作に候』55 頁。
[2] 老川慶喜『井上勝：職掌は唯クロカネの道作に候』56 頁。
[3] 柏原宏紀「工部省政策過程における『現場の論理』の登場：明治七、八年鉄道寮を中心に」『交通史研究』第 80 期、2013 年 4 月。

健地推进日本各项公共事业，坚持贯彻"现场理论"方针。明治初年的工部省奉行"西方理论"，即产业建设依靠西方支持，而随着工部省的官僚中出现了井上胜、伊藤博文等留学人员以及镰仓使节团的考察人员，留学的经历让他们感受到了日本与世界的差距，同时也逐渐形成了自立思想，"现场理论"代替了"西方理论"，本国技术人员逐渐加入国家建设中。1874年铁道寮迁至大阪后，井上胜时常视察工地现场并监督鼓励工人努力工作。

　　1876年阪神铁路、京都—大阪的铁路陆续竣工开始营业，至此关西地区的铁路初具规模，从着手建设第一条铁路到此时，日本政府用了八年时间，建设了全长112.6公里的铁路。这八年的建设并非一帆风顺，镇压佐贺和萩城等地的士族叛乱、西南战争、出兵台湾等导致政府财政赤字，政府设计全国运输网时又将海运列为第一运输力，这无疑使铁路建设雪上加霜，铁路建设一度陷入停滞。1875年上半年，大藏卿大隈重信与内务卿大久保利通先后提出了海运保护政策，旨在发展漕运，通过海运打造全国运输网络。很快海运保护政策得到落实，同年9月内务省向三菱商会下发第一命令书，政府承诺每年向每艘船只发放25万日元的补助金，以鼓励企业发展海运。① 日本是典型的岛国，多山环海，铺设铁路需要尖端技术，难度和投资成本远高于海运，加之日本有一定的造船技术基础以及航海技术基础，新兴产业铁路与传统海运相比较，海运占较大优势，且之前大量资金投入铁路建设，收益却不成正比，因此官僚们多倾向于整备海运线路，开发沿海海运，以此疏通全国运输网络。另一方面，京都—大阪铁路、京都—敦贺铁路、京都—东京铁路等测量工作由于资金问题被迫中止。尽管井上胜再三上书向工部省提出复工要求，但是奏章石沉大海。与此同时，九条道孝等27名华族联名与政府谈判，希望政府转让京滨铁路的经营权。大藏卿大隈重信和工部卿伊藤博文最终以七年分期支付300万日元的价格同华族签订了铁路转让合同。政府似乎打算放弃对铁路的投资，转而大力发展海运。政府对于铁路建设的政策摇摆不定。面对铁路业停滞不前的尴尬境地，井上胜非常焦虑，甚至以辞职相威胁，从熟识的官僚入手，劝说工部卿伊藤博文加紧推进京都—敦贺铁路的建设。他列举了敷设铁路的益处：铁路能够贯通山地原野间的交通，形成连通全国的交通网络；开山探矿能够解决国民就业问题；建成铁路网能够达到富国富民的目的。1877年1月工部省

---

① 老川慶喜『井上勝：職掌は唯クロカネの道作に候』60頁。

改组，下设铁道、矿山、电信等十局，井上胜任铁道局局长。2月，他便向太政大臣三条实美谏言加快铁路建设的进程，认为铁路建设可以作为殖产兴业的一种手段，达到"劝工励业"的效果。起初伊藤博文对井上胜的劝说置之不理，在井上胜三番五次的上书后，工部省最终妥协了，1877年2月1日批准了京都—大津铁路的建设，拨款工程费889280日元。此时距各铁路敷设停工已有一年，而后西南战争爆发，财政吃紧，稍有起色的铁路业又一次陷入僵局，井上胜深感痛心。

西南战争中铁路在运输兵力上发挥了巨大作用，引起了军部的重视，开始关注铁路建设问题。西南战争的胜负在一定程度上取决于交战双方对交通线的控制，以及由谁占有了铁路这一先进的交通运输工具。当时明治政府已经修通了京滨铁路及大阪—神户、神户—京都的铁路。尽管铁路线不长，除京滨铁路以外，其他两条铁路均为单线铁路，运输效率不高，但它对于提高明治政府的军事运送能力，加快部队的动员、集结速度，还是起到了不可忽视的作用。此外，铁路还输送了大量的武器、弹药、粮食等物资。[1] 军部意识到了铁路在国防建设与防务方面有着不可低估的作用，开始插手铁路建设，站在了推动铁路建设的最前端。1878年日本铁路建设再次步入正轨，大津线铁路的建设提上了日程，西南战争导致政府财政赤字，日本政府开始在全国范围内发放国债以解决铁路工程费用问题，而担当铁路设计、测量、建设的工作人员均为日本人。大津线第一次摆脱了外籍技师的指导，开始走向铁路技术自立、铁路资金自募的道路。大津线工程划分为四个区域，每个区域均由井上胜开办的工技生养成所第一期学员负责，而铁道局官僚兼工技生养成所讲师饭田俊德为总负责。不依靠任何外籍技师的指导，独立建设铁路，政府中以伊藤博文为首的官僚对此表示担忧。井上胜反驳道，"光认为危险而不去实践，何日能期望技术独立"，义无反顾地坚持本国独立建设方针，延续"现场理论"，不时地巡视工程现场，激励初次身肩重责的同僚们。[2]

京都—大津铁路只有11英里（17.7公里），但其中技术含量不容小觑，敷设过程中不仅需筑堤，还需挖凿隧道，这也是日本铁路建筑史上第一条山地隧道。隧道挖凿过程中并没有外籍技师指导，由铁道局建筑课长饭田

---

[1] 祝曙光：《铁路与日本近代化：日本铁路史研究》，长征出版社，2004，第126页。
[2] 村井正利『子爵井上勝君小伝』、转引自渋沢青淵記念財団竜門社編『渋沢栄一伝記資料刊行会刊』204页。

俊德和事务课长野田益晴带领日本技术人员开挖。井上胜希望本国技师借此熟悉铁路敷设过程，逐渐减少外籍技师的雇用人数，既能达到技术自立的目的，又能减少雇用外籍技师的开销。

大津线选线险峻，工程费用较高，最终费用在 695000 日元左右，每英里花费 6 万日元。回顾 1871 年依靠外籍技师指导建造的京阪线，全长 28.2 英里，工程预算为 1314841 美元，当时汇率大约为 1 日元 = 0.91 美元，即工程预算折合 1444880 日元，每英里花费 5.1 万日元。较之于大津线的筑堤挖凿隧道，京阪线的敷设技术难度并不高，而两条线路每英里的建设费用差距不足 1 万日元，可以说大津线的工程费用相对较低。

工部省在探讨延伸京都—东京铁路的问题时，由于财政困窘，在琵琶湖南岸直接将大津线东延的方案耗资巨大，大津线敷设因此中断。工部省内部出现了三种应对方案，工部卿井上馨认为改变原有的线路设计以减少工程费用；工部大辅山尾庸三则建议抛弃铁路铺设方案，改为道路建设；铁道局局长井上胜认为原有线路均已测量完毕，若转向井上馨的方案，需要投入人力进行重新测量设计。[①] 他认为不如在原先的线路基础上，将大津站附近的马场站（现膳所站）作为从京都到大津"之"字形线路的中转站，再用火车渡轮连接琵琶湖两岸的大津站与长滨站。井上胜的代替方案得到了工部省的支持，1882 年，藤田传三郎成立太湖蒸汽船公司，之后往返于大津与长滨的火车渡轮成了琵琶湖面上一道亮丽的风景线。而后连接琵琶湖周边长滨港与敦贺港的敦贺线的测量工作开始进行，该铁路线于 1884 年顺利贯通。

琵琶湖的火车轮渡业务用较低的费用高效地解决了连通琵琶湖两岸的难题，柳濑隧道建成后，长滨—敦贺铁路全线贯通。敦贺港的历史可以追溯到奈良时代，三面环山形成了天然良港，连通本州北陆地区、北海道、琉球群岛，是日本的重要海港。如图 1 所示，大津线、琵琶湖火车轮渡、敦贺线连通了京都与敦贺港，为东西两京铁路奠定基础。在资金匮乏的年代，井上胜等人规划线路侧重考虑性价比问题，琵琶湖轮渡廉价实用，不失为明智的选择。然而由于琵琶湖轮渡需要配合火车开点到点时间，轮渡班次受限较大，太湖蒸汽船公司处于常年亏损的状态。井上胜认为铁路为公共事业，铁路建设刚起步不能考虑盈亏的问题，但是太湖蒸汽船公司是民间

---

① 老川慶喜『井上勝：職掌は唯クロカネの道作に候』74 頁。

企业，不能与政府相同承担亏损，因此建议政府向太湖蒸汽船公司提供补助。从这件事来看，井上胜的铁路国有思想初现端倪，铁路投入大，回报时间长，民间公司难以承担风险，只有政府宏观主导铁路发展，用政府预算、其他线路的盈利来补贴部分亏损，才能引导铁路良性发展。

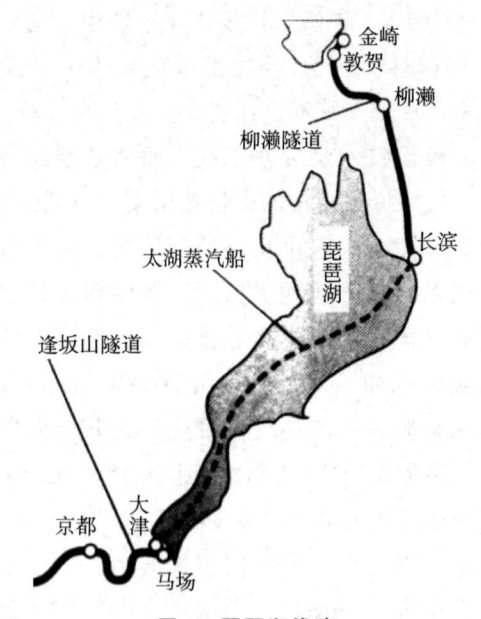

图 1 　琵琶湖线路

资料来源：中西隆紀『日本の鉄道創世記：幕末明治の鉄道発達史』河出書房新社、2010、122 頁。

从大津线到敦贺线，日本本国技师的隧道开凿技术得到磨炼，大津线的逢坂山隧道是日本技师挖凿的第一条隧道，全长 664.76 米，而敦贺线的柳濑隧道全长 1273.8 米，在之后的几十年间一直是日本最长的隧道。这两条隧道均由日本技师独立完成，日本在技术自立道路上越走越远。

铁路建设的前十年铁路业的发展不尽如人意，资金匮乏，技术人员短缺，政府决策多变，徘徊不定，铁路业发展举步维艰。井上胜对于铁路业的执着与坚持使得日本铁路业并未在铁路初期建设中夭折，建成的东京—横滨、京都—大阪—神户以及大津线、敦贺线四条线路中，除京滨铁路外，其他线路连接了京都与大阪、神户、大津、敦贺港、长滨港等重要城市和港口，关西地区铁路网初具规模。若修建东京—京都铁路，则能将关东与关西地区连接，构成日本铁路网雏形。

三 井上胜与东西两京间铁路建设

19世纪70年代,关于如何设计东京与京都之间的铁路干线,出现了两种方案,一是中山道线,二是东海道线。井上胜起初看好东海道线,便指派小野友五郎进行实地勘测,勘测后他们得出了相反的结论。东海道自江户时代以来就是重要的交通动脉,既有东京至神户的海运线路,又有运输便利的陆运线路,建设铁路的性价比不高。反观中山道线,山丘绵延,自古交通不便,建设铁路可达到"运输物产,开化山国"的目的。① 同一时期,外国技术指导理查德·维卡·波义耳(Richard Vicars Boyle)对中山道进行了实地测量,他认为东海道是当时日本设计最合理的运输线路,建设铁路的意义不大,而如果建设中山道线的铁路的话,能够推动中山道沿线的产业发展,解决山地运输的难题,有利于日本经济发展。

"是岁冬日本铁道公司线路略高崎,而政府官僚渐感奋,注重于铁路之经营。山县公及军人在枢要地位者,皆谓高崎至大垣,不可不速令连结。于是山县公上书建言,十六年十二月二十八日有布令募铁道公债六千万日元,充中山道布设铁路之用。予之欢喜在一生中以此时为最大。"②

西南战争中铁路在运输兵力上的作用得到了军部的认可。时任工部卿代理兼陆军中将山县有朋出于国防的考虑表明了军部的立场:"德国等欧洲各国开始强化铁路建设以增强军事实力。很明显铁路在兵力以及武器的运输上发挥了很大的作用。为了军事运输的发展,连接东西两京的铁路须尽早建设。在路线方面,军部选择中山道线方案。沿海敷设的东海道线如果遇到外国军队从海上进攻日本的话,铁路也一时无法支撑兵力运输。而后敌军上岸后有可能抢夺铁路,出现反手征服我国的可能。如果铁路走中山道线,以上忧虑自然不必在意。因此希望选择远离沿海地区的中山道线方案建造铁路。"③ 此外出于军事的考虑,回想起1853年的黑船来航以及1863年的下关战争、萨英战争,日本尚未走出外国军舰的炮击阴影,如若外敌入侵从海上偷袭,为防止外国舰船的炮击,铁路也不应建在沿海地区,因此否决了东海道线的方案,主张穿行内地的中山道线方案。军部对于铁路

---

① 老川慶喜『井上勝:職掌は唯クロカネの道作に候』86頁。
② 井上胜:《铁道志》,转引自大隈重信《日本开国五十年史》上册,第426页。
③ 中村建治『東海道線誕生:鉄道の父·井上勝の生涯』ミイカロス出版、2009、132頁。

建设态度的转变引起了伊藤博文的注意，因此开始尽量确保铁路建设的预算。政府向民众募集6000万日元以建设中山道线，铁路建设资金得到充实，井上胜将此刻归为一生中最欢喜的时刻，可见当时日本铁路建设资金匮乏的程度。

工部省、军部、铁道局、外籍技师各方都偏向选择中山道线，没有出现较大的分歧，因此1883年连接东西两京间铁路的设计方案最终确定为中山道线。在确定了连接东京与京都之间的铁路线路之后，井上胜还考虑了连接南北两港之间的铁路线路，东部建设铁路连接横滨港与直江津港，西部连接四日市港与敦贺港，铁路与重要海港相连，以完成日本交通网络的初步构想。

中山道线开工后进度缓慢，井上胜感到不安，选线时他并没有亲自考察中山道线，只是通过小野友五郎、波义耳两方的勘测得出结论，并且政府内部各方面意见统一，希望开发中山道线地区，因此一种先入为主的观念干扰了井上胜客观的判断。"中山道线建设是否正确，果然还是需要自己亲眼去确认。到底哪条线路适合敷设还是需要亲身考察，这样才对政府对国民有说服力。"① 井上胜决定对中山道线的计划线路完整地实地考察一遍。他带领几名技师于1884年5月从上野出发，历时54天考察了中山道所有线路。考察前期阶段还能依靠铁路、人力车、马车、渡船等交通工具，进入山岳地带后，地势崎岖，陡坡不断，只能徒步前行。由于工期紧张，时间紧迫，日均考察线路距离在50公里左右，大多需要翻越山岭。考察从春末延续到初夏，气候较为舒适，但进入中山道地区后，气候差异很大，有些地区路上仍积有残雪，有时又遇上暴风雨。无论是地形还是气候，以当时日本的铁路建设技术还不足以克服施工中出现的困难，难以沿中山道敷设铁路。

井上胜感到了事态的严峻性，进言选择中山道线一事他自身有一定的责任，如果中山道线最终因为恶劣的条件无法建成的话，将会毁了政府近20年来规划的铁路网，并牵连大隈重信、伊藤博文等人，这不仅是铁道局规划失误的问题，还将演变成一个政治问题。1885年井上胜指派心腹原口要秘密测量东海道线的数据，开始考虑改变线路之事。原口要1875年作为文部省第一批公费留学生，留学美国伦斯勒理工学院攻读土木工程学，归

---

① 中村建治『東海道線誕生：鉄道の父・井上勝の生涯』142頁。

国后成为铁道局的技术官僚。1886年井上胜决定对中山道线中部山岳地带再次进行勘测,勘测数据令人大跌眼镜。原本中山道线路都是基于波义耳1876年的勘测数据而规划的,但是铁道局重新勘测的数据与波义耳的数据存在出入。井上胜开始对波义耳的数据持质疑的态度,而后调查发现当年波义耳很多地区都没有亲自勘测,有时指派手下测量,有时则是通过望远镜随意地测量。井上胜极为震怒,波义耳提供的不准确或虚假数据导致投入的大量时间与金钱打了水漂。

关于选线的问题,从运营的观点来看,最理想的是既直又平的线路。但是天然地面状况复杂多变(有山、水、沙漠、森林、矿区、城镇等障碍物和建筑物),如果把铁路修得过于平直,工程数量和工程费用就会很多且工期长,这样既不经济,又不合理,有时也不现实。[①]

勘测后铁道局认为中山道工程难度超出预期,日本当时不具备建设中山道线铁路的技术和资金,工期长达十几年,所需工程费是东海道线的1.5倍,并且需要建造17.7公里隧道,而东海道线拥有悠久的历史,地理环境优于中山道线,并且基本无须建造隧道,难度直线下降。从东京到名古屋走中山道线需要19个小时,而走东海道线只需13个小时。贯通后中山道线的营业收入约为88万日元,东海道线的营业收入则为108万日元。两害相权取其轻,东海道线更为合适,而井上胜与波义耳之前考虑的都过于简单了。

变更线路刻不容缓但非常棘手,第一个难题就是如何获得军部的同意。军部出于国防的考虑,极力反对在沿海建铁路。井上胜决定带上规划图、工期工程计划书、预算表等拜访参谋本部长山县有朋。[②] 山县有朋当时大力支持选择中山道线,因此说服山县有朋就有可能说服整个军部。井上胜将中山道线的工程难度等出现的问题向山县有朋一一道出。军部大力支持铁路业的发展看重的是铁路的运输能力,当时中日关系紧张,两国开战不可避免,完成连接东京与京都之间的铁路迫在眉睫。建成中山道线需要十几年时间,这无疑对军事布防相当不利,如果将中山道线暂时搁置,转而建设东海道线,工期将会大大缩减。开战在即,西南战争的经验告诉山县有朋两方运输兵力的速度决定了战争的胜负,因此他接受了井上胜的请求,同意变更线路。对于中日两国开战的问题,山县有朋改变作战思路,决定"以攻为守",避开日本本土沿海铁路的致命弱点,转而准备进攻中国大陆。

[①] 佟立本:《铁道概论》(第6版),中国铁道出版社,2012,第38页。
[②] 中村建治『東海道線誕生:鉄道の父・井上勝の生涯』165頁。

其次，变更线路需要内阁的批准。得到了山县有朋的同意后，井上胜便马不停蹄地拜访了伊藤博文。此时工部省已经被解散，内阁直接管理铁道局，伊藤博文作为第一届内阁总理大臣，成了井上胜的直属上司。井上胜与伊藤博文虽为挚友，但此时是下属与上司的关系。听到井上胜的请求后，伊藤博文瞬间露出了"有点难办啊"的表情。① 显然变更线路没有那么简单，政府将会面临混乱，但继续推进中山道线的建设只会让工程陷入更深的泥沼，大量的金钱和时间投入却得不到预期的回报。对于更改线路方案，伊藤博文忌惮于军部的反弹，正当他难以抉择之时，听闻井上胜已经获得山县有朋的首肯，得到了军部的支持，便答应了井上胜的请求。1885年日本确立了君主立宪制度，伊藤博文上台组阁，着手起草明治宪法，并定于1890年召开帝国议会。因此伊藤博文与井上胜约定东海道线必须赶在帝国议会开幕前竣工。1886年7月，井上胜正式向内阁提交线路变更申请，经过激烈的阁议，内阁最终批准了变更申请。1889年7月，东海道线提前竣工营业。

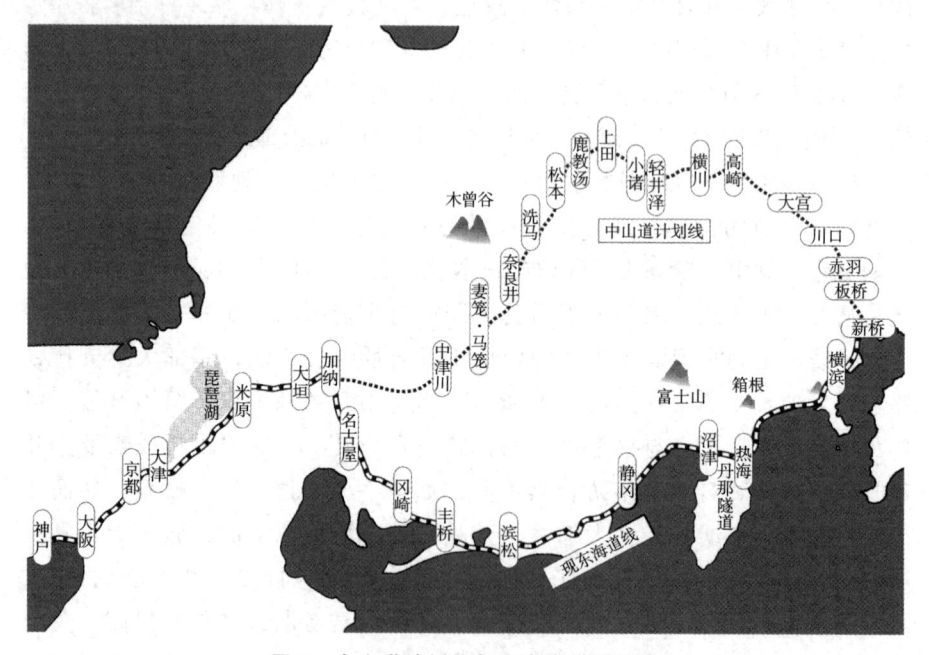

图 2　中山道计划线与现东海道线示意

资料来源：中村建治『東海道線誕生：鉄道の父・井上勝の生涯』130 頁。

---

① 中村建治『東海道線誕生：鉄道の父・井上勝の生涯』167 頁。

井上胜在关于东海道线贯通的报告中写道："7月1日起，盼望已久的东京—神户间的铁路全线贯通开始营业。……东海道干线自从变更线路后用了3年完成建设。建设期间关于工程进展争论不断，最终结果也很普通，比原本预期三四年稍微提早了一点。……我国的铁路建设已有20余年，终于有了现今的规模，但这个发展水平并不能称得上很快。如果十年前没有引发铁路建设'热'，那么如今的铁路建设可能还是滞后的。当然，如果没有20年前国家的决策（自国管辖方针）也就没有现今国家福利增进可言了。"① 这段话对日本铁路建设最初的20年进行了总结，他对于中山道线中途更改方案感到自责，而铁路职工在中途变更线路的巨大压力下毫不气馁，他也给予了高度赞扬。

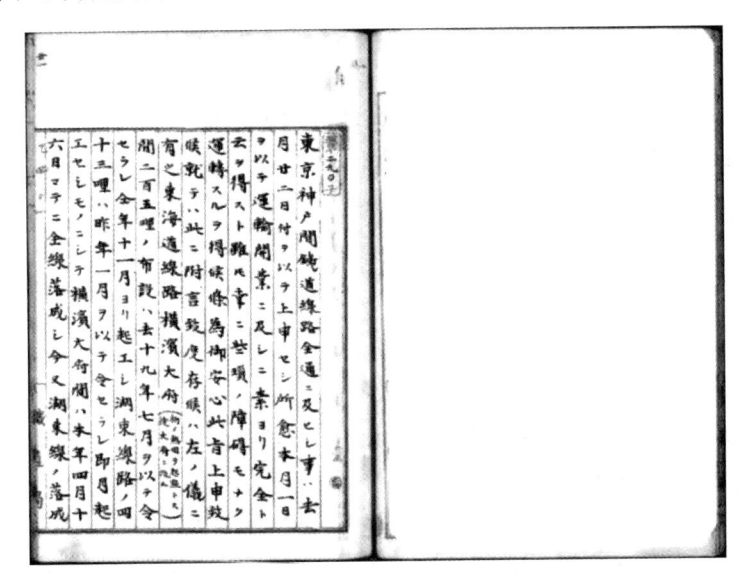

图 3　井上胜向内阁总理大臣黑田清隆提交的关于东海道线全通的报告原件
资料来源：日本国立公文書館「鉄道局長官子爵井上勝東京神戸間鉄道全通運輸開業ニ至リシニ付其顛末ヲ具状ス」，1889 年 7 月 8 日，http://www.digital.archives.go.jp/das/image-j/M0000000000001723627，访问日期：2020 年 9 月 17 日。

1890 年 11 月第一次帝国议会如期召开，选举了 3000 人的代议员。议员们多坐马车、人力车进京，而来自东海、关西、中国、四国、九州等地区的议员则选择了乘坐火车通过东海道线进京，这是对铁路的一次很好的宣传。许多议员第一次坐火车，这使得铁路成了议会中的热门话题，也让

---

① 老川慶喜『井上勝：職掌は唯クロカネの道作に候』148—149 頁。

一部分议员感受到了铁路的魅力。

日本铁路初期建设的第二个十年，连接东西两京的铁路几经波折终于贯通。与第一个十年不同，这十年的铁路发展有着量与质的飞跃。从量的发展来看，自1870年政府决定敷设京滨铁路起，前十年间资金困窘、技术人才匮乏等造成了铁路业发展缓慢，仅建设了98英里（157.7公里）。西南战争中铁路所发挥的作用引起了军部的注意，铁路业开始得到政府的重视，也受到了私有企业的关注。1880年至1882年仅仅两年时间，铁路里程总数增加了一倍，到1890年日本全国拥有1400英里（2253.1公里）的铁路，是前十年铁路里程数总和的14倍。另一方面，日本铁路业得到了质的发展，前十年日本敷设铁路大多依靠外籍技师，受制于技术，日本最初的几条铁路可以说是由一群外国人在日本的土地上修建的，而随着工技生养成所的开办，井上胜、饭田俊德等技术官僚培养了一批技术人才，日本铁路开始了技术自立之路，第二个十年所修建的铁路基本由日本本国设计、测量、建设。经过中山道线中途更改线路一事，井上胜也吸取了教训，对选线一事慎之又慎，之后在他任职的20多年中，再也没有出现施工中途变更线路的事情了。

结　语

铁路是日本近代化的产物与标志之一，而它又反过来影响并推动近代化的发展。[①] 铁路对日本明治社会产生了巨大影响，它不仅改变了人们的交通观念，也缩小了时空的距离。黑船来航以后，日本被迫打开国门，走上了资本主义发展之路，50年间成长为世界强国。大隈重信在撰写《日本开国五十年史》时邀请井上胜撰写《铁道志》，认为井上胜"终始尽瘁于铁路之经营世人所知也，今叙开国诸端不可尽述焉，盖其沿革非子莫能详也，请纪之以资中外国家之参照"。[②] 井上胜既是日本铁路建设的第一人，也是亚洲铁路建设的第一人。"我的一生以铁路为开端，已经同铁路一起成长，也应伴随着铁路老去。"[③] 井上胜如此评价自己的一生。

井上胜为日本铁路的诞生、发展做出了杰出的贡献。在其任职的23年

[①] 祝曙光：《铁路与日本近代化：日本铁路史研究》，第93页。
[②] 井上胜：《铁道志》，转引自大隈重信《日本开国五十年史》上册，第413—432页。
[③] 村井正利『子爵井上勝君小伝』、转引自渋沢青淵記念財団竜門社編『渋沢栄一伝記資料刊行会刊』204頁。

间，日本铁路从无到有，完成了总长 1871 英里（3011.1 公里）的铁路建设，初步构建了覆盖全国的铁路网络，为日本成为铁路大国打下了坚实的基础。井上胜在铁路技术的引进、吸收、消化和改造以及铁路技术人员的培养等方面殚精竭虑，尽可能短时间内实现日本铁路的技术自立。自 1872 年第一条铁路开业以来，日本铁路的初期建设依靠大量的外籍技术人员。"当时计图之豫算，由外国人所定，而日本人未能之。"[①] 以大津线建设为开端，井上胜设立工技生养成所培养铁路技术人才。

井上胜杜绝外国资本染指本国铁路事业，避免了日本铁路沦为殖民地铁路的命运。建设京滨铁路时明治政府曾考虑借外债，但由于李泰国的欺骗与毁约，最终放弃发行外债，并且在之后的几十年中对于外债问题慎之又慎，铁路建设资金通常采用募集国债的方法，从民间募集资金，走铁路建设资金自立自募的道路。然而，井上胜对于日本铁路早期建设留有遗憾：在中山道选线的问题上，由于技术难度以及资金等问题，施工中途变更线路，造成了铁路资源的浪费。井上胜对这件事耿耿于怀，也正是这次教训，在之后的选线问题上他更加谨慎，再也没有发生类似的失误。

对于前人的评价，我们不能过于苛刻。纵观井上胜的一生，可谓波澜起伏，少年秘密渡英留学，青年为日本铁路殚精竭虑，中年愤而辞任，晚年又为铁路发展奔波考察各国，被称为"铁道之父"当之无愧。在井上胜去世 100 多年后的今天，回顾其职业生涯仍可以看到日本铁路初创期的发展轨迹，对于日本的近代化历程也可窥一二。

[①] 井上胜：《铁道志》，转引自大隈重信《日本开国五十年史》上册，第 419 页。

·铁道史教学·

"中外铁路史专题研究"课程内容设计[*]

课程建设团队[**]

苏州科技大学历史学专业依托国家级一流本科专业建设点,拟开设"中外铁路史专题研究"课程,将铁路史研究成果转化为课程教学的特色和优势。本课程共16课时,分8个专题进行讲授。

第一专题,中国古代交通概论。

本专题课程的目标在于通过对中国古代道路与交通的发展历程进行讲解,使学生了解中国古代道路的发展历史、交通工具的革新进程,以及轨道交通的产生概况等内容,进而使学生养成独立自主思考中国古代轨道交通相关问题的能力。课程内容包括先秦的交通工具、秦代轨道交通的产生、古代轨道交通的遗存等。先秦的交通工具主要讲解夏朝的交通工具形式,商朝的车辆制造技术进一步提高,能够造相当精美的两轮车,西周至春秋战国时期是我国古代两轮车发展的鼎盛时期。秦代轨道交通的出现主要讲解秦始皇统一中国后,实行了"车同轨",对车辆制造的技术和工艺提出了更高的要求,建造了以咸阳为中心的通往全国各地的驰道,驰道都是土路或者石头路,车轮全都是木质,久而久之,在木轮压过的地方就会留下深深的车辙。由于车辙宽度一致,十分类似现今的"轨道",不同的是,古代的轨道是由车轮碾压导致,现在的轨道则是人为预先修建。古代轨道交通的遗存讲解主要是通过图片展示的方式进行,秦代以降,历代留下了一些轨道交通遗存,如崤函古道上的古代车辙、南阳木质轨道、永和桥桥面中间留下

---

[*] 本文系国家级一流本科专业建设点暨江苏高校品牌专业建设工程二期(二批)资助项目。

[**] 成员为赵海龙、顾少华、赵伟、姜建国、王英、彭永福、李超、张建伟,苏州科技大学社会发展与公共管理学院历史学系教师。

的两道很深的古代车辙痕迹等。本专题课程以这些内容为重点进行讲授，可以使学生对中国古代轨道交通有一个基本的认识。

本专题的主要参考论著有：赵云旗《中国古代交通》，新华出版社，1993；王子今《中国古代交通文化论丛》，中国社会科学出版社，2015；李楠编著《中国古代交通》，中国商业出版社，2015。

第二专题，铁路的概念史。

本专题课程的目标在于借由概念史视角，讲解铁路及以其为核心的概念群在近代中国产生及演化的历史，使学生能够理解关于铁路知识生产与再生成的过程，能够认识到围绕铁路概念所构造的一套观念系统，及铁路对近代中国社会产生的重要影响。课程内容可分如下三个部分。第一，概念史的问题意识及研究方法。该部分主要讲解西方概念史研究的现状，重点介绍德国概念史的相关理念，目的是让学生了解概念史的基本状况，理解核心的理论工具，作为后续学习中国近代铁路概念历史的理论储备。第二，概念史与中国近代史研究。该部分主要讲解概念史与中国近代历史研究相结合的问题，重点解释概念史对于中国近代历史研究的重要性及存在的局限，重点引导学生将后续铁路概念史的研究置于这一学术脉络中进行思考。第三，铁路及其相关概念的产生及演变。首先讲解铁路及其相关核心概念如何通过日本的翻译而形成汉语词汇，重点讲解"跨语际实践"的问题；其次讲解这些进入汉语知识世界的名词，哪些逐渐被淘汰，哪些继续存在，哪些又产生了变化，由此进一步引导学生思考这种语词更迭背后更为深远的社会文化意涵；最后讲解这些稳定的铁路概念被时人挪用的各类现象，引导学生思考由铁路概念搭建的一套观念如何影响社会。

本专题的主要参考论著有方维规《概念的历史分量：近代中国思想的概念史研究》，北京大学出版社，2019。

第三专题，铁路与近代中国。

本专题课程的目标在于通过对近代中国铁路建设的艰难起步及推进等历史的讲解，使学生能够理解近代中国铁路的建设与政治、经济、社会、文化等方方面面均有关联，能够认识到铁路建设对近代中国转型起到的独特作用。课程内容可以选择几个论题重点讲解：晚清朝野关于修建铁路的争论，铁路建设与清末社会力量的整合，北洋政府时期铁路的建设和运营，南京国民政府时期铁路事权的统一与管理整改，铁路与民众生活的"反日常"。在近代中国的历史背景下，铁路建设的开启必然卷入列强的侵略、朝野的政争、经济的纠葛以及传统观念的阻碍等复杂的局面,而晚清朝野关于修建铁路的各种争论是矛盾的集中体现,辛亥革命推翻清朝的历史结果有深厚的社会力量变动的导因,围绕建设权力展开的铁路风潮运动撬动旧有的社会格局,并重新整合了社会力量。通过数量分析,重新考察北洋时期中国铁路建设及运营的实际状况,有尚未获得重视的成绩,也存在不可持续的问题。在"以党治国"背景下,南京国民政府成立铁道部欲统一铁路事业诸权,并加大整理铁路外债及改革运营管理的力度,是中国向现代国家过渡时期政府治理铁路事业的尝试。铁路的开通运营对民众的日常生活产生了深刻的影响,其中"反日常"现象是铁路影响社会的结果。本专题课程以此为重点进行讲授,以使学生对近代中国铁路有更深刻的认识。

本专题的主要参考论著有:朱从兵《李鸿章与中国铁路——中国近代铁路建设事业的艰难起步》,群言出版社,2006;朱从兵《张之洞与粤汉铁路——铁路与近代社会力量的成长》,合肥工业大学出版社,2011;朱从兵《北洋政府时期中国铁路之数量分析》,《江汉论坛》2015年第11期;黄华平《国民政府铁道部研究》,合肥工业大学出版社,2011;朱从兵《近代铁路的"反日常"现象论析——以1916年〈申报〉对铁路的报道为例》,《民国研究》2012年第2期。

第四专题,近代铁路期刊。

本专题课程目标包括三个部分:首先在教学过程中传授给学生有关近代铁路期刊的相关知识;其次培养学生查找、研读近代铁路期刊的能力;最后在学生对于中国铁路事业发展初期阶段情况有一定认识的基础之上,培养学生对于中国铁路事业的理解与热爱。教学重点是对各个近代铁路期刊的基本情况进行介绍,在此基础之上分析近代的发展历程及时代特征。教学难点是指导学生自己动手实践,查找与研读近代铁路期刊原始文献,并提炼出认识与观点。在教学过程中主要使用老师讲授的方法,此外将结合使用提问、讨论、自学、演示、演讲等方法。课程的内容分为如下三个部分。首先,大体上介绍近代中国的时代背景与近代铁路发展的大体状况。其次,介绍各个近代铁路期刊。例如介绍《铁路职工》是由铁道部职工教育委员会刊发的刊物,出版地在南京。该刊物刊载的内容包括:"凡有关于铁路职工生活,职工教育,职工调查及劳工文学、小说、诗歌、戏剧、歌谣等项之文字。"[①] 每周星

[①] 《本报征稿简则》,《铁路职工》第20期,1932年10月,第20页。

期六发行。当时的报费是，每周一册三分，半年二十六册六角，全年五十二册一元。现存并不齐全，中国国家图书馆藏有1932年至1936年间的65期。这一刊物全面地展现了民国时期铁路工人的日常工作内容、生活状况以及受教育状况，是研究铁路工人生活史的珍贵资料。最后，分析近代的发展历程及时代特征。

本专题的主要参考论著为谢彬《中国铁道史》，知识产权出版社，2015。

第五专题，近代英国铁路的产生与发展。

本专题课程目标在于通过对世界第一个现代化国家英国如何发明火车、修建世界第一条铁路，铁路建设在英国的兴起、繁荣、衰落以及英国对铁路管理沿革进行讲解，使学生能够理解铁路发展与工业革命、社会改革的关系，明白近代英国社会转型特点，理解近代中英两国经济发展、国家实力和国际地位的变化。根据课程重点和课时安排，主要内容可分如下四部分。第一部分，介绍19世纪上半叶英国铁路的产生、兴起与英国工业化、城市化发展。重点分析世界第一条铁路在英国修建的原因，英国社会对铁路的质疑，早期铁路建设的历程以及英国铁路运输与水运的关系等。第二部分，介绍19世纪末至二战结束英国铁路发展状况。重点分析两次世界大战期间英国铁路发展的特殊历程、英国铁路公司的兼并以及英国对作为私有财产的铁路的管理政策。第三部分，介绍二战后到20世纪末英国铁路的公有化发展进程，重点分析1947年英国颁布《交通法案》，推行铁路国有化的原因及影响，20世纪后期铁路公有化出现的问题以及英国政府的改革措施。第四部分，介绍20世纪末至今英国铁路私有化发展历程，重点揭示1993年英国颁布《铁路法》的原因，阐明国家对铁路运输的管理策略及铁路私有化对英国经济社会发展的影响。

本专题的主要参考资料有：M. G. T. Lewis, *Early Wooden Railway*（London：Routledge and Kegan Paul，1974）；M. C. Reed, *Investment in Railways in Britain 1820 - 1844：A Study in the Development of the Capital Market*（London：Clarendon Press，1975）；Terry Gourvish, *Railways and the Britain Economy 1830 - 1914*（London：Oxford University Press，1983）；M. J. Freem and D. H. Aldcroft, *The Atlas of British Railway History*（London：Routledge，1985）；荣朝和编著《西方运输经济学》，经济科学出版社，2008；BBC纪录片《英国铁路纪行》（*Great British Railway Journey*）。

第六专题，19世纪以来美国铁路的发展、繁荣及衰落。

本专题课程旨在介绍19世纪以来美国铁路的发展、繁荣、衰落以及当前面临的困境等内容，使学生了解铁路对美国经济现代化的贡献，掌握铁路发展与工业革命、信息革命进程的关系，以美国铁路发展为例，讲解美国联邦体制的优势和弊端，通过中美两国高铁发展的比较，使学生初步理解两国政治体制对于经济发展的影响。根据美国铁路的发展阶段和课时安排，本专题大致分为四个部分。第一，19世纪美国铁路建设的兴起、繁荣与美国经济的现代化。包括联邦政府的扶植政策、国会对铁路建设的质疑、铁路建设与航运建设的竞争等。具体言之，铁路既是美国工业革命和技术发明的结果，也是促进美国工业革命、技术发明和现代化的重要因素。"铁路时代"把铁路建设推向快速发展阶段。第二，20世纪美国铁路发展的衰落。包括私人投资过剩和无序扩张、经济大危机的影响、联邦政府法案带来的负面影响、航空业发展和公路运输带来的激烈竞争等。第三，冷战时期的国防需要，主要是确保遭受核攻击后能够尽快恢复基本交通运输的需求，促使美国政府大力资助和参与全国高速公路网的建设，并通过燃油补贴政策进一步降低公路运输的成本，从而加深了美国铁路业面临的困境。第四，美国高速铁路发展的停滞及其原因分析。包括《高速地面运输法》《美国复兴与再投资法》等法案中的高铁规划分析、奥巴马政府高铁蓝图破灭探析等。

本专题的参考著作有 Ralph W. Huenemann, *The Dragon and the Iron Horse: The Economics of Railroads in China, 1876–1937* (Harvard University Asia Center, 1984); 纪录片有 *Why Trains Suck in America*, *American Railroads: Explained in 20 Minutes*, *U.S. Railroad History Map 1830–1990s*, 等等。

第七专题，近代日本铁路。

日本是铁路现代化程度最高的国家之一，拥有全世界最密集的网线、最庞大的乘客群体以及一套极具特色的铁路文化。日本铁路的发展与其国家近代化的进程同步，始于19世纪中叶，历经一个多世纪的发展，其间取得的成就、积累的经验与遇到的困难，对当下我国推动建设现代化铁路强国仍不乏借鉴和启示的意义。

本课程旨在考察日本铁路发展与国家繁荣富强的互动关系，主要关注铁路在日本国家近代化各个阶段的地位及作用，主要内容包括以下三方面：第一，日本铁路的诞生与发展，讲授日本铁路自诞生以来的历史变迁；第二，日本铁路的规划与运行，讲授日本铁路的线路规划及运行效果；第三，日本铁路的文化与启示，讲授日本铁路发展中逐渐形成的特有文化及其表现，推动形成铁路文化的举措对我国建设现代化铁路强国的借鉴意义。

本课程的教学方式主要有案例讲授、图文展示和小组讨论等。课前给学生分发事先打印好的教学提纲，使学生快速了解本课程的教学目标及重难点。讲授过程中，根据图文资料和教学提纲与学生进行课堂互动，并积极组织学生进行小组讨论和课题汇报。课后给学生布置作为知识回顾和拓展的阅读材料。

本专题推荐阅读的书目有：祝曙光《铁路与日本近代化——日本铁路史研究》，长征出版社，2004；杨中评《新干线纵横谈——日本高速铁路技术》，中国铁道出版社，2012。推荐观看的电影有：降旗康男导演的《铁道员》（1999年上映）和三宅喜重导演的《阪急电车：单程15分的奇迹》（2011年上映）。

第八专题，世界高速铁路的发展与变迁。

本专题课程通过学习20世纪下半叶以来世界其他主要国家高速铁路发展的具体过程以及未来的趋势等内容，旨在让学生了解高铁在各国经济社会中起到的作用，掌握高铁发展与全球化进程之间的关系；以德国、法国等国高铁发展为例，让学生了解不同国家高铁发展运营模式的优势和弊端；通过中外高铁发展的比较，让学生初步理解国情与高铁发展模式之间的关联性。根据世界高铁的发展阶段和课时安排，本专题课程大致分为三个部分。第一部分，世界高铁发展概览。介绍第二次世界大战结束后世界高速铁路发展的三次浪潮，概括世界高铁发展的阶段性特征，让学生了解高铁发展的演变趋势。第二部分，世界高铁发展模式个案分析。以德、法两国为代表，分别介绍其列车设计、网线建设、运营管理的基本特点以及与本国其他产业和经济社会的相互影响。第三部分，世界高铁的现状、问题点与展望。以课程前两部分内容和世界现代史课程内容为基础，比较不同国家高铁发展模式的优劣，理解国情与高铁发展模式之间的关联性。

本专题的主要参考书有：孙翔编译《世界各国的高速铁路》，西南交通大学出版社，1992；王雄《中国速度：中国高速铁路发展纪实》，外文出版社，2016。

以铁路史口述调查为核心的公众史学实践课程[*]

顾少华[**]

摘 要 苏州科技大学历史学专业，依托铁路史研究中心，开设了以铁路史口述调查为核心的公众史学实践课程。该实践课程特色鲜明，教研并重，是苏州科技大学铁路研究和教学进一步深化的关键环节。同时，目前也存在诸如学生实践经费短缺、开课时间设置不尽合理、教学管理不到位、采访对象有限等困难，亟须学校、学院、专业统筹考虑，以便完善课程，提升教学质量。

关键词 公众史学 口述实践 铁路史

一 苏州科技大学历史学专业公众史学课程概况

公众史学（public history）是20世纪70年代从美国兴起的历史学新的研究领域和教学体系，目前全世界众多高校历史学专业相继设立公众史学课程，并开设公众史学硕士、博士项目。近年来，中国一些高校，如复旦大学、浙江大学、华东师范大学、宁波大学等，纷纷设立公众史学研究中心，开展公众史学的教学与研究，公众史学的教学与研究正成为中国历史学发展的新趋势。公众史学是一种面向公众、强调史学为公众和社会服务以及注重史学的公众性、实践性的史学研究领域和教学体系，它不仅可以拓宽历史学专业学生的就业市场，也具有更新历史学的研究方法、扩大历史学的社会参与度、培养历史学专业学生实践能力的巨大潜能。

---

[*] 本文系国家级一流本科专业建设点暨江苏高校品牌专业建设工程二期（二批）资助项目。
[**] 苏州科技大学社会发展与公共管理学院历史学系讲师。

苏州科技大学历史学专业自2014年开始利用短学期开展公众史学的实践教学，在2018年修订本科生培养方案过程中，正式将"公众史学基础与实践"列入历史专业本科生培养方案，并确定为专业教育必修课程。其中"公众史学基础与实践"理论课程教学16课时，1学分；"公众史学基础与实践课程实习"一周，1学分。"公众史学基础与实践"理论教学和实践教学相加，共2学分。"公众史学基础与实践"课程的教学目标是，通过理论课程和实践环节的教学，传授公众史学的基本理论和实践方法，在学生掌握历史学传统知识和技能的基础上，培养学生从事公众史学工作的能力，从而达到拓宽学生就业渠道、提高学生为社会服务能力的目的，同时可以和中学教育中对师范生的需求更好地对接。课程建设的远期目标是将"公众史学基础与实践"课程建设成一门面向全校本科生的通识课程，推广历史学的思考方法，普及历史学知识，提高大学生历史学素养。

二　本课程初步开展的教改实践

第一，理论教学体系的充实与完善。自2014年以来，"公众史学基础和实践"课程的教学主要依托暑期短学期，时间有限，理论教学环节相对薄弱。在2018年新培养方案中，理论课程教学达16课时，有较为充足的时间开展理论课程教学，公众史学的理论体系有必要进一步充实和完善。

第二，实践教学的体系化和正规化。2014年以来的公众史学教学一直以实践环节为龙头，但因短学期教学项目较多，公众史学课程仅覆盖到一小部分学生，实践教学主要局限于口述史的实践，实践教学环节较为单一。在新培养方案中，有一周的实践教学安排，并且覆盖全体同学，势必要求实践教学环节进一步拓宽实践教学项目，并使之体系化和正规化。

第三，大力开展实习基地建设。实践教学基地建设是实践教学环节顺利进行的基础和保障，虽然自2014年以来苏州科技大学和苏州高新区浒墅关镇政府、苏州上方山国家森林公园有长期的合作，定期在该地开展实践教学，但缺乏正式的协议和长久的机制。在新的改革和建设周期中，我们准备正式设立3—4个实践教学基地，特别是与苏州铁路站建立合作关系，签订共建协议并挂牌，为实践教学提供坚实的保障。

三 本课程努力打造的主要特色

第一,理论与实践并重。公众史学的研究和教学具有极强的实践性,这是其不同于传统历史学课程的主要特点。因此,本课程改革将以实践教学环节为龙头,以理论教学服务实践教学,以实践环节带动理论教学,以实践环节深化理论教学。

第二,教学与研究结合。历史学专业设立了"苏州科技大学中国铁路史研究中心"等研究机构,本课程的实践环节将以这些研究机构的研究项目和研究力量为依托,达到教学相长、以科研带动教学、以教学推动科研的目标。同时,本课程教学将积极面向全国高校"挑战杯"大赛,通过该项赛事,展示教学成果。

第三,以服务地方为导向。公众史学的基本特征是其公众性,公众史学的展开必然对社会和公众产生影响,公众史学的教学需要以服务性为支撑,公众史学的教学效果亦需要通过为地方服务来检验。因此,公众史学的教学有必要与为社会服务相结合,达到双赢的效果,一方面通过公众史学项目锻炼学生的实践能力,一方面扩宽高校为地方服务的渠道。

四 铁路史口述实践教学的困难

苏州科技大学由原苏州城建环保学院与原苏州铁道师范学院合并组建而成,在铁路史研究和教学方面本身就有较好的成果和资源,这无疑对本课程开展有关铁路史的实践教学提供了优越的条件。本课程实践环节主要围绕铁路史口述调查展开,现就目前遇到的困难介绍如下,以供探讨。

第一,实践教学经费的问题。目前学校层面并未专门提供学生实践课的经费,但铁路史口述实践教学在多方面需要经费支持。一方面,学生外出实践,交通费与伙食费是必需的。值得注意的是,苏州并没有铁路局,只有站点,如果我们想进一步拓展口述调查范围,势必需要前往上海,那么所需的交通费就更高。另一方面,口述调查的展开,强调多次的回访以及环境的安定。有些采访对象虽然很热情,但家里情况特殊,不方便在其家里展开对话,如果就近选择咖啡店等场所,就涉及消费;如果将采访对象请到学校,也需要支付对方交通费。诸如此类的情况还不少,因此铁路史口述实践教学的经费问题，是一个突出问题，需要学校和二级学院、历史学系统筹考虑，以便有效支持学生的实践教学活动，把经费真正用到学生身上。

第二，实践教学开课时间的安排问题。目前本课程的开课时间是大三下学期。对于本专业大三下学期的学生而言，有同学已经将精力投入考研，有同学已经将精力投入实习，他们无法将主要精力放于实践课。教师在布置教学任务的时候也会很为难，如果任务太多，担心他们无法完成，也影响他们备战考研等事；如果任务太少，又担心他们得不到良好的训练。更为重要的是，从与其他实践环节的配合而言，将开课时间放在大三下学期也值得商榷。大二暑假期间，有学生暑期实践项目；大学生创新创业训练计划项目的申报人，也主要是大二学生。如果学生能在暑期实践或大学生创新创业训练计划项目之前，得到系统的公众史学的专业训练，那么对于他们这些项目的展开，显然也是大有益处。换句话讲，本课程开设的理想时间是大二下学期，可以较好地支撑历史学专业学生后续的一系列实践项目。

第三，实践教学的管理问题。目前历史学师范专业有两个班级，学生人数约60人。在铁路史口述实践教学环节，一般会将学生分成15组，3—4人为一组，每组由一名组长负责，分别对苏州市内的铁路职工展开口述采访。那么，一位任课教师常常会遇到分身乏术的问题，无法做到跟随15组去现场，并对他们现场指导。对此，暂时采取的办法是，教师和15名组长定期开会，交流各组遇到的问题。但这种办法对于其他同学而言，就是一种间接的指导。如果学生不分组，一位老师带着大约60个学生前往某地进行口述调查，表面看上去是有教师在现场，但这么多学生显然无法展开真正有效的口述访谈，很可能只是流于形式的走过场。

第四，铁路史口述采访对象不足。目前铁路史口述采访对象不足，且对于采访对象的联系，也只是依靠人情关系，无法持续。事实上，原苏州铁道师范学院毕业的学生不少从事铁路相关工作，且担任领导职位。如何有效地发挥校友力量，帮助联络更为广阔的参访群体，是目前较为急迫的问题。如果能借助校友力量，相信铁路史口述采访的活动范围也可以走出苏州的地域限制。

·综论·

185 年中国铁路史及其研究综论

朱从兵[*]

自习近平总书记于 2013 年提出"一带一路"倡议以来,以政策沟通、设施联通、贸易畅通、资金融通、民心相通为主要内容的"一带一路"建设取得了一系列举世瞩目的成就。基础设施互联互通是"一带一路"建设的优先领域,铁路建设在基础设施互联互通中更具战略性地位。从历史中借鉴有益的经验为当代"一带一路"建设中基础设施互联互通服务,是中国近代铁路史研究的迫切诉求。"联"和"通"的共同基点在于"统",中国铁路史研究的贯通性正是应对这种时代诉求的学术课题和学理命题。

一 中国铁路通史研究的学术史及存在问题

本文所述 185 年中国铁路史是指 1835—2020 年中国铁路的历史。1835 年,《东西洋考每月统记传》载有《火蒸车》的报道。这是关于铁路知识传入中国的最早记载,中国铁路史即以此为起点。2021 年是我国"十四五"规划的开局之年,面向未来,中国铁路如何与"一带一路"建设相结合,进一步有效实施"走出去"的铁路发展战略,需要做出更好的谋划和决策,历史的借鉴显得尤为迫切。以往具有通史性质的铁路史著作多研究 185 年间某一时段的中国铁路,即便是中华人民共和国成立以后,将近代和当代的中国铁路史进行贯通研究的成果也不多,因此,要更深刻、准确、全面地认识中国铁路发展的历史,进行贯通性的研究显得尤为必要。

以《火蒸车》的报道为标志,19 世纪 30 年代,铁路作为近代物质文明

---

[*] 苏州大学社会学院教授。

的成果开始以知识形态传入中国,19 世纪 40 年代和 50 年代仍属于铁路知识形态的传播时期,统治阶级和被统治阶级阵营中都有人对铁路表现出兴趣,并做出正面的评价,而西方列强已经开始图谋在中国建设铁路。进入19 世纪 60 年代,英国人史蒂文生思考中国的铁路建设问题,出版了《中国铁路》一书。之后,铁路逐渐以技术形态进入中国,是否要接受或建设铁路的问题日益成为晚清朝野讨论、争论的中心议题。至 19 世纪 70 年代,早期维新派思想家薛福成、马建忠、王韬等人就有了对世界铁路史的探源研究,并开始对中国的铁路建设问题进行思考。洋务派由此认识到铁路建设的世界性趋势和铁路的国力象征性意义,在他们的努力之下,铁路建设有了尝试性的实践(即所谓"试办"),并于 19 世纪 80 年代末成为基本国策。19 世纪 90 年代中期以后,中国出现了第一次铁路建设的高潮。十年之后,至 20 世纪初,在新史学传入中国和中国近代经济史研究起步的进程中,出现了一系列中国铁路问题的研究著作,如 1905 年胡栋朝《中国铁路指南》、1906 年易振乾《中国铁道要鉴》、1907 年袁德宣《中国铁路史》、1907 年王盛春《中国铁路要纲》、1908 年孙荫培《最新中国铁路全志》、1908 年曾鲲化《中国铁路现势通论》以及 1908 年发表于《大同报》的英国人克劳恩《中国铁路之历史》等,从而真正启动了中国铁路史研究的进程。此后编撰贯通性中国铁路史的努力就一直未曾中断,后续有陈沂《中国铁路史》(1914 年,连载于《正谊》杂志)、北洋政府交通部《中国铁路沿革史》(1918 年)、曾鲲化《中国铁路史》(1924 年)、谢彬《中国铁道史》(1929 年)、关赓麟《中国铁路史讲义》(1930 年)、南京国民政府交通部铁道部《交通史》(1935 年)、北京铁道学院经济系《中国铁路史》(20 世纪 50 年代初)等。20 世纪 80 年代以后,中国铁路史研究的内容有所拓展,也出现了若干初步具有通史性质的著作,如凌鸿勋《中华铁路史》(1981 年)、金士宣和徐文述《中国铁路发展史(1876—1949)》(1986 年)、当代中国丛书编辑部编《当代中国的铁道事业》(1990 年)、李占才和王晓华《艰难延伸的民国铁路》(1993 年)、李占才主编《中国铁路史(1876—1949)》(1994 年)、杨勇刚《中国近代铁路史》(1997 年)、张雨才编著《中国铁道建设史略(1876—1949)》(1997 年)、铁道部档案史志中心编著《新中国铁路五十年(1949—1999)》(1999 年)等。21 世纪以后,中国铁道出版社出版了系列中国铁路专业史书,包括《中国铁路建设史》《中国铁路桥梁史》《中国铁路通信史》等,各省(区、市)地方志中大多设有专门的交通志和铁路志。

已有的中国铁路史研究成果存在以下问题。第一，20世纪50年代以前的综合性成果，述多论少，虽然也有对中国铁路史分期的探讨，但对中国铁路史的基本规律和总体趋势的总结和认识较为欠缺。第二，20世纪50年代至70年代的相关成果，受"左"的意识形态的影响，在革命史的话语体系之下，偏重于揭示帝国主义铁路侵华史实和旧中国铁路的落后面相，研究内容偏向于建设史和路权史，对中国铁路史上的一些重大事件未能实事求是地予以评价，相关成果总体上缺乏科学性。第三，20世纪80年代以来，中国铁路史研究的内容有所拓展，也出现了若干初步具有通史性质的著作。但是，从研究内容来看，铁路经济史、铁路管理史、铁路思想史的相关著作相对较少，研究的全面性不够；从研究的视角来看，单一学科视角的专题研究成果较多，有些问题的研究比较深入，而多学科视角的研究成果、多学科协同研究的成果则相对不足，铁路史研究的整合性、综合性不够；从研究对象的时段来看，大多侧重于中国近代铁路史，对中华人民共和国成立后铁路史的研究显得较为薄弱，将近代以来的铁路史进行总体研究的成果则更少，铁路史研究的贯通性显得尤其不足。

二　185年中国铁路史内容体系的构建

中国铁路史应有新的建构、新的话语和新的问题意识。铁路建设的起步史、探索史和影响史构成了中国近代铁路史的基本内容，每一部分均有丰富的历史意蕴。第一，关于起步史，西方列强要求中国建设铁路，只是问题的一方面。更重要的问题是，究竟有哪些因素，或经历了什么样的过程，才使这种要求转化为中国封建统治者自身的要求，从而使铁路建设成为国策。第二，关于探索史，即铁路建设事业起步以后，从中央到地方，从政府到社会，在铁路建设的过程中遇到了哪些问题，有过什么样的思考、认识和抉择，最终又建立起什么样的因应体制和机制，根据这些体制和机制又有哪些变化和相应的铁路建设的具体实践，要对这些问题进行深入的研究，才不至于使铁路建设史出现空心化的倾向。第三，关于影响史，铁路的筹建、建设和运营可能给社会带来什么样的影响，这种影响可从宏大的或区域的政治取向、经济变迁、社会生活、生态变化得到反映，也可能从人们日常生活的细微之处获得感知。

从185年的中国铁路史来说，其内容应较中国近代铁路史更为丰富，包括1835年以来中国铁路总体的、区域的、方面的历史、规律和趋势。所谓"总体"，是指全国性的、全局性的铁路史，为了使"总体"有具体的实态，我们应从"区域""方面"去印证"总体"的铁路史。"区域"铁路史是为了呈现不同地区的差异性，阐明铁路历史的复杂性；"方面"是指各种专题的铁路史，从不同角度、层面和领域展现铁路史内在的差异性和协同性。这里所谓的"历史"重在强调中国铁路事业的发展历程；而"规律和趋势"则可能是在研究发展历程的基础上提炼出来的以新的话语形态表现出来的对"发展历程"的若干判断或论断。虽然可能是主观的判断或论断，但这种主观的判断试图反映的是客观的规律和趋势。

基于对中国铁路史内容的总体性把握，作为一门学科，中国铁路史的内容体系由总论、建设历程、技术变革、铁路运营（运能、实绩、效益）、管理体制、铁路人物、区域铁路、干线铁路、铁路影响等构成。以"建设历程""技术变革""铁路运营""管理体制""铁路人物""铁路影响"等问题作为研究全国性铁路历史问题的主要方面和考察中国铁路历史演变规律、发展趋势的主要视点，并以"铁路人物""区域铁路""干线铁路"作为全国性铁路问题的"个案观照"，立体地呈现铁路史的舞台和人物的宏大场景，这些问题的选择，在以往的铁路史著作中是不多见的，这缘于铁路的运营史和铁路的管理史一直是铁路史研究的薄弱环节，将建设、技术、运营、管理、人物、影响等六个方面综合起来作为铁路系统总体研究是有学术创新价值的。

"总论"是对中国铁路史的宏观思考（如研究对象的界定问题和"铁路"概念史的演进、铁路史体裁体例问题、话语创新与研究方法、中心线索或主题、分期问题等），提出若干基本问题（如基本规律和历史趋势、铁路进步的动力问题、铁路历史人物的评价问题、铁路价值功能影响的认识问题等），作为中国铁路史的基本理论。

"建设历程"部分由六项内容构成。先探讨世界铁路的起源（"世界道路进化与铁路的出现"），然后在"动力选择"的视角下分晚清时期、民国时期、中华人民共和国时期三个大的时段研究中国铁路185年的建设史。

"技术变革"部分以"技术转移"和"技术创新"的视角探讨185年中国铁路的技术变迁和技术进步，重点关注以下六个方面的技术进步轨迹或态势：（1）动力技术，从蒸汽、电气到磁悬浮；（2）轨道技术，从有砟轨道到无砟轨道；(3) 车辆技术，从龙号机车到复兴号动车组；(4) 通信、信号技术的沿革；(5) 桥隧建筑技术的发展；(6) 装载技术的进步。

"铁路运营"部分可从"运能"、"实绩"和"效益"等三个方面考察185年中国铁路在运输方面的演变实态。"运能"是指铁路建设成就和技术变革成果在"人""财""物"等三个层面，为运输业务和运输服务的开展所展现的实际支撑力量或支持能力；"实绩"是指铁路在客运、货运和多种经营等方面取得的一些指标量的绝对值；"效益"则是指从不同的角度考量铁路运输和铁路经营的成本而计算出的铁路运输进步的各种指标。"实绩"与"效益"并不成正比关系。"运能"、"实绩"和"效益"的研究将运用铁路统计学、铁路财政学、铁路经济学的若干方法。

"管理体制"部分探讨185年铁路系统的外部管理体制和内部管理体制，所谓"外部管理体制"是指中央政府对铁路问题的管理，重点关注在铁路问题上中央与地方、国家与社会的利益关系博弈，这牵涉中国铁路决策史或政策史、中国铁路体制史。在体制史方面主要是阐明国有化的趋势、实践与演变，分析官办、商办或国有、民有及其之间的各种体制形态。在决策史或政策史方面，则主要关注中央政府部制管理（从海军衙门到铁道部再到交通部）的变迁和统一路政的大趋势。所谓"内部管理体制"是指铁路系统内部为更好地组织建设和运营而创制的各种机构及相关的制度体系，具体问题可重点研讨以下三点：(1) 从依线设局到18个铁路局；(2) 分段制与分处制的演变；(3) 管运分离的探索。

"铁路人物"部分将从"思想"和"实践"两个维度研究中国铁路史上的重要人物或群体对推动中国铁路事业的进步所做的探索和贡献，力图呈现一部中国铁路领域的抗争史、探索史和学术界尚未出现的中国铁路思想史。铁路建设的进展，各项技术的变革，运营效益的提高，管理制度的进步，都离不开先进分子的积极探索和普通劳动者的实干，具体而微地研究和分析这些先进分子和普通劳动者为中国铁路事业的所思、所想、所为，可以使中国铁路史更为充实、更为丰满，也可以使人们对中国铁路事业的艰巨性、复杂性有更深刻的体认和理解。在这部分，以下六点是不能遗漏的：(1) 晚清三大铁路人物，李鸿章、张之洞和盛宣怀；(2) 詹天佑与京张铁路；(3) 孙中山的宏伟蓝图；(4) 茅以升与钱塘江大桥；(5) 新中国铁道部部长滕代远、吕正操；(6) 青藏铁路、京沪高铁的建设者。离开了具体人物活动的铁路史就成了空心化的铁路史，中国铁路史需要记录那些曾经对中国铁路事业做出重要和巨大贡献的历史人物，唯其如此，我们才能更加鲜活、更加清晰地展现中国铁路不断进步的历史轨迹。

"区域铁路"部分可分"东北区""华北区""西北区""西南区""华东区""华中区""华南区"等七个区域，研究每个区域的铁路筹议、筹建、建设的历史，深入揭示每个区域内各省域在长期的铁路筹议、筹建和建设过程中的"线路趋向"，以"线路趋向"为视点结合区域交通体系的演变阐明每个区域内部的历史联系，进一步分析全国路网形成的历史必然性，各区域"线路趋向"的整合奠定了全国路网的基本格局，也体现了铁路网在全国交通体系中的地位。每个区域内部的历史联系往往反映了"线路趋向"的历史规定性，因此，"线路趋向"是研究区域社会对铁路影响的重要视点，也是探讨中国铁路建设历史规律的一把钥匙。"区域铁路"史的研究，需要深入地研究那些未能建成的铁路的历史，只有深入地理解了一些未建成铁路的历史，才能更理性地认识已建成线路的历史必然性，正是许许多多筹议过的未建成线路和已经建成的线路一起显示出区域铁路史中的线路趋向。

"干线铁路"部分可选择若干长途铁路干线进行较为深入的研究。所谓的"干线铁路"，是指在现行铁路线名称内，长度在500公里以上，跨省域或大区域的长途铁路线。"干线铁路"的建设往往反映了国家或区域社会的某种战略诉求，其历史具有研究的价值。所谓"较为深入的研究"，是指在"线路过程"的概念框架下展开研究。"线路过程"是指铁路线从筹议、筹建到建设、运营再到发挥作用或产生影响的全过程。研究"线路过程"重点关注各种利益关系的博弈及由此导致的制度变迁，意在以铁路领域的制度变迁去说明铁路与社会关系的关联度。引入或创立"线路过程"的概念，目的在于展现铁路对社会的影响或铁路与社会的互动贯穿铁路从筹议到建设再到运营的全过程，铁路对社会变迁的影响，并不局限于铁路建成之后，一些处于观念形态的"铁路"（即处于筹议、筹建阶段的铁路）就已对社会产生了这样或那样的影响。

"铁路影响"部分主要是探讨铁路对社会产生影响的历史演变过程。铁路改变了世界，铁路改变了中国。铁路影响分为方面性影响、综合性影响和区域性影响、全国性影响两个层面。185年中，铁路是如何改变中国的，是一个庞大的学术议题。从政治上看，铁路与中国社会力量的成长是值得关注的。晚清时期绅商力量在铁路建设过程中的表现，民国时期铁路工人在工人运动中的作用，共和国时期铁路员工主人翁精神的发扬，都是社会力量成长的重要表征，其中的规律有待学理阐发。从军事上看，铁路成为近代战争中的战略运输通道乃至生命线，对近代战争的规模与结局有重要影响，战争中敌我双方随战局的变化在毁路与护路之间进行角色转换，是近代战争的一大特征。在沿海沿边地区，铁路往往又兼具国家对外战略防御线的功能，在保护边疆海疆和促进边疆海疆开发等方面服从于国家安全体系的战略布局。从经济上看，铁路重塑了一个国家或地区的经济地理面貌，或重构了一个国家或地区的经济地理版图，逐渐成为国民经济的大动脉；一些废弃的老线路则可能成为宝贵的世界铁路遗产，对这些遗产的保护和开发则又为铁路文化建设和地方旅游业的发展提供机遇或平台。从社会上看，就大的方面言，铁路对人们的物质生活、精神生活和人际关系都有很大的影响和决定作用；就小的方面言，铁路对人们日常生活的影响也非常明显，为了考察铁路对人们日常生活的安全、便利、舒适的影响，可采用铁路的"利日常"努力与"反日常"现象这两个概念，两者是辩证统一的，并非绝对的正面或负面，"利日常"努力可能导致"反日常"现象，而"反日常"现象中也蕴含着"利日常"的因素。

　　总之，以上各方面或可概括为"铁路与中国的现代化"或"铁路与中国转型"之大论题。随着高铁时代的到来和高铁"走出去"战略的实施，高铁助推中华民族的伟大复兴，更是中国铁路史的研究者所必须研究和交出答卷的时代课题。

　　中国铁路史研究的内容体系有其内在的逻辑。在唯物史观的指导下，研究者应遵循从一般到具体，再从具体到一般的总体思路。对铁路本体（或称"铁路内史"）的研究，遵循从一般到具体的思路；对铁路与社会的互动关系（或称"铁路外史"）的研究，则遵循从具体到一般的思路。有铁路，才谈得上"铁路史"，中国铁路史研究首先要解决的问题是，185年来中国的铁路是如何一步步建设起来并逐渐成网的。建成的铁路其技术状况如何，直接决定了铁路的速度、运能和水平，因此，考察中国铁路的技术变革是非常有必要的。建起来的铁路，具有一定技术水平的铁路，是要为社会提供运输服务的，这就需要研究中国铁路的运输史。运输史可从运能、实绩和效益三个层面去探讨，落脚点在于对运输效益的评价或评估。而要深究效益好坏或高低的原因，则必须从铁路的管理体制着手。当然，也可以从身在各种体制中"人"的因素进行分析。以上内容研究的是全国性、全局性铁路演变的一般情形、一般规律，要加深对这些内容的理解，就必须对具体区域、具体线路的历史进行研究，以验证对全国性、全局性铁路研究得出的结论，同时进一步发现一般性规律之外的特殊性或例外，唯有如此对中国铁路史的认识才能较为全面、系统和深入。正因为如此，对区域铁路和一些干线铁路的研究就具有重要意义。对铁路的认识，绝不能仅限于铁路本身，陷入"就铁路言铁路"的窠臼，需要有"跳出铁路论铁路"的视野，铁路系统之外的"社会"正可成为观照或映射铁路价值的客体，在"铁路"与"社会"的互动关系中把握铁路价值的历史演变，是富有学术创新的尝试。结合具体的区域铁路或干线铁路进行这样的研究更具实证性。在此基础上，再上升到全国性、全局性铁路的研究，解决铁路与社会互动关系中的若干重要问题，如此则有助于全面认识铁路价值和铁路影响的历史演变及其规律。

通过以上内容体系的构建，进一步实现中国铁路史研究的话语体系的创新。前文在分析中所提出的"动力选择"（用于"建设历程"的研究），"技术转移""技术创新"（用于"技术变革"的研究），"运能""实绩""效益"（用于"铁路运营"的研究），"外部管理体制""内部管理体制"（用于"管理体制"的研究），"思想""实践"（用于"铁路人物"的研究），"线路趋向""历史必然性""交通体系"（用于"区域铁路"的研究），"线路过程"（用于"干线铁路"的研究），"社会力量"、"反日常"现象、"利日常"努力（用于"铁路影响"的研究）等以往的铁路史论著中尚未运用或运用不多的新概念、新提法，构建了中国铁路史研究独有的从"建设历程"至"铁路影响"共八个方面的话语体系。这些概念应在此后中国铁路史的具体研究中得到完善的界定和进一步的阐发。

三 185年中国铁路史的发展主题和分期问题

分期问题关系到对中国铁路史发展主题或中心线索的认识，关系到对185年中国铁路史的总体把握和理解，发展主题或中心线索是对185年中国铁路史进行分期的依据，因此，分期问题是中国铁路史研究必须解决好的关键问题。此前尚未出现贯通185年的铁路史著作，讨论185年来中国铁路史分期问题、发展主题或中心线索的论文亦付阙如。

中国铁路史是中国铁路由落后走向领先的历史，总体看是一部不断进步的历史。以铁路进步作为中国铁路史的主题，有三个问题必须注意：一是中国铁路不断进步的基础和环境怎么样，二是中国铁路不断进步的动力何在，三是中国铁路不断进步的表现有哪些。关于第一个问题，我们应该清楚，中国铁路不断进步的基础是薄弱的、落后的，铁路进步的环境则较为恶劣和复杂。所谓的"进步"都是相较于某个特定时期的落后状况而言，而这个特定时期的"落后状况"，相较于它之前的另一个特定时期的铁路各方面状况而言，则又是"进步"的。历史地看，北洋时期的中国铁路较晚清时期有所进步，南京国民政府时期较北洋时期有所进步，而中华人民共和国时期较南京国民政府时期进步快得多，改革开放之后则较改革开放之前进步更为迅速。中国铁路始则外有列强的欺凌和掠夺，内有各种利益关系的艰难博弈；后则外有列强的技术封锁和技术刁难，内有体制和认识上的障碍。铁路进步和发展的环境始终不容乐观，但中国铁路一直在不断地进步，这是为什么？这就需要回答第二个问题。中国铁路不断进步的动力来自社会力量的不断抗争和探索。中国近代铁路建设的基本规律是通过若干种历史必然性呈现出来的。近代中国建设铁路的历史必然性、借债修路的历史必然性、铁路国有或国际共管的历史必然性决定了近代社会力量成长的历史必然性。这种种历史必然性绘就了近代中国铁路建设不断进步的历史画卷，构成了近代中国铁路建设史的基本规律。以张之洞为中心的对粤汉铁路早期历史的实证研究，特别是以粤汉铁路筹建的体制机制为切入点的分析，更能有助于人们深刻地理解这些问题。社会力量的成长是中国铁路建设事业不断进步的基本动力。中华人民共和国成立前，社会力量以抗争为主，外争国权，内抗官权，亦重探索；中华人民共和国成立后，社会力量以探索为主，在党和政府的领导下，在建设、技术、运营、管理等方面不断地探索、改革和创新，终使中国铁路领先于世界，迎来了中国的高铁时代。在现时代，中国人引以为傲的是中国的高铁。但是，中国高铁是由以前落后的中国铁路不断进步而来的。那么，这种不断进步的表现是什么？第三个问题也就出现了。铁路的自主化、国有化和铁路的统一化、规范化是中国铁路不断进步的重要表现。所谓的"自主化"是指中国铁路摆脱列强的控制和影响而独立自主地建设、运营和管理，享有铁路的主权和一切利权的过程；所谓的"国有化"是指铁路的主权和一切利权收归国家所有的过程。广义的铁路"统一化"是指追求以统一的规范和法制将整个的铁路线网及其设施和整个的铁路事业统合到中央政府主管机关的过程和结果。铁路统一化分线路、区域和全国三个层次。狭义的所谓"统一化"是指中国铁路在路网化的背景之下各项技术标准、考核标准和统计参数日趋统一的过程。所谓"规范化"是指在铁路建设、运营和管理的每一个环节及各环节所涉及的指标、标准都逐渐处于统一的规章制度的约束之下的过程,"规范化"是和"标准化""科学化""法制化"联系在一起的。

185年来中国铁路的自主化、国有化、统一化、规范化趋势显现出中国铁路不断进步的成就。自主化是一个长期的过程,中华人民共和国成立之前"自主化"的目标是摆脱列强对中国铁路的控制和影响,中华人民共和国成立之后"自主化"的重点目标则是在借鉴、引进国外先进技术的前提下寻求铁路科技的自主创新。清末尝试干线铁路的国有化政策,但因此成为清政府覆亡的导火索。由于民国时期始终没有强有力的中央政府,国有化的目标并未完全实现。铁路的完全国有化实现于中华人民共和国成立以后。统一化和规范化是历届政府主管部门(或机构)努力达成的目标,这些部门或机构进行了不懈的探索,出台了各具创造性的政策和措施,推动了统一化和规范化的进程。自主化是中国铁路进步的根本,国有化是中国铁路进步的保障,而统一化和规范化则是中国铁路进步的出路。近代中国铁路"统一化",是最能揭示近代半殖民地半封建铁路特质的命题,也反映了半殖民地半封建铁路向人民铁路转型的历史趋向和基本路径,更是"铁路进步"大主题之下更具统摄力的学术话语,还是能深刻阐释近代铁路转型的学术话语。铁路发挥作用、体现价值是有条件的。铁路的"统一化"是内在的基本条件。铁路线相互连接,才能更好地发挥铁路的作用。铁路线只有相连成网,铁路的价值才有可能最大化。铁路系统的内部制度必须各地统一和相互衔接,也才有可能优化铁路运输资源配置。铁路的设施、制度和舆论宣传应与外部相配合和衔接,才能充分有效地吸引客货,提高铁路运输资源的利用效率。"统一化"表现为以下几点。(1)统一规划:统筹全局的理念和路网化的目标。(2)统一建设:统筹资金、统一借债、统一技术标准、线路相连(交通枢纽城市不同线路车站联络线的建设)。(3)统一管理:统一机构、统一人事、统一材料、统一规章法规。(4)统一运营:统一运力(调度)、统一运输(铁路联运)、统一统计会计、统一核算。

基于以上对"铁路进步"的理解,我们将185年的中国铁路史分为五个阶段。

第一阶段为中国铁路事业的起步阶段（1835—1894）。所谓的"起步"，有两个方面的含义：一是铁路的"试办"，二是铁路建设作为国策确定下来。在这一阶段，铁路先是以知识形态传入中国，再是以技术形态出现在中国，然后是关于中国要不要接受铁路和建设铁路的多次讨论和争论，从而有了"试办"的设想和初步实践，最后确立"毅然兴办"的基本国策。在这个过程中，一直伴随着列强对中国铁路主权和利权的觊觎。中国近代铁路建设事业起步于非常复杂的历史环境，自铁路知识传入中国之时起，中国就面临着要不要建、如何建、由何人建、在何地建等一系列需要抉择的历史难题。西方列强的觊觎、传统观念的束缚、铁路本身的利弊、权力斗争的影响，使得这些难题更加复杂化。铁路事业的起步是中国铁路史的源头，也是中国铁路史研究较为薄弱的环节。

第二阶段为中国铁路事业的初步发展阶段（1895—1945）。所谓的"初步发展"，主要是指在这一阶段，为了反抗列强对中国铁路主权和利权的侵夺和控制，中国铁路迎来了三次建设的高潮（晚清甲午战后借债筑路高潮、北洋政府后期东北地方铁路建设高潮、南京国民政府在全面抗战前十年的筑路高潮），中国的铁路线在此期间艰难延伸。在这一阶段，列强侵夺和控制中国铁路的手段与方式在变化，但是，中国社会力量和政府力量的自主化努力持续不断，铁路的国有化基本实现，铁路的自主率提升，路政统一的趋势日渐明显，铁路的规范化增强，铁路的法制化建设已有成效，中国历史上第一部铁道法颁布。"初步发展"成就的取得，主要是因为中国社会力量和政府力量的不断抗争和探索，因此，这一阶段的铁路性质为半殖民地半封建铁路，这种性质也限制了其自身的发展步伐。

第三阶段为中国铁路事业的继续发展阶段（1946—1976）。所谓的"继续发展"，是指这一时期的中国铁路实现了由半殖民地半封建铁路向人民铁路的转型。这种转型有两个方面的意义：一是半殖民地半封建铁路的体制走向崩溃，铁路逐渐回到人民手中，这以1946年东北铁路总局的成立为开端，有3年左右的时间（1946—1949）；二是回到人民手中的铁路进行了社会主义改造（线路的抢修抢建和管理体制的改造），使铁路真正具有了"人民"的性质，这主要是在中华人民共和国成立之后。其中虽然有过曲折，但铁路事业总体上是继续发展的，中国铁路工业开始自主生产机车，国民经济计划中的铁路建设任务仍在力争完成，"三线"建设中的铁路建设成就值得关注，1975年的铁路整顿也初显成效。

第四阶段是中国铁路事业的改革与探索阶段（1977—1997）。这一时期铁路改革的原因主要有两个：一是"文革"时期虽然铁路建设仍在继续，但铁路的运营和管理出现了混乱的局面；二是中华人民共和国成立以后不断的体制改造和体制探索使中国铁路形成了"高（高度集中）、大（大联动）、半（半军事化）"的管理体制，随着改革开放的深入和国民经济的发展，这种体制已经不能适应国民经济进一步发展的需要了。因此，"文革"结束后，特别是十一届三中全会以后，中国铁路开始了不断改革和探索的进程，启动行业内"大包干"，后试行全行业经济承包责任制，又实行转换经营体制改革，着力于提高运输生产效率，理顺各种利益关系，强化铁路的规范化管理，增强铁路运输的服务意识，逐步确立起市场化的改革取向。这一阶段的改革和探索为中国铁路走向辉煌奠定了坚实的基础。

　　第五阶段为中国铁路事业走向辉煌的阶段（1997—2020）。上一阶段铁路事业的改革和探索有力地促进了中国社会经济的发展，国民经济发展和人民生活水平提高对中国铁路的运输速度提出了更为迫切的要求，在继续推进网运分离、主辅业分离改革的基础上，以1997年的第一次大提速为起点，中国铁路开始了迈向高铁时代的新征程。一方面通过维护和改造既有线路使列车运行速度不断加快，先后有过6次大提速；另一方面在吸收、借鉴国外高速铁路技术的同时大胆进行自主创新，在高速铁路建设领域独占鳌头，一系列高铁客运专线和城际铁路相继通车，中国高铁通车里程逐渐居世界第一位，极大地便利了国内经济交流和人员的快速流动，中国适时制定和调整《中长期铁路网规划》，高铁成为中国政府亮丽的名片，并逐步走向世界，实施"走出去"战略，助推"一带一路"建设的布局和实施。中国铁路备受世界瞩目，正在走向辉煌。

四　中国铁路史研究的重点和难点问题

　　中国铁路史研究应该关注的重点问题是中国铁路管理体制机制的演变问题。铁路从筹议、筹建、建设到正式运营的每一个阶段都存在管理问题，管理出效益，铁路建设速度的快慢、运营利润、对社会进步和国民经济的贡献度都取决于管理体制的优劣，铁路的管理体制问题对于当代中国高铁的管理亦具有重要的借鉴意义。因此，中国铁路的管理体制问题已经引起史学界的关注，这是中国铁路史研究者必须予以关注的重点问题。

其实，在管理体制之下，还有与之相关联的运作机制的问题。所谓的体制和机制问题，开始时还是偏重于体制问题，即铁路建设究竟是采用官办政策、商办政策、官督商办政策还是官商合办政策。应该说，甲午战前，李鸿章在筹建和建设唐胥铁路、开平铁路、津沽铁路、津通铁路和关东铁路时，采用的都是官督商办政策，而且洋务派创办的民用企业也多采用官督商办的政策。但是，官督商办的政策在当时引起了商民的不满，社会舆论对"官督"的批评越来越多，许多企业招股维艰。因此，财政拮据的清政府在甲午战后准备进行大规模铁路建设时，是偏向于商办政策的。在以官办政策建设津芦铁路的同时，即以商办政策建设长途干线芦汉铁路。当时即有人认为芦汉铁路商办难成，要求官办。然而一时间争揽承办芦汉、粤汉和其他铁路的不乏其人。考虑到这两方面情况，清政府又稍做变通，提出了所谓"商人承办，官为督率"的政策。即便如此，张之洞等人也不相信商人的力量，认为"华商无此大力，无此远识"且"商不顾大局"，他们查实了那些争揽承办铁路的人所集款项均不可靠，都与洋款、洋股有关。也就是说，单纯依靠商人是不能建成铁路的。

由此我们不难看出，所谓的铁路筹建和建设的体制问题，实际上就是在铁路筹建和建设的过程中究竟是以政府力量为主导，还是以社会力量为主导。而究竟以什么力量为主导的关键则在于铁路建设的资金问题，什么力量能够解决铁路建设的资金问题，什么力量就可以占主导地位。张之洞曾经对湘绅很实在地表示："但以招徕实在资本股分为主，谓之绅办也可，谓之商办也亦可。"从晚清铁路筹建和建设的实际进程来看，单纯地依靠政府力量或社会力量都不能解决资金问题，这就决定了在铁路筹建的过程中这两种力量的联合与合作的必要性，同时也决定了这两种力量需要向第三种力量求助的必要性，外资力量由此进入中国近代铁路筹建和建设的领域也就不可避免。因此，铁路筹建和建设的体制问题就转变为政府力量与社会力量联合或合作的机制问题，在这个机制之下，如何处理与外资力量的关系，也是一个重要的问题。

但是，这种联合或合作是不能长久的，政府力量企图将社会力量从铁路建设领域排挤出去，由此引发了社会力量的巨大反弹，清政府在社会力量的反抗和民主革命洪流的冲击之下被推翻了。新生的中华民国政府以"主权在民"为标榜较为顺利地确立了政府力量在铁路领域的主导地位，确立了铁路国有化的体制。由于处理政府力量、社会力量及外资力量的方式和价值取向不同,铁路系统的外部管理和内部管理方式有所不同,北洋政府时期、南京国民政府时期和中华人民共和国政府时期的国有化体制表现出不同的形态,具体的运作机制更是不同。国有化体制是否排斥社会力量和外资力量进入铁路领域,发挥社会力量的作用甚至适度引入外资力量是否就意味着政府力量被削弱,这些问题一直是近代以来历届政府不断探索的体制性问题,也是世界铁路历史上一直未有定论的问题,从英、法、德、美等国早期的铁路史来看,政府力量的适度参与和干预是必要的,对于减少铁路建设的盲目性,提高合理性,是有意义的。当下我国已进入高铁时代,传统铁路时代的体制或体制形态对于高铁建设和管理是否适用仍有待探讨,但传统铁路时代的体制演变有何经验教训,对于高铁建设和管理应有一定的借鉴意义,因此,铁路体制问题应该成为铁路史研究领域重点解决的问题。

我们应该清醒地认识到,中国铁路史研究的难点是铁路改变中国的机制问题。彭慕兰和史蒂夫·托皮克提出:"最能象征19世纪全球性转变的东西,就是铁路了。"[①] 19世纪末期的社会达尔文主义者常把一个民族是否具有建设、经营、使用铁路的能力,作为衡量该民族是否天生"适合"享有现代生活的标准。铁路作为近代物质文明的成果,给人类社会带来了深远的影响。马克斯·韦伯认为,"就总的经济生活而不是单单就商业来说,铁路是有史以来最具有革命性的一种工具"。曾任美国总统的詹姆斯·A.加菲尔德曾说:"过去和现在所发生的改变,几乎全是由于一个机械装置——蒸汽机车——所造成的,铁路乃是近代最伟大的原动力。"20世纪初担任英属东非领事的查尔斯·艾略特爵士这样评价横贯乌干达和肯尼亚的乌干达铁路的作用:"一条铁路带动一个区域的发展,并不是什么稀奇的事","但是这条铁路却创造了一个国家"。有人则说得更为明白一些:"事实上,是它带来了现代的肯尼亚。"铁路对近代中国的影响,对当代中国的影响,都是巨大的,因为西方列强通过铁路扩大它们在中国的势力范围,将中国更为广大的地域纳入了世界资本主义市场体系。中华人民共和国成立后,铁路逐渐成为经济发展的先行官和国民经济的大动脉。特别是高铁时代到来之后,中国内部的经济活力增强了,经济版图有重构的趋势,人们的世界胸怀和国际眼光更为宽广了。铁路一直在改变着中国的交通格局和形象。英

---

① 彭慕兰、史蒂夫·托皮克:《贸易打造的世界——社会、文化与世界经济》,黄中宪译,陕西师范大学出版社,2008,第88页。

国铁路文学作家克里斯蒂安·沃尔玛尔提出"铁路改变世界"的议题。根据史学界近年来对"铁路与中国社会变迁"问题的已有研究成果来看，研究者确立"铁路改变中国"的议题也是可以的。但是，已有成果只是现象的铺陈，尚未揭示出铁路改变中国的内在机制。

虽然"铁路改变中国"的议题有大量的现象可资为证，但要对此给予科学的论证和解说，却相当困难。铁路对中国经济版图的重构是通过铁路对社会经济的影响逐步实现的，因此，铁路对社会经济的影响是"铁路改变中国"的重要方面，对此研究亦显困难，兹以此为例说明。社会经济发展的因素是多方面的，铁路建设和铁路运输只是其中的一个重要因素，人们很难界定社会经济发展的哪些方面是铁路运输或铁路建设促成的，以及社会经济的发展在多大程度上是纯由铁路建设或铁路运输引发的。美国学者福格尔在1964年出版的《铁路与美国经济增长》一书中论述了铁路对美国社会经济的影响，他为探讨铁路对19世纪美国经济增长的重要性，先假设1890年的美国没有铁路，然后计算出该年本应由铁路运输的货物改以次佳方式运输的成本，再加上因改运输方式使货物损坏及存货增加的费用，得出结论为1890年铁路为美国节省约占美国国内生产总值4%的运输费用。

必须指出，福格尔的研究方法有着很大的局限性，铁路对于中国社会的改变，特别是对于社会经济的影响绝不仅仅表现在运输费用的节省上，它还渗透到社会经济的各个领域以及人们的经济观念。在铁路的吸引区范围内，铁路造成的交通运输格局的变化只是铁路对社会经济影响的一个重要方面，而工业布局发生变化后的经济效益是不能简单地用运输成本或费用来计算的，农业生产技术和农产品商品化程度的提高也是铁路运输成本的节省所无法包含的，铁路引起的城市圩镇规模的扩大和商业的繁荣所带来的社会和经济效益的提高则更难以一个或一系列数字来表示。此外，铁路对社会经济的影响还有很多方面，都无法以数字进行量化计算和分析。我们以为，社会科学或人文科学理想的研究方法离不开数据，但数据只是我们进行分析和研究的根据，而不应是我们分析和研究得出的结果。或许我们可以像福格尔那样得出一个粗略的数据，但我们引以为据的数据作为变量处于变化不定的状态中，因此，这种分析和研究得出的数据结论也将是不同的。如果福格尔选择的不是1890年，而是其他年份，那么，最后得出的数据也许比4%高得多，也许比4%低得多。这种依托研究对象的偶然性而得出的结论是难以令人信服的（事实上，福格尔的数据结论也在不断被修正)。西方学者在探讨运输对社会经济的影响时总是试图建立起一种理论模型，他们的分析和研究基于一系列的假设，笔者以为，如杜能的农业区位论、阿尔弗雷德·韦伯的工业区位论、罗依·桑普森等人的城市区位论以及弗兰克·费特和奥古斯特·洛赫等人的理论模型对于我们研究历史上铁路对社会经济的影响并无多大的指导意义，因为对于历史的研究，如果假设越多，我们离历史的实际将越远，研究成果的正确性将令人怀疑。

五　中国铁路史研究的方法问题

研究方法上的困难并不意味着我们对这一问题的研究束手无策，只要搜集大量资料，进行分析和研究，铁路对于历史上社会经济影响的各个方面还是有可能探讨清楚的。笔者以为研究铁路对社会经济发展的影响，可以分以下六个步骤。第一个步骤是确定研究的区域范围和时间跨度，明确研究的对象，如要研究铁路对于铁路沿线地区社会经济的影响，则须划定铁路沿线的区域范围。第二个步骤是研究区域内铁路的经营情况、规章制度、铁路的通车与营运里程、技术状况与列车通过能力、行车设备、机车与客货列车拥有量及载运力、铁路部门的有关客货运统计资料和货源资料等。第三个步骤是掌握沿线区域内铁路建设前后各经济领域的基本数据和资料。若进一步研究铁路对工业的影响，须掌握铁路建设前研究区域内工业企业单位数、布局状况、工业总产值、工业结构、生产能力和实际的产品产量与产品种类、生产成本和利润、原料和燃料来源、产品的储备管理和销售情况、市场范围，以及铁路建设后研究区域内与铁路建设前对应的有关工业方面的数据和资料；若研究铁路对农业的影响，须掌握铁路建设前研究区域内农业的用地面积、农业总产值、农业结构、农民的生活水平、粮食作物和经济作物的种植面积、产量和分布、农业的耕作技术、农具、肥料和水利设施，农副土特产品的加工制造、储备管理、销售情况和市场范围，以及铁路建设后研究区域内与铁路建设前相应的有关农业的资料；若研究铁路对交通运输格局的影响，则须掌握研究区域内交通运输的基本状况，如公路里程、路面状况、车辆通过能力、各类车辆数量和载运能力、通过公路运输的客货运量及周转量、公路运输货物的主要种类及流向、客流规律、公路主干线与支线之间的布局关系、各类公路的维修和整治情况，水路里程、河流的自然通航条件、河道治理和航运设施情况、船只通过能力、各类船只的数量和载运能力、通过水路运输的客货运量及周转量、货物的主要种类及流向、客流规律、主要航道与次要航道之间的布局关系、公路线路与河流航道之间的布局关系、公路运输与水路运输之间的关系、公路运输和水路运输的经营状况以及铁路建设后与铁路建设前有关公路和水路的相应资料，如有航空运输和管道运输的地区，还须进一步掌握有关资料；若研究铁路对城市圩镇的影响，则须掌握铁路建设前研究区域内城市和圩镇的数量及各类城市圩镇的规模、人口数量、流动人口数量、从事不同职业的人口数量，城市圩镇的布局，城市与城市之间、圩镇与圩镇之间、城市与圩镇之间在人口流通、商业贸易等方面的关系，城市圩镇的建设情况、工业和商业发展情况、城镇交通状况，以及铁路建设后与之相应的有关数据和资料；若研究铁路对商业的影响，则须掌握研究区域内商业部门和市场的数量、商业企业和市场的布局、商业的对外联系及商业驻外机构、金融和信贷状况、商品销售的数量和种类、社会商品的零售总额、对外贸易总值及商品种类、商品进口和输出的运输渠道与储备状况，以及铁路建设后与铁路建设前的有关数据和资料。第四个步骤就是在掌握上述数据和资料的基础上分析铁路建设前后区域内社会经济各部门发生的变化。要做到这一点也许是很容易的，困难的是第五个步骤，即结合研究时限内的社会制度、国家宏观和微观的经济政策、区域经济政策以及传统习惯、民风民俗等方面的情况，分析和研究这些变化中哪些是铁路建设或铁路运输造成的，哪些变化是铁路和其他因素共同造成的，还需要进一步确定铁路在其中起了什么样的作用。第六个步骤分析和研究铁路建设和铁路运输是如何引起研究区域内社会经济各部门的这些变化的，即研究铁路对社会经济各部门影响和作用的机制，有时为了进行深入分析和研究，还须选择一个没有铁路的区域作为参照对象，进行横向对比研究，得出研究结论。

这种采用铁路建设前后对比的研究方法在方法论上应该是可行的，如果有较为完备的数据，利用回归分析，就会对铁路的经济影响和经济贡献有更为准确的认识。可以说，已有的成果基本遵循着这样的研究路径，但其中的困难亦不少。第一，研究者很难搜集到某地区铁路建设前后社会经济某部门各个方面的资料，有时哪怕只缺少一点儿资料都可能使分析和研究难以深入下去。第二，研究者进行该类问题的研究除翻检大量的文献和档案资料外，还须到铁路沿线和铁路吸引区内进行实地调查，这就要求研究者有足够的时间、精力和经费的投入。第三，这类问题的研究在界定铁路对社会经济的影响时涉及经济学等多学科的知识，要求研究者须有广博的学识和很强的分析研究能力，否则，即使有大量的数据和资料，所谓的研究成果也将是简单枯燥、没有说服力的。因此，研究这类问题的困难，有关专家和学者深有同感。张瑞德在其所著《平汉铁路与华北的经济发展（1905—1937）》中说："研究中国经济史的学者大多了解到研究铁路（或是其它基本建设）对经济发展的贡献是件困难的工作，一方面是由于资料的缺乏，另一方面，现代交通设施并非是影响经济发展的唯一因素，我们难以确定经济发展即是交通改善的结果。"我们还应注意到铁路与社会经济互动的关系是一种双向需要的机制，这是国民经济良性发展的基本保证。铁路建设的水平、速度以及铁路发挥作用的程度取决于沿线区域社会经济的发展水平、性质以及沿线区域的微观、宏观环境，而沿线区域社会经济的发展状况在某种程度上又取决于铁路的内部制度、基础设施和宣传工作与沿线取得配合的程度和水平。要致富，先修路，但修了路，不一定富，这应成为区域经济决策者和铁路建设决策者清醒的认识。发现和掌握铁路建设的历史规律及铁路发挥作用的历史规律，是中国铁路史研究的重要职能和意义所在。

铁路建设前后对比的研究方法，不仅存在困难，而且还有其预设的逻辑问题，即认定铁路对社会经济的影响或作用只限于铁路建成之后，而揭示出的前后变化本身并不能证明这种变化是铁路造成的。我们的研究已经表明，铁路对沿线社会的影响和作用，并不只是在铁路建成之后。事实上，铁路对沿线社会乃至区域社会的影响从铁路开始筹议、筹建时即已经发生了。因此，我们主张从铁路的线路筹划过程中利益关系的博弈所导致的制度变迁去说明铁路与社会变迁的内在机制和关联度，才有相当的证明力。铁路在宣传、制度和基础设施方面与外部社会高度配合或契合，铁路的良性影响和作用才能愈益明显，铁路改变中国的机制庶几可从这些视角得到科学的论证和解说。但是，这样的学术理念仍处在进一步的探索之中。铁路史的规律不只包括铁路建设、技术、运营和管理等方面的历史规律，还包括铁路发挥作用或产生影响的历史规律，这种作用或影响应该存在某种机制。

中国铁路史为综合性的交叉学科，因此，具体的研究方法涉及历史学的许多分支学科（如政治史、思想史、社会史、经济史、文化史、技术史、军事史、环境史、口述史等）和铁路运输学、铁路工程学、铁路经济学、铁路统计学、铁路会计学、铁路财政学等学科。目前学者们总体上以铁路社会史、铁路社会学（作为交通社会学的分支）的基本理念为分析工具，根据研究的具体问题采用相应的研究方法，以揭示铁路历史的基本规律和发展趋势。铁路社会史、铁路社会学都是近年正在兴起的学科，基本理念是将铁路作为一个系统放到社会大系统中进行观照和考察，试图从社会"看"铁路，从铁路"看"社会，从铁路与社会的互动关系中深刻地认识铁路，从中阐发铁路发挥作用或产生影响的内在机制和基本规律。因此，所谓的铁路社会史，是以铁路与社会互动关系为主要研究对象，目的是探讨中国铁路所产生的区域性影响、全国性影响和方面性影响、综合性影响，阐明铁路建设、运输和管理过程中各种利益关系的变动，揭示铁路与社会变迁相互关系的基本规律和铁路产生影响、发挥作用的内在机制。关注的问题主要是铁路建设、运输和管理过程中各种力量和利益关系的变动，探索中国近代铁路建设艰难起步和曲折发展的历史环境，以说明中国铁路建设的艰巨性、复杂性和基本规律。铁路社会史属于交通社会史的分支学科，由于交通社会史也是新兴学科，其理论和方法还不成熟，所以，铁路社会史和交通社会史在兴起过程中有一些自身的话语创新和体系建构。从社会史的总体史、整体史的追求来看，所谓交通社会史，即是大交通史，抑或是交通文明史。因此，交通社会史的学科体系可包括以下几部分：第一，部门交通社会史（如铁路社会史、航运社会史、海运社会史、航空社会史、管道社会史、邮政电报社会史等）；第二，专题交通社会史（如交通工程社会史、交通技术社会史、交通运输社会史、交通融资社会史、军事交通社会史等）；第三，区域交通社会史（包括地方交通社会史、经济区域交通社会史、民族国家交通社会史、文明区域交通社会史）；第四，交通社会史的学科理论与方法（如交通社会史的基本概念、基本理论、基本方法或基本的分析工具、学科体系、基本史料和总的范式等）。具体到每个研究者，可以根据自身的条件和特点，各施其长，各用其力，在资料整理、具体问题、理论思考方面共同推进。

　　由于21世纪以来许多高校图书馆、各级各类档案馆、博物馆和文化产业公司加大了对中国历史文化典籍的数据化处理力度，出现了数量颇为壮观的史籍类数据库，这些数据库中包括近代以来中国铁路史的各类史料，如相关的档案（政府档案、私人档案）、政府公报、期刊、图片影像、统计核算图表清册和各类论著。中国铁路史学人应尽可能利用各类数据库，加快史料采集速度，提高研究效率。为了确保史料信息的准确性，学者们可深入图书馆、档案馆、博物馆、铁路系统的铁路史文献特藏部门、铁路遗址文物的陈列部门进行史料搜访、采集和核查，并组织力量核对来自大型期刊和珍稀期刊的史料，重视对图片影像史料的利用，增强对具体历史问题和历史场景的直观认识和感性认识。这样，既克服了当下一般学人仅满足于数据库检索的偏向（因为数据库建设的从业人员难免出现疏漏和错误），也避免了传统史料查找办法速度慢、信息量小、遗漏多的局限。由于确立了新的研究内容体系，注重铁路运营和铁路影响，以往不被重视的铁路史料，如铁路运营的史料（铁路部门的统计核算图表清册）、铁路沿线的各类调查报告将会得到利用。铁路社会史视角的研究，还可能涉及大量铁路史以外的史料，这些史料将从铁路史的角度得到新的利用和新的解读，提升一些文献资料的学术价值，促进铁路史研究学术品位和总体研究水平的提高。

总之，中国铁路史研究的方向应为编纂新型中国铁路通史创造学术条件，在界定中国铁路史学科属性的前提下，中国铁路史研究应有新的话语体系和新的研究体系，融合既有的革命史范式、现代化范式和社会史范式的优秀成果而有新的突破。185年的中国铁路史应有一定规模的通史著作来展现其丰富而复杂的内容，各种研究力量和学术团体应以编纂具有新型话语体系的中国铁路通史为目标，尝试大型中国铁路史专题资料数据库的联合建设，使中国铁路史的研究更上一个台阶，与中国铁路已经走向辉煌的时代特征相称，为中国铁路的进一步发展和中国铁路文化建设提供相应的智力支撑、学术保障和资源平台。

英国铁路史研究资源初探*

许美祺** 编译

英国是世界工业革命的发源地。英国不仅是最早发展铁路运输系统的国家，同时也是世界铁路史研究的学术重镇。此外，我国的铁路史研究也与英国颇具渊源。目前已知的有关我国铁路史的较早著作《中国铁路发展史》一书，便是由英国学者肯德（P. H. Kent）在 1907 年所作，而后由李抱宏等人于 1958 年翻译成中文，直至今日其学术思想仍富有启发性。[①] 从学理和学术渊源观之，我国学者若有志于研究铁路发展史，理应对英国的铁路史及其研究状况有所了解。然而目前我国学界在此领域研究比较薄弱，尚无具有整体视角的研究专著问世。前辈学者也曾指出，对世界铁路史的了解比较有限是阻碍我国学者在我国铁路问题研究上打开新思路和新视野的制约因素。[②] 为突破这一瓶颈，首要的工作可能是对英国铁路史研究的基础性资源做出清晰的整理。

所幸，日本的铁道史学界一直比较关心英国铁路史研究，有着丰富的研究积累和基础资源搜集经验，可以作为我们的参照和借鉴。2022 年是日本铁路创建 150 周年，不久后的 2025 年是英国铁路创建 200 周年。值此重大周年庆祝之际，日本铁道史研究者整理出了学术综述《英

---

* 本文系国家社科基金后期资助项目"17—18 世纪日本知识人社会的成长"（19FSSB021）、苏州科技大学人才引进科研资助项目"16—19 世纪东亚经世学研究"（332012603）阶段性成果。

** 苏州科技大学社会发展与公共管理学院历史学系讲师。

① 江沛：《中国近代铁路史研究综述及展望：1979—2009》，徐秀丽主编《过去的经验与未来的可能走向——中国近代史研究三十年（1979—2009）》，社会科学文献出版社，2010，第 517—538 页。

② 苏全有：《近十年来我国近代铁路史研究综述》，《苏州科技学院学报》2005 年第 2 期，第 110—114、127 页。

国铁路史研究动向》①，具有相当的参考价值。本文主要依据此文，并结合笔者的调查核实，将英国铁路史研究基础资源编译如下，共分为铁路史文献目录、铁路史辞典、铁路史杂志和学会、铁路史档案、机车实物资料、铁路工程师名录六部分，以供学界同人参考。笔者学力有限，不足之处，望请批评指正。

一 英国铁路史文献目录

George Ottley 等在 20 世纪 60—80 年代进行分类梳理工作，集结成《英国铁路史文献目录》（初版 1965 年、再版 1983 年、增补版 1988 年）。② 此后 Grahame Boyes、Matthew Searle、Donald Steggles 在其基础上继续整理，最终编成《奥特雷英国铁路史文献目录增补二编》。③ 而 1995 年之后的文献目录整理则由《铁路与运河历史学会杂志》（Railway & Canal Historical Society Journal）和《交通史杂志》（Journal of Transport History）负责，前者的网站（https://rchs.org.uk/）可提供部分目录下载。

二 英国铁路史辞典

铁路相关事项的辞典类著作，以 Hamilton Ellis 所作的《铁路百科图解》④ 及 Oswald Stevens Nock 的《铁路百科全书》⑤ 为始，两者所涉均为全世界的铁路。而专门针对英国铁路史的同类著作则有 Jack Simmons 与 Gordon Biddle 编纂的《牛津英国铁路史指南》⑥。此书覆盖面广，所述历

---

① 冨田新「イギリス鉄道史研究動向」『鉄道史学』第 37 号、2019 年 8 月。
② Jack Simmons and George Ottley, *A Bibliography of British Railway History* (London: George Allen & Unwin, 1965); George Ottley, *A Bibliography of British Railway History*, 2nd edition (London: HMSO, 1983); George Ottley, *A Bibliography of British Railway History* (London: HMSO, 1988), supplement, pp. 7951 – 12956.
③ Grahame Boyes, Matthew Searle and Donald Steggles, *Ottley's Bibliography of British Railway History* (York: National Railway Museum in Association with Railway & Canal Historical Society, 1998), second supplement, pp. 12957 – 19605.
④ Hamilton Ellis, *The Pictorial Encyclopedia of Railways* (London: Paul Hamlyn, 1969).
⑤ Oswald Stevens Nock, *Encyclopedia of Railways* (London: Octopus Books, 1977).
⑥ Jack Simmons and Gordon Biddle (eds.), *The Oxford Companion to British Railway History: From 1603 to the 1990s* (Oxford: Oxford University Press, 1997).

史从"铁路"在文献中首次出现的1603年始直至英国铁路进行民营化改革的20世纪90年代,并对个别线路历史、资本、投资、地区、城市、人物史、法律、技术、运营、路线、站点、事故等事项进行了广泛收录。

三 英国铁路史杂志和学会

英国铁路史研究文章的发表阵地,除上文提到的《铁路与运河历史学会杂志》和《交通史杂志》外,尚有《经济史评论》(*Economic History Review*)等英文杂志。此外,日本铁道史学会的会刊《铁道史学》也常常发表日本学者关于英国铁路的研究文章。

除前述英国的铁路与运河历史学会、日本的铁道史学会等历史较为悠久的各国专业学会外,2003年又成立了以欧洲学者为主的国际交通史学会(International Association for the History of Transport, Traffic & Mobility)。这一新成立的大型国际学会近年来备受瞩目,目前以上文提及的《交通史杂志》为会刊。

四 英国铁路史档案

二战结束后,1948年英国成立了英国交通委员会(British Transport Commission),以推进铁路、运河、港口等公司的国有化。为此,该委员会整理了大量相关历史资料,称作"英国交通史档案"(British Transport Historical Records, BTHR),成为英国铁路史研究的重要基础资料。这一档案于1952年向研究者开放。此后,英国交通史档案先后在1962年归属于英国铁路局,1972年后归属于英国国家公文馆,由公共档案室(Public Record Office, PRO)管理。2003年后公共档案室改组为国家档案馆(The National Archives),位于伦敦市郊的邱区(Kew),英国交通史档案可在此阅览。

关于公共档案室资料的使用规程细节,可参考 Cliff Edwards 所著的《铁路档案:资源导航》[1]。

---

[1] Cliff Edwards, *Railway Records: A Guide to Sources* (Richmond: Public Record Office, 2001).

五 英国机车实物资料

英国蒸汽机车和车辆等实物资料也是重要的历史和铁路技术研究资源。许多资料曾长期保存于伦敦南部的克拉珀姆（Clapham）和英格兰东北部的约克（York）。1975 年位于约克的国家铁路博物馆（The National Railway Museum）成立后，这些资料便集中移至此馆进行保存和公开展示。

此外，2004 年英国又开设了希尔登国家铁路博物馆（National Railway Museum Shildon，又名 Locomotion）。希尔登位于英格兰东北部，原是英国铁路重镇，1825 年诞生了全球最早的公用铁路。博物馆建在斯托克顿—达灵顿铁路（Stockton and Darlington Railway，S&DR，为世界上第一条铁路）的工场遗迹之上，著名工程师哈科沃斯（Timothy Hackworth，1786-1850）曾在此工作。此处藏有其亲手打造的 Sans Pareil 号原型机车。

除此之外，尚有许多型号的机车保存在各地博物馆中。如科学博物馆（Science Museum）收藏的 Puffing Billy 号和 Rocket 号，蒸汽机车博物馆（Head of Steam Museum）收藏的 Locomotion 号，苏格兰国家博物馆（National Museum of Scotland）收藏的 Wylam Dilly 号，史蒂芬森铁路博物馆（Stephenson Railway Museum）收藏的 Billy 号，等等。

六 英国铁路工程师名录

铁路工程师是英国铁路建设和运营的核心力量，也是铁路史研究领域的重要主题。近年来英国出版了大型多卷本工程师名录，如 A. W. Skempton 等编辑的《大不列颠与爱尔兰工程师传记辞典》[1] 对此进行了系统整理。此书主要以英国土木学会（Institution of Civil Engineers）的成员为中心，覆盖土木工程师、铁路工程师、机械工程师等众多相关领域技术人员，详细收录其生平、家庭情况、受教育情况、学徒制度、从事项目、头衔、专利、

---

[1] A. W. Skempton et al. (eds.), *A Biographical Dictionary of Civil Engineers in Great Britain and Ireland*, Vol. 1, 1500-1830 (London: Thomas Telford, 2002); P. S. M. Cross-Rudkin et al. (eds.), *A Biographical Dictionary of Civil Engineers in Great Britain and Ireland*, Vol. 2, 1830-1890 (London: Thomas Telford, 2008); R. C. McWilliam et al. (eds.), *A Biographical Dictionary of Civil Engineers in Great Britain and Ireland*, Vol. 3, 1890-1920 (London: Thomas Telford, 2014).

著作等内容。

另外，英国一些著名机车、铁路和隧桥工程师，如史蒂芬森（Robert Stephenson，1803－1859）、布鲁内尔（Isambard Kingdom Brunel，1806－1859）已有专门传记。如 Michael R. Bailey 编纂《杰出工程师罗伯特·史蒂芬森》[1]、John Addyman 和 Victoria Haworth 所著《罗伯特·史蒂芬森：铁路工程师》[2]，以及 Steven Brindle 所著《布鲁内尔：建造世界之子》[3]。

而活跃于东亚地区、曾为日本铁路建设做出突出贡献的英国工程师人物事迹也有迹可循。日本铁道史学会编纂的《铁道史人物事典》[4] 对其进行了整理收录。

---

[1] Michael R. Bailey (ed.), *Robert Stephenson—the Eminent Engineer* (Aldershot: Ashgate, 2003).

[2] John Addyman and Victoria Haworth, *Robert Stephenson: Railway Engineer* (Willerby Hill: North Eastern Railway Association and Newcastle-upon-Tyne: Robert Stephenson Trust, 2005).

[3] Steven Brindle, *Brunel: The Man Who Built the World* (London: Weidenfeld & Nicolson, 2005).

[4] 鉄道史学会編『鉄道史人物事典』日本経済評論社、2013。

·书评·

《龙与铁马:中国铁路经济(1876—1937)》介绍

王 英[*]

1840年,西方列强以坚船利炮打开了中国国门。此后,它们向中国输入大量商品和资本,铁路也位列其中。传统上认为作为现代运输方式的铁路运输具有载运量大、运输稳定等特点,兴建铁路对经济发展大有助益。然而,由于近代中国铁路主要受外国势力控制,如何准确估量铁路建设给中国带来的收益,如何准确厘定外国因素在近代中国铁路建设和铁路经济中的作用,成为比较复杂的重点课题。美国知名汉学家胡永年(Ralph William Huenemann)是最早关注该问题并进行深入研究的学者之一。《龙与铁马:中国铁路经济(1876—1937)》(*The Dragon and the Iron Horse: The Economics of Railroads in China, 1876 - 1937*)是其代表作。该书以时间为经,以铁路经济为纬,借助经济学、社会学理论,通过严密的数据阐释和分析了1876—1937年中国铁路经济的特点以及国外因素对中国铁路经济的影响。该书为研究近代中国铁路问题提供了一个非常具有代表性的西方视角,当前已被哈佛东亚专著丛书(Harvard East Asian Monograph Series)收录。

该书共六章。第一章以"政策难题"为标题,从总体上讨论近代中国铁路建设的困境。具体而言,作者从政治和经济两个层面分析了铁路建设对中国的正面影响和负面影响、中国官僚阶层围绕铁路问题的对立态度。本章的一大特点是利用农场寓言,生动形象地分析了铁路建设可能带来的经济效益及主要受益群体。第二章以"铁路修建进程,1876—1937"为标题,依次介绍 1876—1894 年、1894—1900 年、1900—1911 年、1911—1927年、1927—1937 年这五个时段中国铁路建设的波状发展态势。作者认为,

---

[*] 苏州科技大学社会发展与公共管理学院历史学系讲师。

1876—1937 年中国铁路建设一直面临同一个问题,即中国政府没有解决铁路建设所面临的困境——中国政府既不能建立有效利用国内资本的机制,也无法摆脱因借用西方资本而受到的政治限制。[①] 第三章以"一只羊毛薅到底"为题,分析中国发展铁路过程中的不利因素。具体而言,本章利用列宁的剥削理论分析经济捐客、国际汇率以及西方制定的经济条款对中国铁路经济的消极影响,兼论中国国内资本、中国国内煤矿运输与铁路建设的关系。第四章以"铁路成本结构"为题,量化分析了铁路建设和运营过程中的财务收支结构。作者认为,从宏观上讲,铁路所带来的经济收益虽具有一定的模糊性,但政府还是应支持铁路建设。第五章以"财务困境的原因"为题,考察铁路的盈利状况。作者通过对比铁路与水路、不同铁路之间的盈利情况,论述铁路盈利能力与国内局势、铁路财政、价格、物流产品、交通网、相关税费等多种因素的关系。作者认为,中国铁路普遍不盈利,主要是因为中国自身的不足,而不是因为帝国主义的剥削和压制。[②] 第六章以"经济效益评估"为题,分析铁路的经济效益。作者量化分析了铁路与水路的运力、运费以及经济效益,证明铁路能够为经济发展做出贡献,只是低收入阶层从中获益较少。最后一部分是结论。作者在该部分对第一章阐述的中国铁路建设所遇到的问题进行回应,并对第二至第六章的内容进行总结,统筹分析中国铁路经济问题,批判了铁路无法给中国带来收益的观点。另外还有附录。作者在附录中列出了《铁路详细施工材料》《表7所需数据:1899—1913年中国标准铁路债券收益率》《表10所需数据:中国铁路贷款实际利率估算(1898—1914)》《表32所需数据:外汇波动对铁路债务的影响》《表33所需数据:中国铁路运量估算》等相关数据。

  总之,近代中国铁路问题是一个比较复杂的议题。厕身于不同环境之中的海内外学者因立场、视角和方法的不同,对该议题的研究和结论也有所不同。《龙与铁马:中国铁路经济(1876—1937)》是一部典型的以西方视角分析问题的著作。读者在进行研读时,需转换视角,从整体上关注铁路问题给中国经济、文化、政治和社会生活等方面带来的影响,进而对该问题形成更加客观全面的认识。

[①] Ralph William Huenemann, *The Dragon and the Iron Horse: The Economics of Railroads in China, 1876–1937* (Cambridge: Harvard University Press), p. 97.

[②] Ralph William Huenemann, *The Dragon and the Iron Horse: The Economics of Railroads in China, 1876–1937*, p. 218.

Contents

Railway and National Defense

The Military Railway Transportation during the Sino-Japanese War of 1894 a Comparison between China and Japan *Zhu Shuguang*

Abstract: One key factor to China's failure in the Sino-Japanese War of 1894 lies at its short total mileage and sparse network, as well as its low efficiency in transportation. A highly-efficient military transportation System had not been established in Qing Dynasty. In contrast, Japan's total railway-line mileage enormously outnumbered China's. Being adapted to the Modern warfare, the establishment of military railway Transportation System met requirement of displacement of military forces and logistics during wartime. Hence, it greatly increased mobility of Japanese troops.

Keywords: the Sino-Japanese War of 1894; China; Japan; Railway; Military Transportation

Railway and Management

Sen. Z. T. and the Research of Railway Transportation Science in China
Huang Huaping

Abstract: Sen. Z. T. was the pioneer of the first generation railway transportation scientific research and railway transportation discipline. Since 1924, he has been associated with China's railway transportation, worked in Nanjing-S. H&S. H-Hangchow-Ningpo railway bureau and Jiaotong University, he has engaged in railway transportation management, research and teaching and compiled many academic and practical writings. His academic purport has always been to improve the backward railway transportation in China, which was reflected in his academic thought. He not only advocated imitating the advanced railway management experience of foreign countries, but also did not blindly follow, advocated using foreign countries for their own purposes and adhered combining theory with practice, applying knowledge to practice, focusing on practical problems.

Keywords: Sen. Z. T. ; Railway Transportation Science; Make Foreign Things Serve China

Research on Railway Safety Management in New China—Based on the Investigation of Huaqiying Accident in 1950

Yuan Hao

Abstract: The Huaqiying Accident was a major railway safety accident in the early days of New China. This accident exposed a series of safety problems and hidden dangers in the early days of New China's railway transportation. After the accident, the central government launched an accident investigation and held accountability in accordance with the law. The employees who caused the accident were severely punished by law, and some leading cadres were also punished accordingly. The railway department learned the lessons of the accident and tackled the problems of railway safety in the early days of New China, and achieved positive results. It provided a safety guarantee for the continuous advancement of railway transportation in the early days of New China, and laid a solid foundation for the development of New China's railway industry.

Keywords: the Early Days of New China; Railway Safety; the Huaqiying Accident

The Daily Life of *Railway Workers* in the Republic of China Based on *Therailway Workers*

Jiang Jianguo

Abstract: According to *Railway Workers* records, the working hours, wages, welfare, education status of railway workers in the Republic of China are different for different types of work and different sections. Working hours are generally more than 10 hours a day on average, and the eight-hour working day system has been implemented in some sections of roads. Workers are generally paid low wages, often unable to make ends meet, and some sections of the road even have long-term wage arrears. Compared with other workers, railway workers enjoy better welfare benefits. The Ministry of Railways and various road bureaux have set up schools for the children of workers. Some road sections have implemented the pension system, and many road sections have run their own hospitals and clinics, with special health funds invested. The education level of railway workers is generally low. Railway schools in various places provide conditions for railway workers to increase their knowledge after work, but there are also problems such as low school proportion and poor learning willingness.

Keywords: Republic of China; *Railway Workers;* Daily Life

Arduous Times: The Review on Railway Policeman's Labor Situation in Beiyang Period

Xia Xue & Chen Xiaoyun

Abstract: During the period of Beiyang, the road policeman was taking the responsibility of protecting railway safety and maintaining the rule of Beiyang government as their own with heavy responsibility and tedious labor tasks, however, the labor situation was not satisfactory. The arduous working environment can be told from working conditions, working time and labor disaster. It is easy to find that the on-duty situation was under the sun with bearing the snowing and raining, and the overcrowded and poor sanitary working environment was dark with insufficient light and air for those policemen who were following with the train. In such a bad environment, the road police still need to work overload for a long time, so that they often encounter a variety of industrial accidents, labor disasters, seriously destroying their health and life. In a word, the bad working conditions, long working hours and frequent labor disasters were the real and tragic working conditions of the road police in the period of Beiyang.

Keywords: Beiyang Period; Road Policeman; Working Conditions; Working Hours; Labor Disasters

Railway and Culture

Molding National Staff: Ideological Indoctrination of National Government in Railway System　　　　　　　　　　　　　　　　　　　　　　　　　　　　*Zhao Wei*

Abstract: Ruled by the Kuomintang, indoctrinating national enterprise personnel with official ideology was the beginning of actually molding national staff. The domination of official political culture and the salience of responsibility culture about national railway staff were relatively comprehensive and full. Through party platform research institute, its education with the purpose of diffusing culture of party-governance was a method of completing against Communist Party of China for railway workers. However, not only the knowledge level of audience but also its subjective identity got it in the morass. Both Sun's memorial-week and Revolution anniversaries represented the political culture with the trinity of party, state and father, and railways became field regions for creating the significance and sacredness of party-state. However, it dislocated the original intention of revolution by Sun Yat-sen, as the same as the selective weakness of memories about masses movement and national humiliation. The admonition on national self-supporting and salvation intended to raise personal occupation to the spiritual height of national cause, however, the contradictory condition of national salvation itself and the insubstantial anniversary of national humiliation made it awkward. In spite of it, inspired with spirit mobilization, railway national staff made important contributions during the War of Resistance against the Japanese Aggression. The political culture of unifying ideology and the responsibility culture of highlighting the whole nation conformed to the features of linkage and cooperation in railway industry culture, as clips from the basic characteristics of Chinese industrial culture.

Keywords: Kuomintang; Nanjing National Government; National Staff; Ideology; Railway System

Observing the Railway Objections in the Late Qing Dynasty from the Perspective of Chinese Traditional Culture   *Wang Fangxing*

Abstract: Modern railways were introduced to China as early as before the Opium War, but the official railway construction started in the 1880s. This was the result of the interaction of many historical conditions here. The traditional gentry's railway culture view was an important aspect of it. In the debate on railway construction in the late Qing Dynasty, the traditional gentry vehemently opposed the construction of railways by the Westernizationists, thinking that railways were "ominous things"and would alarm the "god of mountains and rivers", thus inducing various disasters. Re-examine these seemingly comical viewpoints from the perspective of "compassion for understanding", analyze the logic of their thinking from the view of nature in traditional Chinese culture, explain "how history unfolds", and on the basis of understanding and sympathy, From the perspective of the history of China's railway development, it demonstrates some reasonable points in the traditional gentry objections.

Through investigation, we should understand the rationality and limitations of the opposition's thinking objectively, and we should also understand that the Westernization School is also bound by the natural view of Chinese traditional culture. From this, we can know the history of modern Chinese railways. The cultural society is a must not be ignored. factor.

Keywords: Chinese Traditional Culture; View of Nature; Opposition; Late Qing Railway

Extraterritorial Railway

Kintetsu Railway and the Revival of Nara   *Gao Xiaofang*

Abstract: Japanese railway operation mode is divided into state-owned and private, which is one of the unique characteristics of Japanese railway operation system. Kintetsu Railway is a privately owned railway in Japan. Its operation scope is mainly distributed in Kintetsu region, so it is called Kintetsu Railway. It is the longest private railway in Japan, referred to as "Kintetsu". With a total length of 508. 1 kilometers, the line connects Kyoto, Osaka and Nara, three famous historical cities. It covers a wide range, as far as Nagoya. The area along the route passes historical sites such as Fujiwaraki, Heijokyo, Namba Palace and Heiannkyou witch built in ancient Japan. Nara is located in the inland of Japan, and its waterway transportation conditions are not developed, which limits the development of its waterway economy. Therefore, the development of inland economy is the focus of economic recovery. The emergence of railway provides new impetus for the urban development of Nara. The railway improved the traffic conditions of Nara, brought abundant labor force to it, and promoted the germination of various industries. The railway made Nara have more connections with surrounding cities, forming a more economically connected the metropolitan area of Kyoto, Osaka, Nara. On the other hand, the recovery of the urban economy made Kintetsu Corporation's internal structure constantly upgraded and its railway structure network gradually improved. Eventually it has developed into the largest private railway in Japan, providing power and support for the urban development of Nara.

Keywords: Japan; Nara; Kintetsu Railway; City; Economics

Inoue Masaru and Japanese Early Railway Construction(1869 −1889)　　　*Yao Yao*

Abstract: Inoue Masaruwas, the first head manager of the Japanese Railways, regarded as 'the Father of Railway', has been in charge of the railway construction over twenty years and played a decisive role in the development of Japanese railway in Meiji Period. Exerting all his strength and wisdom to various aspects related to the construction and development of the Japanese railways, Inoue Masaruwas imported and transformed the technology on railways and cultivated the technicians, therefore the preliminary nationwide railway network was built up. He prevented the foreign capitals from encroaching on the Japanese railways, avoiding the faith of Japanese railways being reduced to colonial railways, and laid a solid foundation for Japan to become a great power with competitive railway industry. This paper aims to have a better understanding of the early stage of the Japanese railways' construction development through the research on Inoue Masaruwas and help to learn the experience from the development progress of the Japanese railway.

Keywords: Inoue Masaru; Meiji Period; Japan; Railway

Railway History Teaching

Course Content Design of *Monographic Study on Chinese and Foreign Railway Transit History*　　　*Course Construction Team Members*

Public History Practice Course with Oral Investigation of Railway History as the Core　　　*Gu Shaohua*

Abstract: The History Department of Suzhou University of Science and Technology, relying on the Railway History Research Center, has opened a public history practice course with an oral survey of railway history as the core. This practical course, with distinctive features and strong teaching and research, is a key link in the further deepening of the railway research and teaching of Suzhou University of Science and Technology. At the same time, the current stage is also encountering difficulties such as student practice funding, setting of starting time, teaching management, and limited interview subjects. Schools, colleges, and majors are in urgent need of overall consideration in order to improve the curriculum and improve the quality of teaching.

Keywords: Public History; Oral Practice; Railway History

Comprehensive Discussion

185 Years of Chinese Railway History and Its Research Summary *Zhu Congbing*

An Investigation on the Research Resource of Britain Railway History
Xu Meiqi trans.

Book Review

Introduction to *The Dragon and the Iron Horse: The Economics of Railroads in China, 1876 - 1937* *Wang Ying*

稿　约

《铁道史研究》系苏州科技大学中国铁路史研究中心主办的学术集刊，是铁道史研究与教学的学术对话平台，旨在总结中外铁道发展的经验教训，为国家铁道发展战略提供借鉴。本刊主要刊载探究中国和外国的近现代铁道历史、当代铁道问题，以及更广义上古今中外轨道交通相关的研究文章，并探索铁道史的课程思政教育、课堂教学及实践教学的路径。热诚欢迎海内外专家、学者赐稿。

来稿要求文风朴实、论从史出、观点新颖、逻辑严密、引文准确、注释规范。本刊由社会科学文献出版社每年出版一辑，采用该社的投稿格式和注释体例，请各位作者投稿前务必参照改妥，并校订无讹，否则恕不受理。

作者自投稿之日起一个月未接到本刊通知者，请自行处理。本刊对决定采用的稿件，有权进行修改、删节。

根据著作权法规定，凡向本刊投稿者皆被认定遵守上述约定。

本刊专用电子邮箱：tdsyj2021@163.com

苏州科技大学中国铁路史研究中心

《铁道史研究》编辑部

图书在版编目(CIP)数据

铁道史研究. 第1辑 / 祝曙光，董粉和主编. -- 北京：社会科学文献出版社，2022.6（2022.10 重印）
ISBN 978－7－5228－0178－0

Ⅰ.①铁… Ⅱ.①祝… ②董… Ⅲ.①铁路运输-交通运输史-研究-世界 Ⅳ.①F531.9

中国版本图书馆 CIP 数据核字（2022）第 090349 号

铁道史研究（第1辑）

主　　编 / 祝曙光　董粉和
执行主编 / 赵　伟

出 版 人 / 王利民
责任编辑 / 李期耀
文稿编辑 / 李蓉蓉 等
责任印制 / 王京美

出　　版 / 社会科学文献出版社·历史学分社（010）59367256
　　　　　　地址：北京市北三环中路甲29号院华龙大厦　邮编：100029
　　　　　　网址：www.ssap.com.cn

发　　行 / 社会科学文献出版社（010）59367028
印　　装 / 唐山玺诚印务有限公司

规　　格 / 开　本：787mm × 1092mm　1/16
　　　　　　印　张：11.5　字　数：193千字

版　　次 / 2022年6月第1版　2022年10月第2次印刷
书　　号 / ISBN 978－7－5228－0178－0
定　　价 / 168.00元

读者服务电话：4008918866

版权所有 翻印必究